齐鲁文化经典文库

大学 中庸说解

幺峻洲 著

孝经注译

宫晓卫 注译

齊魯書社

《齐鲁文化经典文库》

出版说明

齐鲁大地是中华民族主流文化的主要发祥地,数千年来,生长在这里的齐鲁人,用自己的聪明和智慧创造了璀璨的文明。首先是在中华文化的整体框架中地位突出、做出重大贡献的先秦诸子,其中影响尤著者大部分生长于斯;其后历朝历代,几乎都有引领潮流、成就卓著的思想家、文学家、科学家等,他们为中华文化的形成和发展谱写了辉煌的篇章,同时也留下了一大批千古流传、影响深远的文化典籍。将这些记录着他们的思想、积淀着丰富厚重的文化内涵、为一代代中国人所承继的典籍系统地予以整理出版,从而进一步扩大齐鲁文化的影响,提高其在当代人中的认知度,促进中华优秀传统文化的积累、传承和弘扬,无疑具有重要的意义。鉴于此,我们向读者推出了这套“齐鲁文化经典文库”。该书的出版系由山东出版集团组织,具体工作由齐鲁书社负责实施。

通过有关专家论证,确定本“文库”的收录范围是那些由齐鲁籍人士(或有一说为齐鲁籍人士)著述的、已经独立成册、在中华历史文化典籍中堪称经典的著作;对像荀子这样原籍虽非齐鲁,但其主要政治生活是在齐鲁地域、其形成影响的思想和主要著述也产生在这里的个别作家,其经典著作也酌情收录。

收录的作品均采用现代标点本,除小说、戏曲之外,其余作品尽可能加以注释,而对先秦典籍则多数予以今译,以便于读者的阅读和理解。所收部分校注本因问世较早,其中难免存有时代的痕迹,诸如高亨先生的《周易大传今注》,陆侃如、牟世金先生的《文心雕龙译注》等,但这些著作是世人公认的具有权威性的注本,仍需得到我们的尊重。

对经典著述的整理出版绝非一日之功,因此,本"文库"在最初集中推出一批后,未出品种将陆续整理出版,谨此说明。

齐鲁书社

2009年3月

大学 中庸说解

幺峻洲 著

前　言

《大学》与《中庸》均出自《礼记》一书，所以我们在学习之前，有必要对《礼记》有所了解。

《礼记》在儒家经典中比较晚出。它的出现，众说纷纭，始终没有定论，主要有下面几种说法：

一种说法是：秦始皇焚书坑儒，儒家受到几近毁灭性的打击，其经典几乎荡然无存。这里需要说明的是，所谓儒家经典《诗》《书》《礼》等，实际是中华民族自上古传下来的经典，不是儒家一家的，但孔子第一个认识到它们是中华文化的根源和血脉，所以对它们进行了开创性的研究，并以它们为教材传授给弟子。这样，中华文化才有了中心，形成传统，得以代代传下来。但是，孔子的努力，在当时并没有受到世人的重视，直到西汉建立之后，这些经典才开始重新被搜集、整理、恢复起来。据《史记·儒林列传》和《汉书·艺文志》的记载，汉初有个叫高堂生的人，传授《礼经》；到汉孝帝、汉宣帝时，有个叫后仓的儒者，对高堂生的学问学得最好，也开始收徒讲学。后仓有两个学生最有名：一个叫戴德，一个叫戴胜，两人的关系是堂叔侄，人们称叔叔为大戴，侄子为小戴。戴德传《礼记》85 篇，称为《大戴礼记》；戴胜传《礼记》49 篇，称为《小戴礼记》，而《小戴礼记》就是我们今天所说的《礼记》。

另一种说法是："武帝末，鲁恭王坏孔子宅，欲以广其宫，而得古文《尚书》及《礼记》、《论语》、《孝经》凡数十篇，皆古文也。"(《汉书·艺文志》)据此说，《礼记》是鲁恭王坏孔子宅所得，不是戴胜所传。这一说法得到了东汉大儒王充、许慎的认同。

还有一种说法是出自《汉书·河间献王传》。该传说："(汉景帝的儿子河间献王)修学好古，实事求是，从民得善书，必为好写与之，留其真，加金帛赐以招之。繇是四方道术之人不远千里,或有先祖旧书,多奉以奏献王者,故得书多。……献王所得书皆古文先秦旧书,《周官》《尚书》《礼》《礼记》《孟子》《老子》之属,皆经传说记,七十子之徒所论。”这就是说,《礼记》是河间献王花大价钱从民间收集来的。

上述三种说法,比较而言,似乎以第一种说法更为实际一些。

《礼记》有两个鲜明的特点:一是包容量极大——它几乎涉及了上古三代至秦汉文化的一切领域,可以称得上是一部古代文化的百科全书;二是思想极为深刻——它对很多重大的哲学问题,尤其是关于人与文化的问题,有着极为深刻精湛的论述,因而它可以说是古代一部优秀的哲学著作。由此可见,《礼记》的内容博大精深。

《礼记》中所说的“礼”,不仅包括今天我们所说的各种礼节,也包括了人类社会的一切文化现象和各种规则,以及作为各种文化现象和规则根基的最基本的原则。而《大学》和《中庸》,则是全书49篇中思想最为深刻的两篇,所以到了南宋,它们被朱熹选入“四书”而独立成书了。

《大学》《中庸》都很难读。朱熹和弟子们对二书进行了深入细致的讨论,讨论的成果后来都收入《朱子语类》和《或问》等书中。为了帮助读者更好地理解这两部书,我摘引了其中的部分内容,附在有关章节的后面,以方便大家阅读、借鉴。但由于不是完整地摘引,有的内容在顺序上也略有调整,所以个别地方与原著会有一定出入,今特此说明,敬希见谅。

在写《大学说解》和《中庸说解》的过程中,我参考了许多先哲和时贤的著作,主要有:

朱熹:《大学章句》《中庸章句》,中国书店出版社;

朱熹:《朱子语类》(一)、(二),岳麓书社;

王懋竑:《朱熹年谱》,中华书局;

龙汉宸:《礼记》,北京燕山出版社;

牟宗三:《中国哲学特质》,上海古籍出版社;

牟宗三:《中国哲学十九讲》,上海古籍出版社;

牟宗三:《心体与性体》,上海古籍出版社;

岑溢成:《大学义理疏解》,台北鹅湖出版社;

南怀瑾:《原本大学微言》,世界知识出版社;

杨汉祖:《中庸义理疏解》,台北鹅湖出版社;

吴树平:《白话四书五经》,国际文化出版社。

这里,谨向列位先哲和时贤表示诚挚的谢意。我的译注和说解一定会有错误和不当之处,还请专家和读者指正。

在长期的写作过程中,我始终得到好友罗义俊先生和齐鲁书社的支持与鼓励;好友金大为教授对拙作进行了审阅和校对,使我能放心地把书稿寄出去。在这里,我要向罗义俊先生、金大为教授和齐鲁书社的李兴斌主任、李军宏编辑表示衷心的感谢!

最后,我还要向所有关心我的朋友致敬!向读者致敬!向持不同意见的专家和学者致敬!

作者

2006 年 5 月

目 录

前 言 …… 1

大学说解

引 子 …… 1
朱子序 …… 11
一、经一章 …… 20
二、传首章 …… 37
三、传第二章 …… 41
四、传第三章 …… 44
五、传第四章 …… 49
六、传第五章 …… 51
七、传第六章 …… 57
八、传第七章 …… 63
九、传第八章 …… 66
十、传第九章 …… 70
十一、传第十章 …… 76

中庸说解

引 子 …… 90
朱子序 …… 100
一、天命之谓性 …… 111
二、君子中庸 …… 124
三、中庸其至矣乎 …… 126
四、道之不行也 …… 127

五、道其不行矣夫 …… 129
六、舜其大知也与 …… 131
七、人皆曰予知 …… 134
八、回之为人也 …… 136
九、天下国家可均也 …… 138
十、子路问强 …… 140
十一、素隐行怪 …… 143
十二、君子之道费而隐 …… 146
十三、道不远人 …… 151
十四、君子素其位而行 …… 155
十五、君子之道辟如行远必自迩 …… 160
十六、鬼神之为德 …… 162
十七、舜其大孝也与 …… 164
十八、无忧者其惟文王乎 …… 168
十九、武王周公其达孝矣乎 …… 170
二十、哀公问政 …… 174
二十一、自诚明谓之性 …… 195
二十二、至诚尽性 …… 196
二十三、其次致曲 …… 200
二十四、至诚之道可以前知 …… 202
二十五、诚者自成也 …… 205
二十六、至诚无息 …… 208
二十七、大哉圣人之道 …… 214
二十八、愚而好自用 …… 219
二十九、王天下有三重焉 …… 223
三十、仲尼祖述尧舜 …… 226
三十一、唯天下至圣 …… 229
三十二、唯天下至诚 …… 233
三十三、衣锦尚䌹 …… 236

大学说解

引　子

《大学》原是《礼记》的第四十二篇。那么，它的作者是谁？又是谁把它从《礼记》中抽了出来的？抽出来之后对原本有否改动？等等。所有这些问题，现在一并简单介绍如下。

一、《大学》是怎样独立成书的

关于这个问题，有多种说法：一种说法是《大学》在汉、唐时已经单行；一种说法是韩愈在《原道》中曾引用《大学》中的文句，所以认为《大学》在韩愈时已单行；一种说法是宋仁宗曾以《大学》赐及第进士，所以《大学》的单行应在宋仁宗时；还有一种说法是宋朝司马光曾著《大学广义》，这是对《大学》专篇的注解，所以有人推定《大学》单行是从司马光开始的。但据考察，《礼记》中有十几篇在宋代或以前就有注解，不能据此认为这些篇当时就独立成书了。

合理的推测是，《大学》能独立成书，首先要被人认为有独立成书的价值，特别是要得到专家的认可。在南宋，《大学》首先得到了当时两位儒学大师程颢、程颐的大力表彰。他们认定《大学》是“孔氏之遗书”，推许为“初学入德之门”。因此，《大学》受到当世儒者的普遍重视，替它后来的单行奠定了稳固的基础。

作为程氏弟子的朱熹，研究儒家的经典用心至为细密。他为《大学》《中庸》《论语》《孟子》分章析句，为《大学》《中庸》作注，为《论语》《孟子》编著“集注”。宋孝宗淳熙十六年（1189 年），朱熹 60 岁时，任秘阁修撰，在这年二月，他为《大学章句》《中庸章句》写了序言。他说：“二书定著已久,犹时加窜改不辍,至是,以稳洽于心而始序之。”第二年,即宋光宗绍熙元年(1190 年),朱熹到漳州任官,用公费刊刻《大学》《论语》《孟子》《中庸》,称为“四子书”。他在《书临漳所刊四子书后》中说:“河南程夫子之教人,必先使之用力乎《大学》《论语》《中庸》《孟子》之书,然后及乎六经;盖其难易远近,大小之序,固如此而不可乱也。故今刻四古经,而遂及乎此四书者,以先后之。”(《朱子大全文集》卷八二)由此可知,《大学》完全脱离《礼记》而成为一独立文献,应当从这时开始。“四子书”出现之后,《大学》《中庸》的原书出处反渐渐为人所忽略。

二、《大学》的作者是谁

《礼记》一书,是合并许多人的著作编成的,就今日流通的本子来看,没有任何一篇是标明作者的,《大学》一篇也不例外。

有人主张《大学》是子思(孔子的孙子孔伋)所作,但并未举出确凿可信的证据。较多人信服的说法则与朱子的《大学章句》(即朱熹的《大学》改本)相关联。朱子撰述《大学章句》,把原本的结构改为经一章传十章。所谓“经”,就是圣人孔子之言,是人应该遵从的大经常法;所谓“传”,是指注释或阐述经意的文字。朱熹认为:“《大学》之经一章,盖孔子之言,而曾子述之;其传十章,则曾子之意,而门人记之。”朱子这段话,完全是从《大学》本文出发,根据他的师传和毕生研究孔子学说的经验作出自己的论断:首先,他认为《大学》的基本思想出自孔子,“经”中的话都是孔子说的。因为经文文辞简明浅近而义理深远周严,只有孔子这样的圣人才说得出来。其次,孔子的弟子曾参传述孔子这方面的思想,并加以发挥,于是形成《大学》传文的内容。再次,曾子的弟子把曾子的传述书为文字就编成了我们见到的《大学》。朱熹的第二、三推断,是因为“传文或引曾子之言,而又多与《中庸》《孟子》者合,则知成于曾子门人之手,而子思以授孟子无疑也”(朱熹著《大学或问》)。

仔细一想,朱熹的论断也很主观。因为《大学》“多引用曾子之言,而门人记之”就认为《大学》是曾子所作,其理由是不充分的。我们不能因为一篇没有作者的文章引用谁的话多,就认为是该人所作。其次,朱熹认为传文的思想内容与孟子(据说是曾子学生子思的再传弟子)、《中庸》的思想相合,所以顺势断定《大学》出自曾子之手,理由并不充分。这里含有朱熹的主观成分。《孟子》一书中,很少看到《大学》的影响,但曾子的"吾日三省吾身"和曾子对孔子之道的理解,深深地影响着孟子。

朱熹的理由虽然不充分,但仍然坚持自己的说法:认为《大学》的经文是孔子讲的;传文是曾子向弟子们讲解经文由弟子们记下来的。人们相信朱子的说法的主要原因是认为在孔孟之间,曾子是不可缺少的承前启后者。颜渊早死,是曾子忠实地继承了孔子的学说和精神。且不说他对孔子的"吾道一以贯之"的理解超出各弟子(见《论语·里仁》第十五章),他的反求诸己的守约慎独的修养功夫("吾日三省吾身",《论语·学而》第四章)和"仁以为己任""任重而道远,死而后已"的气概(《论语·泰伯》第七章),也无人能比。

三、《大学》的原本与改本

《大学》有两种版本:一种是原本,另一种是改本。《大学》改本的出现,是从程颢、程颐开始,最后由朱熹完成的。二程对《大学》给予极高的评价,并进行了深入细致的研究。他们在研究过程中,感到原本有些地方行文不够通顺,便试着将原来的章节、文句做一些调换,从而使其义理通达、文气顺畅。于是,他们便断言《大学》原本有错简(古代书籍多写于竹简上,竹简是按前后顺序串联在一起的,但有时因为串联的绳索断开等原因,而使竹简次序发生错乱,从而导致文章的文句错乱,后人遂将这种现象叫做"错简")。

怎样改动原本?由于个人对原文的理解或诠释不同,会有不同的改法。例如,程氏兄弟二人就有不同的改本。不过,改本虽不尽相同,但是在一个十分重要的方面非常一致,那就是:他们所改动的绝大部分是原文中所引述的《诗经》《尚书》语句的位置。古人文章中引述经籍的文句,主要作用大致有两个:一是用来做自己说话的论据;一是用来借题发挥,以引出自己的看法。如属前者,则引文的出现,必紧跟在作者说法之后;如属后者,则引文之后,必紧接着作者自己的议论。看看《大学》的引文,程氏兄弟感到有许多段落都是前无所承,后无所继。但是,将这些引文的位置调整之后,这种现象立刻消失。做学问,写文章,需要条理清楚,结构严谨,所以程氏兄弟都写出了自己的改本,使《大学》成为文理通顺的文章。

朱熹继承了二程的主张,并加以推廓发扬。他不仅站在条理的立场,更进一步站在严格结构的立场,来改编《大学》并划分《大学》的篇章结构。他认为,《大学》是一篇结构严密的文章:开始的一大段,大致是全文的提纲,讲的是"大学之道"的纲领和条目;后面的各段,则是给这些纲领和条目所作的引证说明;因此,他断言:开始的一段是"经"(孔子的言论),后面各段是"传"。传就是对经的注释,而作为经的注释,传的先后次序自然要跟经文所述内容的先后次序相一致。朱熹正是按照这个原则来编成他的《大学》改本的,并据此将他的《大学》改本分成经1章、传10章共11个段落,1546字。

经过改编分段之后,首段的经文和以后10段的传文的内容大致上有一种对应的关系。唯一例外的就是传文的第五章。传文的第五章应该是说明经文中"格物"和"致知"这两个条目的,而今传文第五章对于这两个条目既无引证,也无说明。所以,朱熹认为这里一定有缺漏。有鉴于此,朱熹便根据程颐对"格物"和"致知"的理解,补上了一段传文,这就是所谓"格致补传"(或简称"补传")。而朱熹的改本、经传和段落的划分,再加上"补传",就合成了今本《大学章句》。

朱熹对《大学》和《中庸》并没有像对《论语》和《孟子》那样做"集注",这大概和此前《大学》《中庸》没有独立的定本、注释者少有关。朱熹给两书命名为《大学章句》《中庸章句》,自己作了解说,并且在解说中贯串了自己的理学观点。

在朱熹的《大学》改本出现不久,就有些学者认为改本不如《礼记》原本好。有一些学者是基于纯粹的学术兴味,总想找出古籍的原貌,不喜欢对古籍进行改动。还有一些学者是基于反对宋明理学,尤其是反对朱熹,其中最有代表性的是王阳明的致良知说。王阳明认为,“古本大学”文义本来畅达圆足,实不必改动文词,编定章句。例如,朱子承程颐之说,把“在亲民”改为“在新民”,王阳明认为实不当改。

实际上,王阳明反对朱子理学,提倡原本,是对《大学》的义理有自己的新的理解。他把“大学”理解为“大人之学”,他对“大人”的解释是:

> 大人者,以天地万物为一体者也。……大人之能以天地万物为一体也,非意之也,其心之仁本若是,其与天地万物为一也。岂惟大人,虽小人之心亦莫不然;彼顾自小之耳!……是其一体之仁也,虽小人之心亦必有之;是乃根于天命之性,而自然灵昭不昧者也。是故谓之明德。……故夫为大人之学者,亦惟去其私欲之蔽,以自明其明德,复其天地万物一体之本然而已耳……
>
> 至善者,明德亲民之极则也。天命之性,粹然至善,其昭灵不昧者,此其至善之发现,是乃明德之本体,而即所谓良知者也。(《大学问》,《王文成全书》卷二六)

从以上的引文中,可知王阳明认为“至善”才是《大学》纲领中的纲领,而所谓“至善”实指“良知”。良知是人的本性,也是天地万物的根源。所谓“大人”,就是自觉此天赋之良知乃人之本性,同时是万物的根源,由此觉悟人与我、己与物之本为一体者。故此,所谓大学,只是除去私欲之蔽,让良知自明自显,由此见万物之本为一体,从而对于人人物物,皆能真实地亲之,以实现此一体之仁。于是,明明德和亲民实即至善的良知之呈现。

当然,历代都有反对朱熹的《大学》改本而主张学习原本的,如当今著名的儒学大师南怀瑾先生就反对朱熹的理学和《大学》改本而主张学习原本(见《大学微言》)。

的确,朱熹的理学偏离了孔孟的义理系统。他认为心具众理,但心与理是二不是一。他强调了理,但不能给理确立内在的根源。当代新儒学大师牟宗三先生,在他的《心体与性体》中对此有精辟的论述。

总之,就一般读者来说,改本优于原本,这是南宋以来学者们公认的。

所以，本书就是按朱熹的改本《大学章句》讲解的，但对其宣传理学之处，则尽量回避。

四、“大学”一词的含义及内容

“大学”一词有几种含义，在不同的上下文和不同的语句里，可能表示不同的意思。朱子在《大学章句·序》中说：“大学之书，古之大学所以教人之法也。”在这句话里，“大学”一词共出现两次，两次所指并不一样。第一个是专有名词，指的是“四书”中的《大学》这本书。第二个“大学”是指古代的最高学府，培育经国济世人才的学官。这个“大学”的“大”应读为“太”（tài）。“大学”还有第三个意思，指“大人之学”。“大人”是指什么人呢？朱熹的意思是指在上位者，包括天子、诸侯；指有德业者，如圣人、君子；指长辈，如父母或年长者。朱子在《大学章句·序》中说：“及其十有五年，则自天子之元子（嫡长子）、众子，以至公卿大夫元士（天子之士，不同于公卿大夫之士）之适子（正妻之子，也专指嫡长子），与凡民之俊秀，皆入大学，而教之以穷理、正心、修己治人之道。”看来，这里所谓的“大学”，是指天子、诸侯等在上位者设于国都的学校；“大人之学”是指“穷理、正心、修己治人之道”，即成为圣人、君子的学问。

朱熹在说明“大人之学”时，常常与“小子之学”（或“童子之学”）相对照。对照不是在年龄、地位，而是在教学内容。小子之学的教学内容是：“洒扫应对进退之节，礼乐射御书数之文。”这些学问，在儿童进入社会之前，想立足于社会，是必不可少的。但通过学习这些学问，学者虽然掌握了，却只能知其然而不能知其所以然，以至于无法保证每一念头和操守都能恰如其理，所以还需要进一步学习“大人之学”。“大人之学”所教的正是“穷理、正心、修己治人之道”和这些道理的根源。

那么《大学》这本书里是否包罗了所有立身行事、修己治人的大道理及其根源呢？没有。如果是那样的话，《大学》这本书将是一部博大精深的儒家典籍，超过了所有的经书。《大学》的内容只是学者“入德之门”。牟宗三先生说：“至于《大学》，则开端别起，只列出一综括性的外部的（形式的)主客观实践之纲领,所谓只说出其当然而未说出其所以然。"(《心体与性体》二)至于实践这些纲领的具体功夫(如格物、致知、诚意、正心等),并没有详细解说。朱熹在《朱子语类》卷第十四中,对这点是这样解释的:"《大学》所载,只是个题目如此,要须自用功夫做将去。"所以,《大学》这本书的内容只是写出了"大人之学"的规模,由此,初学者可学得进德修业的进程的次序,是"入德之门"。可见,《大学》实是儒学最初步的典籍。

五、怎样解读《大学》

《大学》里面讲三纲领、八条目,它是从主观的实践到客观的实践,把儒家实践的范围给你规定出来,但它本身的方向不确定。它主要是列举了这些实践纲领,却没有对这些纲领做解释。比如《大学》说"明明德",但是什么是"明德"呢?"止于至善",什么叫"至善"呢?"至善"究竟是落在哪个地方呢?这在《大学》里面都不清楚。所以,在这些地方就有不同的态度,讲起来就有不同的讲法。牟宗三先生给我们作了深刻的分析,使我们在读《大学》时,能保持清醒的认识:

> 讲《大学》的人也就有不同的讲法,而最典型的两个态度就是王阳明的讲法和朱夫子的讲法这两者。朱夫子那个讲法是顺着《大学》讲《大学》,这是最自然的讲法,一般人也最容易走朱夫子这条路。朱夫子讲儒家是以《大学》为标准。朱夫子的讲法尽管很自然,比如致知格物、格物穷理,这很自然,但是他有一个毛病,他拿《大学》作标准,来决定《论语》、《孟子》、《中庸》、《易经》,结果通通不对。可是,如果你把《大学》讲成王阳明那种讲法,那也太别扭。你怎么知道《大学》里面"致知"的"知"就是良知呢?这也很麻烦。《大学》里面的致知、格物未必就是王阳明的那种讲法。王阳明是用他的良知教套在《大学》里面讲,他这种讲法在文字上是没有根据的,但是他的讲法有一个好处,在义理上来说,他的讲法合乎儒家的意思。王阳明是拿《论语》、《孟子》来规范《大学》,朱夫子是拿《大

学》来决定《论语》、《孟子》、《中庸》、《易经》。所以儒家系统到后来分歧了。(《中国哲学十九讲》第四讲)

我们应该怎样读《大学》呢？牟宗三先生接着说：

那么，我们看《大学》当该采取什么态度呢？《大学》只是把实践的纲领给你列出来，但是要如何实践，实践的那个领导原则是哪个方向，《大学》里面不清楚。因为《大学》本身不明确，那么到底要如何来实践呢？这个道德实践后面的基本原则到底是什么呢？这个地方我们当该以《论语》、《孟子》、《中庸》、《易经》来做标准，用它们来规范《大学》。我们不能反过来以《大学》为标准来决定《论语》、《孟子》、《中庸》、《易经》。至于《大学》本身的原意究竟是什么？这是个很麻烦的问题。……因为《大学》本身不明确，所以我们讲儒家的时候，并不太着重《大学》。以前的人重视《大学》，是因为朱子的权威太大，朱子讲《大学》，所以人人讲《大学》。就是王阳明也是从《大学》入手，但是他把朱子的那个讲法扭转过来。王阳明是孟子学，他讲《大学》是孟子学的《大学》。朱夫子的《大学》则是以程伊川的讲法为根据。(《中国哲学十九讲》第四讲)

六、《大学》在今天的意义

中国自“五四”以来就批判儒学，批判四书五经，一直到“文革”达到顶点。“文革”之后，情况有所缓解，但四书五经在人们的心目中似乎仍然是与现代不相容的有害的书籍。在已出版的诠释四书五经的书籍中，还都认为它是为剥削阶级服务的。如以杨伯峻先生为顾问的《白话四书五经》(国际文化出版公司出版)中说：“《四书五经》……是企图让每个人都‘自觉地’用‘三纲五常’去规范自己的言行，从根本上维护封建统治。”再如黑龙江人民出版社出版的《〈大学〉〈中庸〉》说：“历代统治者之所以如此提高曾参的地位，就是为了借以稳固自己的统治，主要是利用他起维护封建统治的作用。”

按这种理论推断，如今封建社会垮台了，皇帝和封建势力也不复存在了,那么为它们服务的四书五经也过时了,没有必要再去学习了。可是事实并非如此。学习四书五经,特别是学习四书的热情在群众中日渐高涨,有的学校开了四书课,2005年在八达岭长城还召开了千人诵经大会。为什么会这样?因为四书五经产生在两千多年前,是中华民族圣哲先贤思想的精华。在封建社会里,统治阶级利用了它,一些封建文人为统治阶级服务,歪曲了它,使它面目全非了。今天,我们应该冷静下来反问自己:中华民族已有五千年的历史,是世界上仅有的几个文明古国之一,我们的祖先究竟给我们留下了什么文化遗产供后人永远遵从?把四书五经全抛弃了,我们还剩下什么?有人会说:还有《史记》、唐诗、宋词、元曲……但是,在这些富有生命力的文学艺术的背后,就没有一种民族精神在支持吗?我的回答是:四书五经是中华文化的根源,是中华文化的血脉。今天我们应该恢复它的本来面目,使人们在精神上有所依据。

以《大学》而论,我们今天学习它,仍可以作为"入德之门"。比如说,我们今天提倡"为人民服务",这是一个非常好的思想。一个人真正树立了为人民服务的思想,可以说是一个有道德的人,是一个君子。但是现实是:尽管我们一再提倡为人民服务,许多人做不到。这一思想常常浮在表面,并未深入人心。原因何在?我想主要原因是我们把思想教育简单化了。真正想叫人们树立起为人民服务的思想,不是把它作为一个口号提出来就可以了,还需要进行深入的思想教育。《大学》一书对初学者"入德"的过程——格物、致知、诚意、正心等作了十分细致深入的论述,是一本讲解怎样进行思想教育的很好的教材,也是个人进德修业的最初步的读物。

在八条目中,"修身"是核心。今天我们提倡热爱祖国,而从《大学》可以知道,自古儒家就把爱国与"修身"紧紧联系在一起:只有"修身"才能做到爱国,而要爱国就必须注意"修身"。试想,一个品德不好的人,他怎么会真正爱国呢?

有人认为,"格物""致知"是做学问的工夫。其实,为人处事也都要"格物""致知"。一个领导者真正做到了"格物""致知",他制定的政策就不会左右摇摆。经文最后说:“自天子以至于庶人,壹是皆以修身为本。其本乱而末治者否矣。”但翻看中国的历史,历代统治者都是要求庶民修身,而自己生活糜烂、胡作非为,结果国破家亡。《大学》传文的最后一章,给在上者提出了“絜矩之道”,这对我们其实也是一副清醒剂。

七、结语

以上六点是我对《大学》的粗浅认识。四书之中,问题最多的首推《大学》,上述六点,也无一不引起激烈争论,而且争论的不仅仅是这六点,甚至对每一点中的细节问题也各有不同的看法。

我认为,这种争论还将长期存在下去,但这不仅不会妨碍我们学习和理解这些经典,反而会启发我们对经典作更为深入的思考,从而有益于我们的学习和理解。

朱 子 序

学习《大学》应先学习朱熹在编《大学章句》时写的序言。下面就先解说《朱子序》。

［原文］　《大学》之书，古①之大学②所以③教人之法也。

［注释］　① 古：朱熹所说的古代，大概是指周代。周代以前的“大学”，已无资料可查。　② 大学：请看《序言·四》。　③ 所以：与现代汉语不同。古汉语中的“所以”是两个词，“所”是辅助性代词，加在谓语性成分前面，指代某种动作的对象。“以”是介词，意思是“用”“凭”。本句“所以”的意思是：“用来（教育人）的”。

［译文］　《大学》这本书的内容，是古代最高学府——大学用来教育人的方法。

［说解］　朱子在《序》的开头，首先指出了《大学》这本书的主要内容，也就是古代最高学府大（tài）学的教育内容。有关周代大学的记述，今可见于《礼记》的《王制》《学记》《大学》三篇。《王制》所记，偏重于学制；《学记》则泛论学业之阶段、学校之典礼以及为师为徒者各自的资格和对待学业的态度；《大学》则专记所谓“大学之道”，是教育内容的核心。这三篇所记，是否如实地反映了周代的学制和当时最高学府的教育内容，已无其他资料可供参考，但它们至少反映了先儒的理想学制和理想的教育内容。

［原文］

盖自天降生民，则既莫不与之以仁义礼智之性矣。然其气质之禀①，或不能齐，是以不能皆有以知其性之所有而全之也。一有聪明睿智、能尽其性②者出于其间，则天必命之以为亿兆③之君师，使之治而教之，以复其性，此伏羲④、神农、黄帝、尧、舜所以继天立极⑤，而司徒⑥之职，典乐⑦之官所由设也。

［注释］

① 气质之禀：宋儒认为，人的天赋有两个方面：一是仁义礼智之性。即所谓人性，宋儒称之为义理之性，是人类专有而禽兽所无的。这是我们能够实现仁义礼智的根据，是人类尊严之所在。二是气质之性。本能、欲望、品性、才智等均属于气质之性。禀，禀赋、禀性。 ② 能尽其性：能使义理之性充分表现。 ③ 亿兆：古代以十万为亿，以十亿为兆。亿兆，极言其多。这里指人民。 ④ 伏羲：古代传说中的部落酋长，即太昊（hào）。相传他始画八卦，教民捕鱼、畜牧，以充庖厨，故其又名庖牺。 ⑤ 继天立极：继守天意而建立最高准则。 ⑥ 司徒：官名。《周礼·地官》：大司徒为主管教化之官，六卿之一。 ⑦ 典乐：掌管朝廷的音乐事务。

［译文］

自从上天降下生民百姓，都赋予了仁义礼智的本性。但是他们的气质之性，人各不同。因此，人们（受本能欲望的干扰，）不能自觉其义理之性而保全它。一旦有聪明智慧能充分展现义理之性的人出现，则天必使他成为亿万百姓的君主和师长，叫他管理百姓、教育百姓，使他们恢复仁义礼智的本性。这就是伏羲、神农、黄帝、尧、舜所以要继守天意给人民百姓建立要遵守的最高准则和设立司徒、典乐这些官职的原因。

［说解］

这一节综述教育之所由起。人的天赋有两个方面：一是义理之性，即善良的本性；一是气质之性，即本能、欲望、品性、才智。人的善良的本性,由于受气质之性的干扰,不能充分展现。欲望性质的程度不同,干扰有深有浅,因而品德有高有低,出现了先觉者与后觉者的差别。人有义理之性,所以教育有可能;人有本能和欲望,所以教育有必要。人既有先觉者与后觉者之别,先觉者就有创办教育、教育后觉者的责任。这正是古代君主、师长产生的原因,也是设立掌管教育的司徒、典乐等官职的原因。为君者和为师者都是以启发百姓的自觉,使他们充分展现其义理之性为目标的,这是教育的目的,同时也是政治的目的。

[原文]

三代[①]之隆,其法浸备[②],然后王宫、国都以及闾巷[③],莫不有学。人生八岁,则自王公以下,至于庶人之子弟,皆入小学,而教之以洒扫应对进退之节,礼乐射御书数之文。及其十有五年,则自天子之元子[④]众子,以至公卿大夫元士[⑤]之嫡子[⑥],与凡民之俊秀,皆入大学,而教之以穷理、正心、修己、治人之道。此又学校之教,大小之节,所以分也。

夫以学校之设,其广如此,教之之术,其次第节目之详又如此;而其所以为教,则又皆本之人君躬行心得之余,不待求之民生日用彝伦[⑦]之外。是以当世之人无不学;其学焉者无不有以知其性分之所固有,职分之所当为,而各俛[⑧]焉以尽其力。此古昔盛时所以治隆于上,俗美于下,而非后世之所能及也。

[注释]

① 三代:这里指夏、商、周三代。　② 浸备:逐渐完备。浸(jìn),逐渐。　③ 闾巷:泛指民间。　④ 元子:天子和诸侯的嫡长子。　⑤ 元士:天子之士。所以在“士”(最下级官吏)前面加一“元”字,是为

了与诸侯之士有所区别。 ⑥ 嫡子：正妻所生的儿子。也专指嫡长子。 ⑦ 彝伦：天地人之常道。彝（yí），常道。 ⑧ 俯（fǔ）：《朱子语类》卷第十四朱熹解释“俯”字说：是剌（低）着头，只管做将去的意思。

［译文］

夏、商、周三代，教育发达，学制逐渐完备，从王宫、国都到民间里巷，都设有学校。小孩到了八岁，上自王公下到百姓的子弟，都要入小学，小学所教的是洒扫应对进退的规矩和礼乐射御书数等文化知识。等他们到了十五岁，上自天子的嫡长子和其他皇子，下至公卿、大夫、士人的嫡子和普通百姓中才华卓越的孩子，都要入大学。大学所教的是穷理、正心、修己、治人的道理。这就是由于教育内容的不同，把学校区分为大学和小学的情况。

学校的设立是如此广泛；教育的办法，无论是顺序、内容又如此详备。而教育的根本之点是基于人君在生活实践中的心得体会，不是从民生日用常道之外求得的。因此，世上的人都可以学习；学习之后，都会了解自己本性中固有的仁义礼智的善性，了解自己怎样做才对，于是低着头努力去做自己应该做的事。这就是古代盛世所以在上者能够治理好国家，百姓的风俗纯美，后世无法赶上的原因。

［说解］

这一节说明小学之教与大学之教的分别。古时教育，无论是小学或是大学的教育内容，虽然都包含一定程度的知识教育和技能教育，但归根到底，毕竟都是以道德教育为根本。道德教育是一种实践的教育，而不是知识教育，所以，小学教的是实践之事，大学教的是实践之理。参与这样的教育，无论是教者还是学者，基本上都要在实践中进行；施教的最基本的方法就是以身作则，学习的最基本的方法则是在日用人伦之间身体力行。教者以身作则，要充分展现固有的美德——仁义礼智之性，所以施教并不难。而仁义礼智之性乃人所固有，教者又做出榜样，所以学者也极易学习。于是由上至下，人人都努力向上，充分展现自己固有的义理之性——仁义礼智的美德。这样良好的教育，自然会使政治修明，风俗纯美。

［原文］

及周之衰，贤圣之君不作[①]，学校之政不修，教化陵夷[②]，风俗颓败。时则有若孔子之圣而不得君师之位，以行其政教，于是独取先王之法，诵而传之，以诏后世。若《曲礼》[③]、《少仪》[④]、《内则》[⑤]、《弟子职》[⑥]诸篇，固小学之支流余裔[⑦]；而此篇者，则因小学之成功，以著大学之明法，外有以极其规模之大[⑧]，而内有以尽其节目之详[⑨]者也。三千之徒，盖莫不闻其说；而曾氏之传，独得其宗，于是作为传义，以发其意。及孟子没而其传泯焉，则其书虽存，而知者鲜矣。

［注释］

① 作：兴起，出现。　② 陵夷：衰落。　③《曲礼》：《礼记》的篇名。　④《少仪》：《礼记》篇名。　⑤《内则》：《礼记》的篇名。　⑥《弟子职》：春秋时齐国稷下学宫的学则，内容是弟子事先生之礼。因是齐国学宫的学则，所以收在《管子》里。　⑦ 裔：后代。　⑧ 外有以极其规模之大：是说《大学》从外面看，规模宏大，涉及修己、治人、成己、成物等各方面。　⑨ 内有以尽其节目之详：明德、新民是节目，《大学》对明德、新民作了详尽的阐述。

［译文］

等到周朝由盛转衰，圣贤的国君不再出现，有关学校的政事管理不善，教化衰落，风俗颓败。当时虽有像孔子这样伟大的圣人出现，但因他不在君师之位，不能直接参与一贯的政治和教育，于是自己把先王的理论通过口头的讲论，传授给门人弟子，以流传百世，叫后世人都能学到。像《曲礼》《少仪》《内则》《弟子职》等文章，本来属于小学所教的范围；而《大学》一篇，是讲明了在小学学完之后，到大学要怎样学习的规则。从外面看，不仅能反映出大学之教的规模宏大，涉及修己、治人、成己、成物等各方面；往内里看，它更详细地阐述了所以明德、新民的要目。孔子的三千弟子都听到了孔子的讲述；而曾子所传授的，独得孔子的真传，于是把它写出来，发挥了孔子学说的义蕴。可惜在孟子之后，就没有人再传授了。《大学》这篇文章虽收在《礼记》之中，但知道的人很少。

［说解］ 朱熹在这里讲述的，我在本书《引子》“大学的作者”一节中已经说明了。朱子的看法是经过综合和推测所得出来的结论，并没有确实的根据。朱熹所以认定《大学》的经文乃孔子所说而曾子述之，传文为曾子所述而曾子弟子记之，是想给《大学》一文的起源、内容及其重要性提供一种“合理的说明”。

［原文］ 自是①以来，俗儒记诵词章之习，其功倍于小学而无用；异端虚无寂灭之教②，其高过于大学而无实；其他权谋术数，一切以就功名之说与夫百家众技之流，所以惑世诬民，充塞仁义者，又纷然杂出乎其间；使其君子不幸而不得闻大道之要，其小人不幸而不得蒙至治之泽。晦盲否塞③，反复④沉痼⑤，以及五季⑥之衰，而坏乱极矣。

［注释］ ① 是：指孟子年代。 ② 异端虚无寂灭之教：指道教和佛教。 ③ 晦盲否塞：昏暗不明，闭塞不通。 ④ 反复：变动无常。 ⑤ 沉

痼：积久难治的病，引申为难改的陋习、积弊。痼（gù），积久难治的病，常用来比喻不易克服的坏习惯或嗜好。　⑥ 五季：指唐宋之间的后梁、后唐、后晋、后汉、后周。

［译文］

在孟子之后，（由于统治者为了巩固个人的权位而提倡儒学，）一般儒生（为了猎取功名利禄，）专务词章记诵，下的功夫超过小学一倍，却没有用处。于是，（从魏晋到隋唐，道教和佛教因君主的信奉而大盛。）这两种宗教讲究虚无静寂，其教理高过大学，但不能解决实际问题。而其他权谋术数、为了猎取功名利禄的学说以及诸子百家之流，迷惑世人，欺骗百姓，堵塞仁义之路的思想，又一齐涌现出来，使正人君子不幸听不到（儒家的）常理正道，使普通百姓不幸得不到政治清明带来的恩泽。国家昏暗不明，政治闭塞不通，社会变动无常，陋习、积弊难以改掉。到了唐宋之间的五代，中国社会坏乱到了极点。

［说解］

儒学由孔子奠定基础，经曾子、子思、孟子等几代的发展，义理规模已经成熟完备。汉武帝以后，儒学定于一尊，研究儒学的人和著作越来越多。但是，儒学的中心义理并未因而更广泛更深刻地为学者所理解所体会，反而在一些历史因素的影响下，更为隐晦。究其原因，一方面是由于大多数的为君者提倡儒学，目的只在巩固个人的权位；一方面是由于一般儒生之研习儒家经籍，是为了博取功名利禄，他们把功夫用在词章记诵上，而不能发挥经籍的义理，所以苦读十年，却劳而少功。

同时，从魏晋到隋唐，道教和佛教也因为君主的信奉而大盛。这两种宗教的教理比较玄虚，陈义虽高，但无益于世事。

这样，儒学的仁义礼智之理，竟然历千年而不明，而《大学》的修己治人之教，也没有引起人们的关注。

［原文］

天运①循环，无往不复，宋德隆盛，治教休明②。于是③，河南程氏两夫子④出，而有以接乎孟氏之传，实始尊信此篇而表章之。既又为之次⑤其简编⑥，发⑦其归趣⑧，然后古者大学教人之法，圣经贤传之旨，粲然⑨复明于世。虽以熹之不敏，亦幸私淑⑩而与⑪有闻焉。顾其为书，犹颇放失⑫，是以忘其固陋，采而辑之；间亦窃附己意，补其阙略，以俟后之君子。极知僭逾⑬无所逃罪，然于国家化民成俗之意，学者修己治人之方，则未必无小补云。

淳熙己酉⑭二月甲子，新安朱熹序。

［注释］

① 天运：天道运行。 ② 休明：整饬清明。 ③ 于是：在这个时候。是，通“时”。 ④ 河南程氏两夫子：程颢（1032—1085）、程颐（1033—1107）兄弟二人同受学于周敦颐，并称“二程”，同为北宋理学的创立者。 ⑤ 次：编排。 ⑥ 简编：古人将文章写于竹简上，把竹简按顺序编排在一起而成书，后因泛称书为简编。 ⑦ 发：发挥。 ⑧ 归趣：旨趣，主旨，意义。 ⑨ 粲然：明亮，明白。 ⑩ 私淑：不能亲身受某人教导，却仰慕学习该人为私淑。 ⑪ 与（yù）：参与。 ⑫ 放失：丢弃失散。 ⑬ 僭逾：越分。指超越自己身份，冒用在上者的职权行事。僭（jiàn），越分。 ⑭ 淳熙己酉：宋孝宗淳熙十六年（1189），朱熹60岁。淳熙是宋孝宗年号。

［译文］

天道运行，周而复始，过去的一定还要回来。到了宋朝，德业兴盛，政教整饬清明。这时，河南程氏两位夫子出现了，他们承接了孟子的真传，开始尊重信仰《大学》而加以宣扬。又把书的内容重新加以编排，发挥其中的主旨。经过程氏两夫子的努力之后，古代大学教人的方法、圣人写的经文和先贤写的传文的主旨，又明晰地在这世上重放其光辉。朱熹我虽然愚笨，但也有幸私下里向二夫子学习而得以与闻其事。不过这本书还有许多被丢弃失散的地方，所以我不顾自己的见识浅陋，又重新收集编辑，其中有些地方也附上自己的意见，补充其不足疏漏之处，期待着后世君子的批评指正。我颇知道这是越分的，罪责难逃，但它对于国家转变民德民俗，学者了解修己治人的方法，也未必没有一点点补助吧！

淳熙己酉年二月甲子，新安朱熹序。

［说解］

这一节说明所以编写《大学章句》的缘由。宋朝学术十分兴盛，儒学的仁义礼智之理，在宋朝才得以重光于世。儒学大师周敦颐，首开一代学风。他主要以《易传》《中庸》为典据，以发扬儒学核心的心性论，还没有十分注意到《论语》、《孟子》和《大学》。可是他的弟子程颢、程颐开始大力表章《大学》《中庸》《论语》《孟子》，认为这四本书最能代表儒学的精髓。自此以后，儒学的中心典籍由五经转到四书。朱熹生在南宋，不能亲自受教于二程(他的受业师是李延平)，但他私淑二程，特别是程颐。他毕生致力于四书的编定和注疏，对于《大学》用功尤多。直到宋孝宗淳熙十六年，朱熹60岁时，才大致编定《大学》和《中庸》，于是在二月写《大学章句序》(即本文)，三月写《中庸章句序》。第二年，即宋光宗绍熙元年，在漳州刊刻四书，从而成为后世四书合刊的先河。

［附录］

《朱子语类》卷第十四《大学一·纲领》

学问须以《大学》为先，次《论语》，次《孟子》，次《中庸》。《中庸》工夫密，规模大。

某要人先读《大学》，以定其规模；次读《论语》，以立其根本；次读《孟子》，以观其发越；次读《中庸》，以求古人之微妙处。《大学》一篇有等级次第，总作一处，易晓，易先看。《论语》却实，但言语散见，初看亦难。《孟子》有感激兴发人心处。《中庸》亦难读,看三书后,方宜读之。

亚夫问《大学》大意。

曰:"《大学》是修身治人的规模。如人起屋相似,须先打个地盘,地盘既成,则可举而行之矣。"

《大学》如一部行程历,皆有节次。今人看了,须是行去。今日行得到何处,明日行得到何处,方可渐到那田地。若只把在手里翻来覆去,欲望之燕,之越,岂有是理!

《大学》重处都在前面。后面工夫渐渐轻了,只是揩磨在。

明德,如八窗玲珑,致知格物,各从其所明处去。今人不曾做得小学工夫,一旦学《大学》,是以无下手处。今且当自持敬始,使端悫纯一静专,然后能致知格物。(注:端悫,正直诚实)

又问:"小学、大学如何?"

曰:"小学涵养此性,大学则所以实其理也。忠信孝悌之类,须于小学中出。然正心、诚意之类,小学如何知得? 须其有识后,以此实之……"

《大学》是为学纲目。先通《大学》,立定纲领,其他经皆杂说在里许。通得《大学》了,去看他经,方见得此是格物、致知事;此是正心、诚意事;此是修身事;此是齐家、治国、平天下事。

一、经一章

本章文字虽不算长,但为方便,将其分为五个自然段进行注释、翻译和解说。

［原文］

大学之道①，在明明德②，在亲民③，在止于至善④。

［注释］

① 大学之道："大学"一词至少有三种意义（请参看《序言·四》），作古代最高学府讲时，"大"字应读为"太"，即"太学"。"大学之道"的"大学"指大人之学（区别于小学）。"大学之道"的意思是大人之学用来教人的方法，包括教育宗旨、教学内容和纲领。　② 明明德：上一个"明"字是动词，是彰明、发扬的意思。下一个"明"字是形容词，是光明或灵明的意思。"德"指人得于天的德性。"明德"就是人类天赋的、与生俱来的光明清澈的德性（即良知、善性）。"明明德"就是彰明恢复人得于天的本有的光明清澈的德性（即良知、善性）。　③ 亲民：朱熹接受程颐的看法，认为在《大学》的传文中，只有说明"新民"，并没有道及"亲民"，所以"亲"当作"新"。"亲"可能是由于传抄错误的结果。"新"是革新、更新的意思，"民"指民众、百姓。　④ 止于至善："止"不是停止或终止的意思。朱熹的解释是"止者必至于是而不迁"，其中包括"必至于是"和"不迁"两层意思。"至善"是指最完善圆满的境界。"止于至善"的意思是：一定要达到最完善的境界，达到之前要勤奋努力，力求达到；达到之后，绝不动摇，坚持不变。

［译文］

大人之学用来教育人的宗旨和纲领是彰明发扬人得于天的本有的光明德性（良知、善性），并推以及人，使百姓也能自新改旧从善，最后达到完善圆满的境界而坚持不变。

［说解］

大人之学是相对于小儿之学而言的。小学教的是洒扫应对进退等实践之事，大学教的是实践之理、实践的根据。

实践的根据在哪里？不是外在的某些圣贤定的规矩，而是内在于人的本身。人生来就有一颗光明纯洁的心。朱熹说："孩提之童无不知爱其亲；及其长也，无不知敬其兄。"其良知良能本自有之。但是人除了具有善良的心灵（良知）之外，还有七情六欲，二者不断地互相影响着。在日常生活中，善良的心灵常受私欲的蒙蔽，昏暗不明，而不能自由去扩展，去做好事。所以要“明之”，这就需要后天的修养功夫。我们必须通过学习，通过不断内省，排除七情六欲的干扰，使我们的“明德”充分地彰明恢复。这就是“明明德”，就是大学的根本，也可以说是大学的发端。

一个人已经“明明德”了，如果只满足于自己的完美，只是独善其身，那他的“明德”还不能说已经充分彰明了。人的善性之中，是与自私自利针锋相对、水火不容的。一个真正道德完美的人，必然要关心别人，关心社会，使人人能自觉向善，使社会风气也变得纯美善良。孔子说一个仁人要“己欲立而立人，己欲达而达人”（《论语·雍也》第三十章）。孟子也说得好：“故君子莫大乎与人为善。”（《孟子·公孙丑上》第八章）这就是“在新民”。“在新民”也是大学的宗旨。

从明明德到新民成为自觉自愿的行动，使人的天赋的善良本质普遍地具体地呈现于人伦日用之间，一切都达到最完美的境界，达到极处，无一毫不尽，这就是“止于至善”。

“明德、新民、止于至善”八个字，包括了大学的主旨，朱熹称它们是大学的纲领。三者似乎是三件事，实际是统一的，密不可分的。“明明德”是出发点，“止于至善”是终点，中间必须经过“新民”，没有“新民”就没有“至善”，“明明德”也就毫无意义。

[附录]

《朱子语类》卷第十四《大学一》

问：“《大学》之书，不过明德、新民二者而已。其自致知、格物以至天下平，乃推广二者，为之条目以发其意，而传意则又以发明其为条目者。要之，不过此心之体不可不明，而致知、格物、诚意、正心，乃其明之之工夫耳。”

曰："若论了得时，只消'明明德'一句便了，不用下面许多。圣人为学者难晓，故推说许多节目。今且以'明明德''新民'互言之，则明明德者，所以自新也；新民者，所以使人各明其明德也。然则虽有彼此之间，其为欲明之德，则彼此无不同也。……明德如明珠，常自光明，但要时加拂试耳。若为物欲所蔽，即是珠为泥涴（wò 污染），然光明之性，依旧自在。

"《大学》'在明明德，在新民，在止于至善'，此三个是大纲，做工夫全在此三句内。下面'知止'五句，是说效验如此。上面是服药，下面是说药之效验。正如说服到几日效如此，又服到几日效又如此。看来不须说效亦得，服到日子满时，自然有效。但圣人须要说到这田地，教人知'明明德'三句。后面又分析开八件：'致知'至'修身'，五件是'明明德'；'齐家'至'平天下'三件，是'新民'事。'至善'中介做得恰好。"

或问："'明德'便是仁义礼智之性否？"

曰："便是。"

"或以'明明德'譬之磨镜。"

曰："镜犹磨而后明。若人之'明德'，则未尝不明。虽其昏蔽之极，而其善端之发，终不可绝。……'明德'未尝息，时时发现于日用之间。如见非义而羞恶，见孺子入井而恻隐，见尊贤而恭敬，见善事而叹慕，皆明德之发见也。如此推之，极多。但当因其所发而推广之。"

［原文］

知止而后有定①，定而后能静②，静而后能安③，安而后能虑④，虑而后能得⑤。

［注释］

① 知止而后有定：知止，即知道自己所要达到和坚持不变的最完善（至善）的境界。定，指心志的定向。一个人的人生观不确定，就没有努力的方向。　② 静：心意安静而不妄动。　③ 安：不管遭遇如何，都会安之若素。　④ 虑：处事精思详察。　⑤ 得：有所得。《孟子·离娄下》第十四章说："君子深造之道，欲其自得之也。"这个"得"是自得。即学到一些美德，真正成为自己的美德，而不是停在口头上。

［译文］ 知道自己所要达到和坚持不变的最完善（至善）的境界之后，自己的志向才能确定不移；志向确定之后，心意才能安静而不妄动；心意安静下来之后，才能面对现实而安心，不致有所忧惧疑虑；面对现实安心而没有忧惧疑虑，而后才能处事精思详察，不受干扰；精思详察之后，一定会有所得。

［说解］ “知止而后有定”，这是孔子解释大学纲领的第一句话，这句话太重要了，每个人都应该懂得这句话的重要。《朱子语类》说：“《大学》以知止为要。”一个人感到生活没有意义，得过且过、胡作非为等，不能走上正道，就是因为“不知止”。前些天，我在中央电视台《法治在线》节目中，看到湖南有一所大学的两名毕业生合伙抢劫杀人，深深感到，这些年轻学生，本来受社会的污染较少，也没有太大的生活压力，为什么会走上邪路？就是他们在成长的过程中，始终“不知止”。通俗一点说，就是不知道人为什么活着。一个人真正知道了为什么活着，就会决定自己的志向。我想从小学开始，就应该对学生进行“知止”的教育。心志有了确定的方向，就不会轻易为外物干扰而动摇，以致心绪不宁。心志定了，就能安静。心绪能做到静，不管遭遇如何，都会安然处之，能够安然面对事实，就会有周密正确的思考而不致想入非非。周密正确的思考，能分清是非善恶，能引导自己走上至善之路，而成为品德高尚的人。

朱熹在《朱子语类》举例说：“如行一般，若知得从那一路去，则心中自是定，更无疑惑。既无疑惑，则心便静；心既静，便贴贴地，便是安。既安，则自然此心专一，事至物来，思虑自无不通透。若心未能静安，则总是胡思乱想，如何是能虑？”

孔子提出的止、定、静、安、虑、得，是一个要求上进的人的思维过程，一环紧扣一环。一个人不知止怎么能定？不能定怎么能静？不能静怎么能安？不能安怎么能虑？不能虑怎么能得？虽然“为仁由己”，但真正想有所得，品德真正有所提高，并不容易，绝不是听一场两场报告就能见效的。

想加深对本段的理解，请看下一节。

［附录］

附：《朱子语类》卷第十四《大学一》

刘源问“知止而后有定”。

曰：“此一节，只是说大概效验如此。‘在明明德，在新民，在止于至善’，却是做工夫处。‘在止于至善’，‘至’者，天理人心之极致。盖其本于天理，验于人心，即事即物而无所不在。吾能各知其止，则事事物物莫不各有定理，而分位、界限为不差矣。

“须是灼然知得物理当止之处，心自会定。”

问：“‘知止而后有定’，须是物格、知至以后，方能如此。若未能物格、知至，只得且随所知分量而守之否？”

曰：“物格、知至也无顿断。都知到尽处了，方能知止有定。只这一事上知得尽，则此一事便知得当止处。无缘便要尽的都晓得了，方知止有定。如人行路，今日行得这一条路，则此一条路，便知得熟了，便有定了。”

问“定而后能静”。

曰：“定，是见得事事物物上千头万绪皆有定理；静，只就自家一个心上说。定是理，静在心。既定于理，心便会静。若不定于理，则此心只是东去西走。”

问“静而后能安”。

曰：“安，只是无臲卼（niè wù，动摇不安）之意。才不纷扰，便安。”

问：“如此，则静与安无分别。”

曰：“二字有浅深。既静，则外物无以动其心；既安，则所处而皆当。看打做那里去，都移易他不得。”

问:"'静而后能安',是在贫贱,在患难皆安否?"

曰:"此心若不静,这里坐也坐不得,那里坐也坐不得。"

问:"知止章中所谓定、静、安,终未深莹。"(注:莹,觉悟、明白)

曰:"知止,只是识得一个去处。既已识得,即心中便定,更不他求。如求之彼,又求之此,即是未定。'定而后能静,静而后能安',亦相去不远,但有深浅耳。'知止而后有定',如行路一般。若知得从那一路去,则心中自有定,更无疑惑。既无疑惑,则心便静;心既静,便贴贴地,便是安。既安,则自然此心专一,事至物来,思虑自无不通透。若心未能静安,则总是胡思乱想,如何是能虑?"

问"安而后能虑"。

曰:"先是自家心安了,有些事来,方始思量区处得当。今人先是自家这里鹘突(hú tu 糊涂)了,到事来,都区处不下。既欲为此,又欲若彼;既欲为东,又欲为西,便是不能虑。"

李德之问:"'安而后能虑',既首言知止矣,如何于此复说能虑?"

曰:"既知此理,更须是审思而行。且知孝于事亲,须思所以为事亲之道。"

问:"到'能得'处,学之工夫尽否?"

曰:"在己之功亦备矣,又要'明明德于天下',不止是要了自家一身。'知止'至'能得',盖才知所止,则志有定向;才定,则自能静;静,则自能安;安,则自能虑;虑,则自能得。要紧在'能'字。盖滔滔而去,自然如此者。虑,谓会思量事。凡思天下之事,莫不各得其当,是也。

"'知止',只是先知得事理如此,便有定,能静,能安,及到事来乃能虑。'能'字自有道理。是事至物来之际,思之审,处之当,斯得之矣。"

问:"知与得如何分别?"

曰:"知只是方向,得便是在手。"

问:"得莫是行所知了时?"

曰:"也是如此。"又曰:"只是分个知与得。知在外,得便在我。"

［原文］

物有本末①，事有终始②，知所先后，则近道矣。

［注释］

① 物：这里的“物”，朱熹认为是指“明明德”和“新民”。“本末”是把“大学之道”拿树木来做比喻。本是树根，末是树梢；“明明德”与“新民”的关系，是“本”与“末”的关系。“明明德”是树根，“新民”是树梢。② 事：朱熹认为是指从“知止”到“能得”的过程。“知止”是“始”（开端），“能得”是“终”（结果）。

［译文］

一个事物都有根本和枝节，一件事情都有开始和终了。为学知道先抓什么，后抓什么（知道应先抓根本，知道从头开始），这就距离大学之道的实现不远了。

［说解］

朱熹认为这一节是前面两节的总结。“物有本末”总结“明明德”和“新民”的关系。人为学必须以“明明德”为本，真正的“新民”才成为可能；“明德”必须推广到“新民”，“明明德”才真正完成。“新民”若不以“明明德”为本，就流于纯以刑政法度治民，结果人民的素质得不到提高，人民只是因为畏惧刑律才不违法，形成“民免而无耻”（《论语·为政》第三章），根本称不上新民。

上一节已经说过，“知止”是一个要求上进的人的思维历程的开始。一个要求进步的人，必须树立“止于至善”的思想，并首先要树立正确的人生观，只有先跨出这一步，才能谈论以后的进步。“能得”是奋斗的目标，是最后达成的结果。止、定、静、安、虑、得的先后顺序原则上不能错乱，这样进步才有保障。

也有人认为朱子在讲“格物”之“物”时说：“物犹事也。”这样，“物有本末”之“物”和“事有终始”之“事”应当同样是就“明明德”和“新民”而言的。“物有本末”是说“明明德”为本，“新民”为末，重点在“明明德”；“事有终始”是说“明明德”是始,“新民”是终,重点在“新民”。

这种讲法也通。

[原文]

古之欲明明德于天下者[①],先治其国;欲治其国者,先齐其家;欲齐其家者,先修其身[②];欲修其身者,先正其心[③];欲正其心者,先诚其意[④];欲诚其意者,先致其知[⑤];致知在格物[⑥]。

[注释]

① 明明德于天下:使天下人都能自明其明德,都成为品德高尚的人,即下文所说的“平天下”。 ② 修身:修整自身的操守,培养自身的品德,建立自身的道德人格。 ③ 正心:心,人的心灵,人的天赋的本心,是人的主宰。正,使本有的善良的心灵恒居于主宰的正位,而不为七情六欲所蒙蔽。 ④ 诚意:意,心意(包括意向和意志)。诚,动词。诚其意,使心意真实无妄,即下文所说的“毋自欺”。 ⑤ 致知:致,尽、极。知,知识。致知,推极吾之知识,欲其所知无不尽。致知才能求得真知。朱熹举例说:“如读书而求其义,处事而求其当,接物、存心,察其是非、邪正,皆是也。”(《朱子语类》卷第十五) ⑥ 格物:格,穷究。物,即事。世间之物无不有理,格物即穷究事物之理。事物之理,深浅不同,分许多层次,你进了一层又见一层,必须深入探求到尽处,才是格物。格物之难就在这里,须博学、审问、慎思、明辨。

[译文]

古来想使天下人都能自明其明德,都成为品德高尚的人的圣王明君,都先治理好自己的国家;想治理好自己的国家,都先整治好自己的家庭;想整治好自己的家庭,都先培养自身的品德,建立自身的道德人格;想培养自身的品德,必须先使自身本有的善良心灵恒居于主宰的正位,而不为七情六欲所蒙蔽;想使自身本有的善良心灵恒居于主宰的正位,必须使心意真实无妄(不要自己欺骗自己);想使心意真实无妄,必须推极自己的知识,欲其所知无不尽;想达到所知无不尽,在于深入探求事事物物最根本之理。

［说解］

开头用一“古”字，表明下列的条目是古代圣王明君的经验或训诫。接着又用一“欲”字，表示“明明德于天下”是儒家的理想。儒家的平天下反对使用武力。像秦始皇那样用武力、暴力虽然也能统一天下，但遭到百姓的反对，不会长久。儒家的平天下，是主张先使百姓各自建立道德的人格，开创一个道德的世界。这就必须先使所居之国成为一个道德之国。国家的组成，其本在家，建设道德之国，必须先使作为国家基础的家庭成为道德之家。家的组成，其本在于个人，欲使自己家庭成为道德之家，必须自己先修养品德，建立道德人格，以身作则，为家人树立榜样，使他们在日常生活中潜移默化，终至有以自明其德。看来，平天下的关键在于“修身”。

齐家、治国、平天下都是立人的问题，修身则是立己的问题。如何才能立己？如何才能建立道德的人格？如何修身？儒家不像其他教派那样，认为遵守几条戒律就可以了。儒家是从实际出发，主张修身必须加强内心修养，必须正心、诚意、致知、格物，最后才能成为品德高尚的人。

［原文］

物格而后知至，知至而后意诚，意诚而后心正，心正而后身修，身修而后家齐，家齐而后国治，国治而后天下平。

［译文］

在深入探求事事物物最根本之理之后，就能够推极自己的知识做到所知无不尽；在所知无不尽之后（懂得善恶是非，知不善之必不可为），就不会自己欺骗自己，而使心意真实无妄；在心意真实无妄之后，自己本有的善良的心灵就会恒居于主宰的地位，而不为七情六欲所蒙蔽；在善良的心灵恒居于主宰地位之后，自己的道德人格才能建立；在自己的道德人格建立之后，自己的家庭才能整治好；在自己的家庭整治好之后，才能治理好自己的国家；在自己的国家治理好之后，才能使天下人都能建立自己的道德人格，开创一个道德世界——一个没有尔虞我诈、争权逐利的和谐的太平世界。

［说解］

这一节是复述上一节的文意，只是把上一节的话倒过来又说了一遍，其作用主要是修辞上的，强调它们之间的关系，在内容上并没有把格物、致知、诚意、正心、修身、齐家、治国、平天下等条目的意义进一步引申或发挥。

文章是怎样强调它们之间的关系？用“先后”的“后”字。一般说先后，只是表示彼此的时间关系，但在时间的先后之外，有时还表示彼此的因果关系，居先者为因，居后者为果。此外，还可以表示一种条件关系，居先者为居后者的先决条件。结合《大学》全文考察，以上两节的“先后”，是表示彼此的条件关系。从格物到平天下，都是居后者以居先者为先决条件。看《大学》最后四章，如第九章开始讲的是“所谓修身在正其心者”，正表示居后者必须以居先者为其先决条件。第十、十一、十二章也是这样。

这种条件系列又可分为两部分，修身以上是“明明德”之事，齐家以下是“新民”之事。从格物到修身，从修身到平天下，每一步都合乎逻辑，不能一走而过，都要下一番功夫。

从格物到修身，是说为学的顺序。按道理讲这个顺序是正确的，但在实践中不能太死板，不能等一个条目完成之后，再进行下一个条目。有的弟子问朱熹，为学的先后是否必须严格按此顺序去做？朱熹说：“本末精粗，虽有先后，然一齐用做去。且如致知、格物而后诚意，不成说自家物未格，知未至，且未要诚意，须待格了，知了，却去诚意。安有此理！圣人亦只说大纲自然的次序是如此。”又说：“岂可说物未能格，意便不能用诚？自始至终，意常要诚。”（《朱子语类》卷第十五《大学二》）

［原文］

自天子以至于庶人，壹是[1]皆以修身为本。其本乱而末治者否矣；其所厚者薄，而其所薄者厚[2]，未之有也[3]。

［注释］

① 壹是：一切，同样。壹，通“一”。　② 关于“本”“末”“厚”“薄”指的是什么，有不同的说法。就正文看，“其本乱而末治者否矣”和“其所厚者薄，其所薄者厚，未之有也”两句相对成文，“本”和“所厚”的所指是一个而不是两个，“末”和“所薄”的所指也应是一个。两句是承上文“皆以修身为本”而来的。“本”和“所厚”都是指修身，“末”和“所薄”都是指齐家、治国、平天下。　③ 原本这句后面又多一句“此谓知本，此谓知之至也”。

［译文］

上自天子下至平民百姓，都应该以修身作为根本。根本（修身）如果乱，而枝节（家、国、天下）能治理好，是不可能的。应该重视的（修身）却很轻视，应该轻视的（齐家、治国、平天下）却很重视，（却想齐家、治国、平天下）是从来没有过的。

［说解］

根据上一节的说明，格物、致知、诚意、正心、修身、齐家、治国、平天下是一个条件系列。这个系列是以修身为中心分成两个部分。格物、致知、诚意、正心是修身的先决条件、必要条件，也是修身的唯一途径。没有格物等四者，就没修身可言。如果四者都已完成，即物已格，知已致，意已诚，心已正，那么修身也就完成了，不再需要别的条件，所以四者是修身的充分条件。由此可见，格物等四者与修身之间并不是一种平列关系，格物等四者只是修身的条件。讲《大学》的人常用三纲领八条目来概括《大学》的内容，这样的概括十分简便，容易记忆，但应知道八条目中格物等四者与修身不是平等并列的。

修身与齐家、治国、平天下，以至齐家之于治国、治国之于平天下虽也是条件关系，但与格物等四者与修身的关系不同，它们顶多是一种必要的条件，而不是充分条件。因为身已修并不就等于家已齐，家已齐也不就等于国已治。身已修者，未必居于统治地位，其作用还是有限的，但修身是每个人的本分，无论为君、为侯、为卿、为士、为民。这是因为：(1)作为一个人就应该做一个品德高尚的人，就应该把自己的本性——明德充分展现出来，这是作为一个人发自内心的要求，谁也不愿意做坏人。儒家认为，生死和富贵不是人应该追求的目标，而道德学问才是人应该追求的目标。(2)作为一个人应该做一个有益于社会的人。儒家认为如果每个人的道德修养好了，那么家就可以齐、国就可以治，天下也就太平了。

上面已经说了，修身是齐家、治国的必要条件。儒家的政治观，是把政治的本质确定为道德的。《论语》的第一篇是《学而》，内容主要是谈孝悌、三省、忠信礼等道德修养。第二篇接着就谈《为政》，提出"为政以德"，"道之以德，齐之以礼"，把"事父母能竭其力"和"事君能致其身"一齐提出来。儒家的政治目的就是使天下所有的人都能自修其身，建立自己的人格，使世界成为一个道德人格的世界。

以上一章是《大学》一书的总纲，以下各章是对总纲的发挥或说明。朱熹认为这一章非圣人不能言，所以认定是孔子说的，称这一章为"经"，以下各章称为"传"。

对总纲的发挥和说明的顺序，原本和改本有很大不同。原本是从"诚其意"开始讲了两大段，然后才谈到"明明德"、

“新民”和“止于至善”，接着又谈修身、正心。读起来还是改本条理通顺，层次清楚。

［附录］

《朱子语类》卷第十五《大学二》

器远问：“致知者，推致事物之理。还当就甚么样事推致其理？”

曰：“眼前凡所应接的都是物。事事都有个极至之理，便要知得到。若知不到，便都没分明；若知得到，便著定恁地做，更无第二著，第三著。致知所以求为真知。真知，是要彻骨都见得透。”

问：“致知莫只是致察否？”

曰：“如读书而求其义，处事而求其当，接物存心察其是非、邪正，皆是也。”

因郑仲履之问而言曰：“致知乃本心之知。如一面镜子，本全体通明，只被昏翳了，而今逐旋磨去，使四边皆照见，其明无所不到。致知工夫只是且据所已知者，玩索推广将去。具于心者，本无不足也。”

问：“格物，还是事未至时格，事既至然后格？”

曰：“格，是到那般所在。也有事至时格的，也有事未至时格的。格物者，如言性，则当推其如何谓之性；如言心，则当推其如何谓之心，只此便是格物。”

子渊说：“格物先从身上格去。如仁、义、礼、智，发而为恻隐、羞恶、辞让、是非，须从身上体察，常常守得在这里，始得。”

曰：“人之所以为人，只是这四件，须自认取意思是如何。所谓恻隐者是甚么意思？且如赤子入井，——井如彼深峻，入者必死，而赤子将入焉！自家见之，此心还是如何？有一事不善，在自家身上做出，这里定是可羞；在别人做出，这是定是恶他。利之所不当得，或虽当得，而吾心有所未安，便要谦逊辞避，不敢当之。以至等闲礼数，人之施于己者，或过其分，便要辞将去，逊与别人，定是如此。事事物物上各有个是，有个非。是的，自家心里定道是；非的，自家心里定道非。就自吹自擂上看，是的定是是，非的定是非。到得所以是之，所以非之，却只在自家。此四者，人人有之，同得于天者，不待问别人假借。尧舜之所以为尧舜，也只是这四个。桀纣本来亦有这四个。如今若认得这四个分晓，方可以理会别的道理。”

或问：“格物是学者始入道处，当如何着力？”

曰：“遇事接物之间，各须一一去理会始得。不成是精的去理会，粗的又放过了；大的去理会，小的又不问了。如此终是有欠缺。但随事遇物，皆一一去穷极，自然分明。”

黄去私问致知格物。

曰：“‘致’字有推出之意，前辈用‘致’字多如此。人谁无知？为子知孝，为父知慈。只是知不尽，须是要知得透底。且如一穴之光，也唤作光，然逐旋开划得大，则其光愈大。物皆有理，人亦知其理，如当慈孝之类，只是格不尽。但物格于彼，则知尽于此矣。”

郭淑云问：“为学之初，在乎格物。物物有理，第恐气禀昏愚，不能格至其理。”

曰：“人个个有知，不成都无知，但不能推而致之耳。格物理至彻底处。”又云：“致知、格物只是一事，非是今日格物明日又致知。格物以理言也；致知以心言也。”

义刚曰：“只是说所以致知，必在格物。”

曰：“正是如此。若是极其所知去推究那事物，则我方能有所知。”

问“致知在格物”。

曰：“知者，吾自有此知。此心虚明广大，无所不知，要当极其至耳。今学者岂无一斑半点？只是为利欲所昏，不曾致其知。孟子所谓四端，此四者在人心，发见于外。吾友还曾平日的见其有此心，须是见得分明，则知可致。今有此心而不能致，临事则昏惑，有事则胶扰，百种病根皆自此生。”

又问：“凡日用之间，做事接人，皆是格物穷理？”

曰：“亦须知得要本。若不知得，只是做事，只是接人，何处为穷理？致知分数多。如博学、审问、慎思、明辨，四者皆致知，只力行一件是行。”

了升问：“知止便是知至否？”

曰：“知止就事上说，知至就心上说。知止，知事之所当止；知至，则心之知识无不尽。”

问：“‘致知’之‘致’，‘知至’之‘至’，如何分别？”

曰：“上一‘致’字是推致，方为也。下一‘至’字是已至。”

或问：“致知须要诚。既是诚了，如何又说诚意？致知上本无‘诚’字，如何强安排‘诚’字在上面说？”

曰：“为学之始，须在致知。不致其知，如何知得！欲致其知，须是格物。格物云者，要穷到九分九厘以上方是格。若不格物、致知，那个诚意、正心，方是捺在这里，不是自然。若是格物、致知，便自然不用强捺。”

问：“伊川云‘非乐不足以语君子’，便是物未格，知未至，未过得关否？”

曰：“然。某尝谓，物格、知至后，虽有不善，亦是白地上黑点；物未格，知未至，纵有善，也只是黑地上白点。

“格物是梦觉关，诚意是善恶关。过得此二关，上面工夫却一节易如一节了。到得平天下处，尚有些工夫。只为天下阔，须着如此点检。又曰：‘诚意是转关处。’又曰：‘诚意是人鬼关。’”

问：“致知所以先于诚意者如何？”

曰：“致知者，须是知得尽，尤要亲切。寻常只将‘知至’之‘至’作‘尽’字说，近来看得合作‘切至’之‘至’。知之者切，然后贯通得诚意底意思，如程先生所谓真知者是也。

“论诚意曰：‘过此一关方是人，不是贼！’又曰：‘过此一关，方会进。’”

钟唐杰问意诚。

曰：“意诚只是要情愿作工夫，若非情愿，亦强不得。未过此一关，犹有七分是小人。深自省察以致其知，痛加剪落以诚其意。‘知’与‘意’皆出于心。‘知’是知觉处，‘意’是发念处。”

问：“物未格时，意亦当诚？”

曰：“固然。岂可说物未能格，意便不用诚！自始至终，意常要诚。”

舜功问：“致知、诚意是如何先后？”

曰:“此是当初一发同时做的功夫,及到成时,知至而后意诚耳。不是方其致知,则脱空妄语,猖狂妄行,及到诚意方始旋收拾也。孔子‘三十而立’,亦岂三十岁正月初一日乃立乎!”

康叔临问:“意既诚矣,心安有不正?”

曰:“诚只是实。虽是意诚,然心之所发有不中节处,依旧未是正。亦不必如此致疑,大要只在致知格物上。如物格,知至上卤莽,虽见得似小,其病却大。自修身以往,只是如破竹然,逐节自分明去。今人见得似难,其实却易。人入德处,全在致知、格物。譬如适临安府,路头一正,着起草鞋,便会到。未须问所过州县那个在前,那个在后,那个是繁盛,那个是荒索。功夫全在致知、格物上。”

问:“心,本也;意,特心之所发耳。今欲正其心,先诚其意,似倒说了。”

曰:“心无形影,教人如何撑住?须是从心之所发处下手,先须去了许多恶根。如人家里有贼,先去了贼,方得家中宁。如人种田,不先去了草,如何下种。须去了自欺之意,意诚则心正。诚意最是一段中紧要工夫,下面一节轻一节。”

或云:“致知、格物也紧要。”

曰:“致知,知之始;诚意,行之始。”

或问:“意者心之所发,如何先诚其意?”

曰:“小的却会牵动了大的。心之所以不正,只是私意牵去。意才实,心便自正。圣贤下语,一字是一字,不似今人作文字,用这个字也得,改作那一字也得。

“格物者,穷事事物物之理;致知者,知事事物物之理。无所不知,知其不善之必不可为,故意诚。意既诚,则好乐自不足以动其心,故心正。

“格物、致知、诚意、正心,虽有许多节次,然其进之迟速,则又随人资质敏钝。大学于格物、诚意,都锻炼成了,到得正心、修身处,只是行将去,都易了。”

问:“心者,身之主;意者,心之发。意发于心,则意当听命于心。今曰‘意诚而后心正’,则是意反为心之管束矣,何也?”

曰："心之本体何尝不正。所以不得其正者，盖由邪恶之念勃勃而兴，有以动其心也。譬之水焉，本自莹净宁息，盖因波涛汹涌，水遂为其所激而动也。更是大学次序，诚意最要。学者苟于此一节分别得善恶、取舍、是非分明，则自此以后，凡有忿、好乐、亲爱、畏敬等类，皆是好事。大学之道，始不可胜用矣。"

问："心如何正？"

曰："只是去其害心者。"

或问"正心修身"。

曰："今人多是不能去致知处着力，此心多为物欲所陷了。惟圣人能提出此心，使之光明，外来的物欲皆不足以动我，内中发出的又不陷了。心才不正，其终必至于败国亡家。"

又问："'知止'是万事万物皆知得所止，或只指一事而言？"

曰："此彻上彻下，知得一事，亦可谓之'知止'。"

问："'古之欲明明德于天下者'至'致知在格物'，详其文势，似皆是有为而后为者。"

曰："皆是合当为者。经文既自'明德'说至'新民，止于至善'，下文却反复明辨，以见正人者必先正己。孟子曰：'天下之本在国，国之本在家，家之本在身。'亦是此意。"

二、传首章

本章解释明明德。

［原文］　《康诰》[①]曰"克明德[②]。"《大甲》[③]曰："顾諟天之明命[④]。"《帝典》[⑤]曰："克明峻德[⑥]。"皆自明也。

[注释] ① 康诰:《书经》中的一篇,属于《周书》部分,是周公代成王告诫康叔治理殷民的诰词。《史记・卫世家》记载:康叔名封,是周武王的同母幼弟(当然也是周公的同母幼弟)。周公带领军队东征,杀了纣王的儿子武庚,杀了参加叛乱的管叔,放逐了蔡叔。成王把先前由武庚统治的殷民封给康叔,立康叔为卫君,居住在黄河和淇水之间的故殷地。周公担心康叔年轻,于是反复告诫他,要他寻求殷的贤人君子和长者,向他们请教关于先前殷王朝兴盛和灭亡的原因,要他努力爱护殷民。史官记录了周公告诫康叔的这次讲话,写成《康诰》。《尚书大传》说:"四年,建侯卫而封康叔。"四年,是指成王四年,相当于公元前 1059 年。这篇诰词阐明了尚德慎行、敬天爱民的道理。康,本地名,武王把幼弟封于康,故称康叔。诰(gào),古代一种训诫、勉励的文告。 ② 克明德:能够彰明天赋的光明德性。克,能。这里用"克"不用"能",因为"克"字比"能"字更有力量。明,彰明。德,德性。"克明德"三个字出现在《康诰》中下面的句子里:"惟乃丕显考文王,克明德慎罚,不敢侮鳏寡,庸庸,祗祗(zhī zhī),威威,显民。"(译文:你的伟大光明的父亲文王,能够彰明天赋的光明德性,慎用刑罚;不敢欺侮无依无靠的鳏寡,任用当用的人,尊敬当尊敬的人,威慑当威慑的人,这些都要显示给人民。)这是《康诰》中最重要的一句,其中"克明德慎罚"一句尤为重要。《大学》这一章是解释"明明德",所以只选用了"克明德"三个字。 ③ 大甲:大(tài),即"太"字。大甲是商汤王的孙子,继承帝位后,不遵守汤王的法典,贤相伊尹把他放置到桐宫,使他思过。大甲在桐宫三年,悔过自新,于是伊尹又迎接他回到亳都。自大甲初立到放于桐宫,又从桐宫回来,伊尹多次开导过他。史官记下了这些重要的训话,写了《大甲》三篇。这里的"大甲"二字是篇名,不是人名。原来的《大甲》三篇早已亡佚,现存《大甲》是后人伪托。这句引文出自《大甲上》。 ④ 顾諟天之明命:(祖先汤王能常)顾念正视上天授予我们的明命(而不敢疏忽)。顾,顾念、考虑。諟(shì),正视、仔细看。明命,朱熹说:"天之所命,谓之明命;我这里得之于己,谓之明德,只是一个道理。"(《朱子语类》卷第十七)
⑤《帝典》:即《尧典》,属于《尚书》的《虞书》。帝,指尧帝。 ⑥ 克明峻德:《帝典》可分七大段,"克明峻德"是在第一大段。第一大段是颂

扬尧的德行与成就。"克明峻德"的意思是说尧"能彰明大德"。峻,高也、大也。这个"峻德"并不是指天赋的本心性德,可是《大学》引来阐述"明明德",而宋明儒家把这个"峻德"理解为每个人固有的本心性德。古人这样塑造古代圣君,正表示后人的心之所向。而后人虽不能至,亦必黾勉以此为准。

[译文]

《康诰》说:"能够彰明天赋的光明德性。"《大甲篇》说:"(祖先汤王能常)顾念正视此上天授予我的光明使命(而不敢疏忽)。"《帝典》说:"能够彰明大德。"意思都是在说要自己去发扬自己的美德。

[说解]

朱熹认为这一章是申述纲领中心的"明明德"的意思。因为"明明德"在经文之首,所以传文也安排在首章。

这一章共有三段引文,《康诰》《大甲》《帝典》都是古代圣贤的教训,时间是由近及远,可见自古圣贤都强调"明明德"。"明明德"是为人的本分,更是为政的基础,是非常重要的。那么,《大学》开始就强调"大学之道在明明德",正是继承了古圣先贤的教导。

人之明德是天赋的,人人皆有,所以人人都有明明德的可能。另一方面,人人都有七情六欲,明德难免会受物欲所蒙蔽,所以人人都有修养的必要。但是,想"明明德",关键在于自己,不能靠外力。德之明与不明,只在己之克与不克。应该像曾子那样"吾日三省吾身",经常反省自己天赋的明德是否有失——"顾諟天之明命"。本章用"皆自明也"作结语,正表示人的德行进步当以自做主宰为基础。

此章和以下三章到"与国人交,止于信",原本是安排在传第三章"此以没世不忘也"之后。

［附录］

《朱子语类》卷第十六《大学三》

问："明德、明命。"

曰："便是天之所命谓性者。人皆有此明德，但为物欲之所昏蔽，故暗塞尔。自人受之，唤作'明德'；自天言之，唤作'明命'。今人多鹘鹘(hú)突突，一似无这个'明命'。若常见其在前，则凛凛然不敢放肆，见许多道理都在眼前。"

问："顾諟天之明命。"

曰："諟，是详审。顾諟，见得仔细。'顾諟天之明命'，只是照管得那本明的物事在。'顾諟天之明命'，便是常见这物事，不教昏着。今看《大学》，亦要识此意。所谓'顾諟天之明命'，'无他，求其放心而已'。(孟子语)"

先生问："'顾諟天之明命'，如何看？"

答云："天之明命，是天之所以命我，而我之所以为德者也。然天之所以与我者，虽曰至善，苟不能常提撕省察，使大用全体昭晰无遗，则人欲益滋，天理益昏，而无以有诸已矣。"

曰："此便是至善。但今人无事时，又却恁昏昏地；至有事时，则又随事逐物而去，都无一个主宰。这须是常加省察，真如见一个物事在里，不要昏浊了他，则无事时自然凝定，有事时，随理而处，无有不当。

"'顾諟天之明命'，古注云：'常目在之。'说得极好。非谓有一物常在目前可见，也只是常存此心，知得有这道理光明不昧。方其静坐未接物也，此理固湛然清明；及其遇事而应接也，此理亦随处发见。只要人常提撕省察，念念不忘，存养久之，则是理愈明，虽欲忘之而不可得矣。孟子曰：'学问之道无他，求其放心而已矣。'(《孟子·告子上》第十一章)所谓求放心，只常存此心便是。存养既久，自然信向。决知尧舜之可为。圣贤之可学，如菽粟之必饱，布帛之必暖，自然不为外物所胜。若是若存若亡，如何会信？如何能必行？"

又曰："千书万书，只是教人求放心。圣贤教人，其要处皆一，苟通得一处，则触处皆通矣。"

三、传第二章

本章解释新民。

[原文]

汤之盘铭[①]曰："苟日新，日日新，又日新[②]。"《康诰》曰："作新民[③]。"《诗》曰[④]："周虽旧邦，其命维新[⑤]。"是故君子无所不用其极[⑥]。

[注释]

① 盘铭：盘，一种浅而敞口的盛东西的器皿。从文章看，应是装洗脸水的盘，即脸盆，青铜制。铭，古代常把文字刻在金属器物上，或用作纪事颂德，或用作劝勉申诫。后来演变成一种文体。汤这盘铭出处不详，只见于《大学》（据《朱子语类》卷第十七）。　② 苟：诚也，真的。新，动词，涤除旧的污染而自新。日日、又日，是不可略有间断的意思。③ 作：鼓舞振兴。新民，自新之民。按"作新民"取自《康诰》，原文是："汝惟小子，乃服惟弘王，应保殷民，亦惟助王宅天命，作新民。"（译文：你这个年轻人，你的职责就是宽大对待王家所接待保护的殷民，也是辅佐王家确定天命，革新殷民。）《大学》引用"新民"是百姓自新的意思，不是革新殷民的意思。这显然与《康诰》的原意不符。先儒引述经典，通常借来表达自己的意思，不受经典原意的限制。这在古书中经常见到。④《诗》曰：指《诗经・大雅・文王》。这是一首歌颂文王德业的诗。⑤ 周虽旧邦：是说周朝自远祖后稷开始受封，到文王时已千有余年。其命维新：是说文王能自新其德，百姓也能自新其德。周朝到文王时，与立国之初已经大不相同了。这样的解释，与《诗经・文王》的原意不符。原意是："周虽然是旧邦，而其受天命，则自文王开始。"并没有文王和百姓自新其德的意思。　⑥ 无所不用其极：明明德与新民，都是尽心竭力，以达到止于至善的境地。

［译文］ 商汤王使用的盘上的铭文说："诚能每天都（洗脸，洗手，涤除污染而）自新不已，那就第二天还要自新不已，坚持每天都自新不已。"（不可略有间断）《康诰》说："鼓舞能自新、改旧从善的百姓。"《诗经·大雅·文王》说："周朝虽然是一个古老的国家，但国家君臣百姓都能自新其德，与立国之初，已经大不相同了。"所以，君子（在古圣先贤的感召下，）在"明明德"和"新民"上，都能尽心竭力，以达到止于至善的境地。

［说解］ 朱熹认为这一章是申述纲领中的"新民"的意思，所以安排为传的第二章。

先引汤之盘铭，以人为喻，来说明"新民"的深意。人的手、脸、身躯本来很清洁，但在生活中常被污垢所污染，所以要经常（日日）清洗，以保持其清洁。同样，人的德性本是光明，但在生活中，常被物欲所蒙蔽，所以要经常（日日）反省审察（如曾子那样"吾日三省吾身"），以维持其光明。手、脸一日不洗就要脏，品德一日疏于反省审察，就会物欲得势。所以，反省审察，一刻也不能间断。《大学》引述汤之盘铭，是勉励学者当时时警惕，时时省察，自新其德。这是就"新民"之本而言。"新民"之本在个人的自新。学习这句，要抓住"苟"字。"苟"字不能讲成"假若""如果"，"苟"在这句的意思是"诚""真的"，"苟日新"的意思是"（一个人）真的能每天自新不已"，这句是汤之盘铭的重点。

"苟日新"句放在"作新民"之上，意思是想"新民"必须先"自新"。周公告诫康叔"作新民"，意思是叫康叔自新不已，给庶民树立榜样，庶民自然会受其感化，鼓舞奋发，群体效仿，去其利欲之蔽，自新不已，复其天赋的德性。儒家对统治者一贯要求以身作则，用自己的美德去感化群众，但历代统治者总是胡作非为，无人敢管。一些御用文人又阿谀奉承，结果使得社会黑暗，百姓受苦。一些人把这些都归罪于儒学，是违背事实的。

“周虽旧邦，其命维新”，自新新民，而至于天命之改易，可以说是达到极点了。这样，才可算是“止于至善”。“其命维新”是“新民”的极点。“明德”、“新民”和“天命”遥相呼应。

[附录]

《朱子语类》卷第十六《大学三》

问：“苟日新。”

曰：“‘苟日新’一句是为学入头处。而今为学，且要理会‘苟’字。苟能日新如此，则下面两句工夫方能接续做去。而今学者只管要日新，却不去‘苟’字上面着工夫。‘苟日新’，‘苟’者，诚也。‘苟日新’，须是真个日新，方可‘日日新，又日新。’旧来看《大学》日新处，以为重在后两句，今看得重在前一句。‘苟’字多训‘诚’字。

“‘苟’字训诚，古训释皆如此。乍看觉差异，人诚能有日新之功，则须日有进益。若暂能日新，不能接续，则前日所新者，却间断衰颓了，所以不能‘日日新，又日新’也。

“‘苟日新’，新是对旧染之污而言。‘日日新，又日新’，只是要常常如此，无间断也。新与旧，非是去外面讨来。昨日之旧，乃是今日之新。”

道夫云：“这正如《孟子》所说‘操存舍亡’(《告子篇上》第八章，是孟子引孔子的话，意思是：抓住它就存在，放弃它就亡失。——指人心)，说存与亡，非是有两物。”

曰：“然。只是在一念之间尔。汤‘日日新’，《书》云：‘终始惟一，时乃日新。’这个道理须是常接续不已，方是日新；才有间断，便不可。盘铭取沐浴之义。盖为早间盥濯才了，晚下垢污又生，所以常要日新。”

徐仁父问：“汤之盘铭曰：‘日日新’，继以‘作新民’。日新是明德事，而今属之‘作新民’之上。意者，申言新民必本于在我之自新也。”

曰："然。庄子言：'语道而非其序，则非道矣。'横渠云：'如《中庸》文字，直须句句理会过，使其言互相发。'今读《大学》亦然。某年十七八时，读《中庸》、《大学》，每早起须诵十遍。今《大学》可且熟读。

"鼓之舞之之谓作。如击鼓然，自然使人跳舞踊跃。然民之所以感动者，由其本有此理。上之人既有以自明其明德，时时提撕警策，则下之人观瞻感发，各有以兴起其同然之善心，而不能已耳。"

问："周虽旧邦。"

曰："'周虽旧邦，其命维新。'自新新民，而至于天命之改易，可谓极矣。必如是而后为'止于至善'也。'其命维新'，是新民之极和天命也新。"

四、传第三章

本章解释止于至善。

［原文］

《诗》云①："邦畿千里，惟民所止②。"

《诗》云③："绵蛮黄鸟，止于丘隅④。"子曰："于止，知其所止，可以人而不如鸟乎⑤！"

《诗》云⑥："穆穆文王，於缉熙敬止⑦。"为人君，止于仁；为人臣，止于敬；为人子，止于孝；为人父，止于慈；与国人交，止于信⑧。

《诗》云⑨："瞻彼淇澳，绿竹猗猗⑩；有斐君子⑪，如切如磋，如琢如磨⑫。瑟兮僩兮⑬，赫兮喧兮⑭；有斐君子，终不可諠兮⑮。"如切如磋者，道学[16]也；如琢如磨者，自修[17]也。瑟兮僩兮者，恂栗[18]也；赫兮喧兮者，威仪也。有斐君子，终不可谖兮者，道盛德至善[19]，民不能忘也。

《诗》云[20]："於戏！前王不忘[21]。"君子贤其贤而亲其亲，小人乐其乐而利其利，此以没世[22]不忘也。

［注释］

①《诗》云：指《诗经·商颂·玄鸟》。这一首是宗庙祭祀歌功颂德之诗，歌颂殷商先王之德及其受命而有天下，具有神话色彩。　②邦畿千里，惟民所止：国家疆域千里，人民就住在这里。　③《诗》云：指《诗经·小雅·绵蛮》。　④绵蛮黄鸟，止于丘隅：是《绵蛮》第二章的头两句。意思是：咕咕呱呱小黄鸟，歇在那边的山脚。绵蛮，鸟的叫声。黄鸟，一种小鸟，体黄，鸣声悦耳。丘隅，山丘的一角，因山势高峻，树木葱郁，人迹罕至，所以小鸟多止于此。　⑤"子曰"以下：是孔子对《绵蛮》诗的解释。原诗的意思是：一个微贱者，以黄鸟为引子，希望得到别人的提携。孔子却强调虽是小鸟也知道自己应该止在什么地方，那么人就更应该知道止于自己之所当止。　⑥《诗》云：指《诗经·大雅·文王》。　⑦穆穆文王，於缉熙敬止：这是《文王》第四章的开头两句诗。意思是：恭敬小心的文王，啊！持续光明不昧，对人始终恭敬有礼。穆穆，态度恭敬小心。於（wū），叹词。缉（qī），连续不断。熙，光明。　⑧仁、敬、孝、慈、信，前面都有"止"字，要求发自内心，发自自己的真实感情就算到家了。　⑨《诗》云：指《诗经·卫风·淇澳》，是卫人歌颂卫武公的风采和品德的诗。　⑩瞻彼淇澳，绿竹猗猗：这是《淇澳》开头的两句诗，意思是：看那淇水弯弯，绿竹婀婀娜娜。淇，水名。澳（yù），河岸弯曲处。淇水边多竹，到汉代依然，所谓"淇园之竹"。猗猗（yī），柔美茂盛的样子。　⑪斐（fěi）：文质彬彬，有文采的样子。⑫如切如磋，如琢如磨：古时把骨器加工称切，象牙加工称磋，玉的加工称琢，石的加工称磨。朱熹根据下文把"切磋琢磨"解释为："治骨角者，既切而复磋之；治玉石者，既琢而复磨之，皆言其治之有绪，而益致其精也。"　⑬瑟兮僩兮：庄严啊！威武啊！僩，音 xiàn。　⑭赫兮喧

兮：轩昂啊！堂皇啊！ ⑮ 有斐君子，终不可谖兮：那位文质彬彬的君子，永远不能忘记啊！谖（xuān），忘记。 ⑯ 道学：讨论学问。 ⑰ 自修：自己省察修养。 ⑱ 恂栗（xún lì）：战战兢兢、戒慎恐惧的样子。 ⑲ 道盛德至善：称道其德容表里之盛，已达到至善的境地。 ⑳《诗》云：指《诗经·周颂·烈文》。这是祭祀宗庙时献给助祭诸侯的乐歌。 ㉑ 於戏！前王不忘：这是《烈文》的最后一句，意思是：啊！前代圣王是不会被忘记的。《大学》引用来是说前王亲贤乐利，后世不忘。於戏，音义都与"呜呼"同。 ㉒ 没世：指终身、一辈子。没，音 mò。

[译文]

《诗经·商颂·玄鸟》说："国家疆域千里，人民就住在这里。"

《诗经·小雅·绵蛮》说："唁唁呱呱小黄鸟，歇在那边的山脚。"孔子说："虽是小鸟，也知道自己该止在什么地方，人作为万物之灵长，难道还不如小鸟吗？"

《诗经·大雅·文王》说："恭敬小心的文王，啊！持续光明，对人始终恭敬有礼。"作为人君，要做到仁爱；作为人臣，要做到恭敬；作为人子，要做到孝顺；作为父亲，要做到慈爱；与国人交往，要做到信义。

《诗经·卫风·淇澳》说："看那淇水弯弯，绿竹婀婀娜娜；文质彬彬的君子，（为了提高自己的品德，）不停地切、磋、琢、磨。庄严啊！威武啊！轩昂啊！堂皇啊！那位文质彬彬的君子，永远不能忘记啊！""如切如磋"，讲的是讨论学问；"如琢如磨"，讲的是自己省察修养；"瑟兮僩兮"，讲的是使人畏惧；"赫兮喧兮"，讲的是堂皇的威仪；"有斐君子，终不可谖兮"，讲的是称道其德容表里之盛，已达到至善的境地，人民永远不会忘记他。

《诗经·周颂·烈文》说："啊！前代圣王是不会被忘记

的。”后代君子尊敬所应尊敬的贤人，亲近所应亲近的亲族；庶民享受所得到的快乐，利用所得到的好处，所以终生不会忘记前代圣人。

［说解］

朱熹认为这一章是申述“止于至善”的，所以按顺序安排为传的第三章。

本章和前两章一样，引用许多《诗》《书》上的话来阐释本书经意（尽管不是《诗》《书》上的原意）。先引《商颂·玄鸟》，表示物物皆各有其当止之处；次引《小雅·绵蛮》，又用孔子解释《绵蛮》的话，指出黄鸟尚且知所归止，作为万物灵长之人，更应知所归止。以上是强调了知止的重要。

接着引用《大雅·文王》，可见圣人之所归止，全是至善之地。然而所谓至善之地，并非远离世俗，遥不可及，而是内在于人伦日用之间。只要在为人处事上彰明发扬天赋的德性，由天赋的善性做主宰，就是至善。为君者诚能显发其德性，自然展现为仁，这个仁正是君道的至善；为臣者诚能显发其德性，自然展现为敬，这个敬正是臣道之至善；同理，孝为子道之至善，慈为父道之至善，信为与国人交之至善。由此可见，圣人之所以为圣人，是因为他在人伦日用之间，不但事事皆知其所止，而且事事皆能止于至善。

下面引用了《卫风·淇澳》，说明怎样才能止于至善和止于至善后的变化结果。所谓“如切如磋，如琢如磨”，是以切磋骨角、琢磨玉石为喻，说明止于至善的方法。凡治骨角玉石，必先切琢其形状规模，然后再加磋磨，使之平滑润泽，才算完成作品，使作品达到完美。想达到至善，首先要讲习讨论事事物物的至善之理，这就好比切琢的工夫。但是，规模方向粗定之后，还得尽力去实践，而且在实践过程中，必须时时省察修养,做到“克己复礼”,这就好比琢磨的功夫。“只要功夫深,铁杵磨成针”,工夫下到了就能止于至善。止于至善之后,自然内有严敬戒慎之心,外有庄严威武之容,万民自然敬畏仰望,不能或忘,这是止于至善之后的变化结果。

孔子教育弟子,就贯穿着切磋琢磨的精神。有一次,子贡问老师:“贫而无谄,富而无骄,何如?”孔子说:“可也,未若贫而乐,富而好礼者也。”孔子肯定了子贡的话,但勉励他向更高的境界努力。子贡说“贫而无谄,富而无骄”,说明他是有操守的,不因贫富而改变自己的志向。但“贫而无谄”只是固穷,“富而无骄”只是消极的有所不为,还都有贫富之心。孔子鼓励他“贫而乐,富而好礼”,则已超脱贫富,达到了更高的精神境界。子贡由孔子的教导,想到《卫风·淇澳》,说:“《诗》云:‘如切如磋,如琢如磨。’其斯之谓与?”孔子对子贡的恰当的联想十分赞赏,说:“赐也,始可与言《诗》已矣,告诸往而知来者。”(《论语·学而》第十五章)

本章最后引用《周颂·烈文》,说明前王既能止于至善,自对后王和百姓有深远的影响,使人不能忘记。前王事事都能止于至善,后世有德之士,闻其德业之盛,自然无比景仰;后王得享前王的基业,自然思念感激先人的覆育之恩;百姓得其保育,自然得享农耕之利和安居之乐。朱熹说:“此言前王所以新民者。止于至善,能使天下后世,无一物不得其所。所以既没世,而人思慕也,愈久而不忘也。”(《大学章句注》)

[附录] **《朱子语类》卷第十六《大学三》**

问:“於缉熙敬止。”

曰:“‘缉熙’是功夫;‘敬止’是功效收杀处。”

或言:“《大学》以‘知止’为要。”

曰:“为君便要止于仁,臣便要止于敬,子便要止于孝,父便要止于慈。若不知得，何缘到得那地位。只这便是至善处。”

问：“至善，如君之仁，臣之敬，父之慈，子之孝者，固如此。就万物中细论之，则其类如何？”

曰：“只恰好的便是。‘坐如尸’，便是坐恰好的；‘立如齐’，便是立恰好的。”

问：“‘如切如磋者，道学也；如琢如磨者，自修也。’此是诗人美武公之本旨耶？姑借其词以发学问自修之义耶？”

曰：“武公大段是有学问的人。《抑》之一诗，义理精密。《诗》中如此者，甚不易得。‘至善’一章，功夫都在‘切磋琢磨’上。既切而复磋之，既琢而复磨之，方止于至善。不然，虽善非至也。

“《传》之三章，紧要只是‘如切如磋，如琢如磨’。如切，可谓善矣，又须当磋之，方是至善；如琢，可谓善矣，又须当磨之，方是至善。一章主意，只是说所以‘止于至善’的功夫，为下‘不可谖兮’之语拖带说。到‘盛德至善，民不能忘’，又因此语一向引去。大概是反复嗟咏，其味深长。他经引《诗》，或未甚切，只《大学》引得极细密。”

或问“至善”章。

曰：“此章前三节是说‘止’字，中一节说‘至善’，后面《烈文》一节又是咏叹此至善之意。”

五、传第四章

［原文］

子曰：“听讼，吾犹人也，必也使无讼乎①！”无情者不得尽其辞②，大畏民志③，此谓知本。

［注释］

① 此句见于《论语·颜渊》第十三章，意思是：“审理案件，我和别人差不多，必须使案件完全解决才好。”《大学》在这里的解释有点硬往

"知本"上拉,与原意不符。听讼,是听取诉讼双方说的话,以判决其是非对错。 ② 情:实情。 辞:这里指虚诞之辞。 ③ 畏:畏服。志:这里指自欺之志。

[译文]

孔子说:"审理案件,我和别人差不多,必须使争讼案件完全消灭才好。"(根据下文,《大学》引用孔子这段话的意思与原意稍有出入。)**这样,无理的一方也不再敢说出自己虚妄的理由,使民众非常畏服。这就叫做"知本"。**

[说解]

这一章原来在上一章"与国人交止于信"的下面。

朱熹认为这一章是申述"本末"的意思,所以安排为传的第四章。

但细看传文,认为法官能判定诉讼双方讼辞是非对错,使人们畏服,再也不敢打官司,就叫"知本"。——这种讲法,实在牵强。

从《论语》看,孔子认为解决诉讼的根本办法不在于法官的精明,而在于为政者实行德政。孔子说:"为政以德,譬如北辰居其所,而众星拱之。"(《为政》第一章)在同篇的第三章说:"道之以政,齐之以刑,民免而无耻;道之以德,齐之以礼,有耻且格。"孔子的主张是"知本"的,《大学》的说法违背了孔子的主张。刑法再严厉,法官再精明,只能使"民免而无耻",这是"知本"的办法吗?

对这一章,明儒早有批评。比如方孝孺就曾说过:"以听讼释本末,律以前后例不类。"李贽的批评更为详明,他说:"朱公既说'明德'为本,'新民'为末,则第一章释'明明德',第二章释'新民',是本末已释过了,何必又释本末?无乃眉下添眉耶?况三纲领、八条目有传,而'本末'不过经中字眼,何必有传?若'本末'有传,'始终'、'先后'亦当有传耶?都不可

解。"(《四书释》)

朱熹曾对此章解释说"此章之下有缺文",所以没有把"知本"的道理说透。这种解释也难以自圆其说。

六、传第五章

本章解释格物致知。

[原文]

此谓知本①,此谓知之至也②。

[注释]

① 此谓知本:和上一章收尾的"此谓知本"重复。程颐认为其中一句为衍文。所谓衍文,就是书写或印刷中讹误多出的字句。既是衍文就应删除,究竟应删除哪一句?是上一句还是下一句,朱子认为应删除本章的"此谓知本",而保留上一章的末句。　② 朱子从严格的结构观点看,认为传文既从"明明德"开始,逐一申述纲领之意,下面就应当开始阐述《大学》的条目。阐述《大学》的八条目,就应从格物、致知开始,而这里只有"此谓知之至也",并无解释格物、致知的传文,所以朱子推断在此结语之上,应当有一段解说格物、致知的文字,而这段必不可少的文字,不知怎么就佚失了。这段文字的原貌已难考究,若让其空缺,《大学》八条目的解释又没有了开头。面对这种进退两难的困局,朱熹经过潜思深研、权衡轻重之后,决定依据程颐对"格物"和"致知"的理解,给格物和致知写了一段补传,附在正文之后。这就是后世所谓的《格致补传》,其文如下:"所谓致知在格物者,言欲致吾之知,在即物而穷其理也。盖人心之灵,莫不有知;而天下之物,莫不有理。惟于理有未穷,故其知有不尽也。是以大学始教,必使学者即凡天下之物,莫不因其已知之理而益穷之,以求至乎其极。至于用力之久,而一旦豁然贯通焉,则众

物之表里精粗无不到，而吾心之全体大用无不明矣。此谓物格，此谓知之至也。”译文：（经文）所说的“推极自己的知识做到所知无不尽，在于深入探求事物最根本之理”，意思是说，想要推极我们的知识做到所知无不尽，就要对事物穷究其理。人心（与其他动物不同）虚灵不昧，都有知觉；而天下的事事物物，也都有理在其中。只是人们对于事物之理没有完全了解，所以人们没有做到所知无不尽。因此，《大学》开始教人，一定教育那些学习的人，对天下所有的事物，都要根据他们已经认识的道理，进一步极力去探究，使之达到认识的极点（高度、深度、广度）。如此长期下功夫，终有一天会突然领悟、豁然贯通已知未知之理。这样，一切事物的表面现象、内部联系和精微粗浅的道理，没有认识不到的；而我们本心的全体大用也都明确了。这就是所谓的“物格”，这就是所谓的“知之至”。

［译文］ 这就叫做“知本”，这就是所谓的知无不尽。

［说解］ 这句原来在首章经文的最后一句“其所厚者薄，而其所薄者厚，未之有也”之后，在前面已经提示说明了。从结构看，朱熹认为这一章是阐述格物、致知之义的，所以安排为传的第五章。解释《大学》的八条目，从此章开始。

朱熹的《格致补传》对格物和致知这两个重要条目并未作更多解释。下面我们就考察一下程颐对格物和致知是怎样看的。

（一）什么是格物

（1）“凡眼前无非是物，物皆有理。如火之所以热，水之所以寒，至于君臣父子之间，皆是理。”（《二程全书·遗书》卷第十九）

（2）“物则事也。凡事上穷极其理，则无不通。”（《二程全书·遗书》卷第十五）

(3)“格犹穷也,物犹理也,犹曰穷其理而已。穷其理,然后足以致之;不穷,则不能致也。格物者,适道之始;欲思格物,则固已近道矣。”(《二程全书·遗书》卷第二十五)

根据上面三段引文,可见程颐所说的“物”的意义非常广泛,一切具体存在、性质、关系、活动、行事都是物。所以一方面说“凡眼前无非是物”,另一方面又说“物,则事也”。朱熹也继承了程颐的说法,认为“物,事也”。这一切物有一个共同点,即“物皆有所以然之理”,而且“一物须有一理”。例如,火有所以热之理,水有所以寒之理,君臣有君仁臣敬之理,父子有父慈子孝之理。所谓“格”就是“穷究”的意思。于是所谓“格物”就是“穷究事物之理”的意思。

(二)什么是致知

程颐把致知和格物联在一起说,认为只有这样,才能把致知的道理说清楚。

(1)“致知,尽知也。穷理格物便是致知。”(《二程全书·遗书》卷第十五)

(2)“致知在格物。格物之理,不若察之于身,其得尤切。”(《二程全书·遗书》卷第十七)

(3)“今人欲致知,须要格物。”(《二程全书·遗书》卷第十七)

程颐把“致知”解释为“尽知”,即把“致”解释为“尽”。“尽知”,是“尽乃推致其知至极点”之意。

为什么需要“推致”?怎样去“推致”?朱熹在《朱子语类》卷十五中是这样解释的:人的天赋的本心,于万事万物之理,本无所不知;但为物欲所蒙蔽,对事理就昏昧不明了。所以,必须因己之所知而推极之(这就是致知),然后可复此心之明。欲推致已有之知,必先克治物欲;而克治物欲的方法,就要研究一事一物,穷至此一事一物之理(这就是格物),然后可推致其知,而复此心无所不知之明(这就是知至)。

(三)格物与致知的关系怎样

按上面程朱的意见,格物就是致知的下手处,是致知的工夫所在。“欲致其知,须是格物。”“若不格物,何缘得知?”(《朱子语类》卷第十五)格物何以是致知的工夫下手处呢?《大学》的正文在谈八条目时,在前七个条目都用“先后”表示他们的条件关系,而最后在谈“致知”“格物”时,强调说“致知在格物”。看来,想“致知”必须靠“格物”,没有其他路可走。程朱二人对此作了深入的阐释,他们认为“物莫不有理,人莫不有知”,而人心之知与事物之理之间,是相对相连的。于是格得一物,穷至一物之理,吾心之知就推致一分。前面介绍的朱熹的《格致补传》开头就讲“致知在格物”的道理,他说:“所谓致知在格物者,言欲致吾之知,在即物而穷其理也。盖人心之灵,莫不有知;而天下之物,莫不有理。惟于理有未穷,故其知有不尽也。”

看来,“致知格物只是一事……格物以理言,致知以心言”(《朱子语类》卷第十五)。实际上,“格物”“致知”是一齐并举,难分先后。知至靠格物,格物也离不开知至。

(四)格物致知的下手处在哪里

通过格物穷理的功夫,以求达到知至的境界,具体应该怎样做呢?当从何处下手呢?关起门来冥思苦想?不对。要到生活实践中去。程颐说:“圣人之道,更无精粗;从洒扫应对至精义入神,通贯只是一理。”(《二程全书·遗书》卷第十五)又说:“穷至于物理,则渐久后,天下物皆能穷,只是一理。”(《二程全书·遗书》卷第十五)以上两段,程颐强调了“万物只是一理”,那么我们是否只钻研这一理就可以了呢?不可以。万物最后是一理,但万事万物中也都各有各的理呀!

对这个问题,程颐和弟子有几段对话:

或问:“格物须物物格之,还是只格一物而万理皆知?”

曰:“怎生便会该通?若只格一物便通众理,虽颜子亦不敢如此道。须是今日格一件,明日又格一件,积习既多,然后脱然自有贯通处。”(《二程全书·遗书》卷第十八)

“人要明理,若止一物上明之,亦未济事。须是集众理,然后脱然自有悟处。”(《二程全书·遗书》卷第十七)

又问:“只穷一物,见此一物还便得众理否?”

曰:“须是遍求。虽颜子亦只能闻一知十。若到后来达理了,虽亿万亦可通。”(《二程全书·遗书》卷第十九)

从上面三条看,要达到知至,断不能只格一物、只穷一物之理。但这又非意味着要格尽天下之物,穷尽天下物之理,然后才可以达到知至。所以程颐又说:

格物穷理非是要穷尽天下之物,但于一事上穷尽,其他可以类推。至如言孝,其所以为孝者如何。穷理,如一事上穷不得,且别穷一事。或先其易者,或先其难者,各随人深浅;如千蹊万径,皆可适国,但得一道入得便可。所以能穷者,只为万物皆是一理;至如一事一物,虽小,皆有是理。(《二程全书·遗书》卷第十五)

(五)一物一理与万物一理的关系如何

由前面的引文中可知程颐认为物物各有一理,一物一理,而万物又皆是一理。二者是什么关系?为解答这一问题,程朱提出了“理一分殊”的说法。朱熹说:“伊川说得好,曰‘理一分殊’。合天地万物而言,只是一个理,及在人,则又各自有一个理。”(《朱子语类》卷第一)朱熹还打比方说:“人物之生,天赋之以此理,未尝不同;但人物之禀受自有异耳。如一江水,你将去取,只得一杓;将碗去取,只得一碗;至于一桶一缸,各自随器量不同,故理亦随以异。”(《朱子语类》卷第四)

“理一分殊”的说法,是程颐和朱熹提出来说明宇宙生化的原理。他们认为“理”是宇宙生化之最高原理(又称太极)。当这个理生化天地万物时(人、动物、草木、山川河流……)必须具体呈现,各有各的形质。万物既有形质,就有清浊、厚薄、轻重之别,所以万物虽秉受同一理,但因为形质不同,而呈现“分殊”的“理”相,以致“物物各有其理”。

(六)结语

格物的终极目标是穷至通贯万物之“理”,而此“理”本质上与事事物物各自之理本来无别。要格多少物才能达到知至的境界?由于人的气质不同,随人而异,是没有定数的。所以这里只能说:不可只格一物,也不必格尽天下万物。任何一个人,只要能不断格物,比如像孔子告诫颜回那样,不断“克己复礼”,积累涵养,终于达到“三月不违仁”,而领会到通贯万物之一“理”。至于格物的具体方法,程颐认为有三个方面:一是或读书讲明义理,二是或论古今人物而别其是非,三是或应接事物而处其当否。

格物、致知、诚意在八条目中是非常重要的,它们是修身的充分条件。三者做得不到家,修身就成为空谈。所以程颐和朱熹对这三个条目的解释比较周详。本书也按程朱的意见作了解说,希望读者能细心领会。

这里要特别指出的是程朱讲的格物致知,显示了他们的理学特点。孟子也讲“理”,但认为“理在心”,“心即理”,“即活动即存有”;而程朱之理,在心外,“只存有而不活动。”

[附录] **《朱子语类》卷第十六《大学三》**

问“表里精粗”。

曰:“须是表里精粗无不到。有一种人只就皮壳上做工夫,却于理之所以然者全无是处。又有一种人思虑向里去,又嫌眼前道理粗,于事物上都不理会，此乃谈玄说妙之病，其流必入于异端。”

问“表里”。

曰：“表者，人物之所共由；里者，吾心之所独得。表者，如父慈子孝，虽九夷八蛮，也出这道理不得。里者，乃是至隐至微，至亲至切，切要处。”

七、传第六章

本章解释诚意。

［原文］

所谓诚①其②意者，毋③自欺也。如恶恶臭④，如好好色⑤；此之谓自谦⑥，故君子必慎其独⑦也。

小人闲居为不善，无所不至，见君子而后厌然⑧，掩其不善，而著⑨其善。人之视己，如见其肺肝然，则何益矣！此谓诚于中，形于外，故君子必慎其独也。

曾子曰：“十目所视，十手所指，其严乎⑩！”富润屋，德润身⑪，心广体胖⑫，故君子必诚其意。

［注释］

① 诚：动词，使动用法。诚意，使心意真诚。　② 其：指示代词，不是泛指，而是特指，回指上文的事或人。本句是暗指前面的“一个人”。下文有“故君子必慎其独也”，“其”就回指上文的“君子”。③ 毋（wú）：不要，禁止之辞。　④ 恶恶臭：憎恶臭味。上面的“恶”是动词，音 wù，讨厌、憎恶。下面的“恶”是形容词，音 è，恶劣、坏。恶臭，臭味。　⑤ 好好色：喜欢美好的事物。上面的“好”是动词，音

hào，喜欢。下面的"好"是形容词，音 hǎo，美好。好色，美好的事物。⑥ 自谦：自己满足。郑玄认为"谦"当作"慊"（qiè），满足、满意。朱熹解释说："人之为善，须是十分真实为善，方是自慊。"（《朱子语类》卷第十六） ⑦ 独：人所不知而己所独知的境地。 ⑧ 厌然：躲躲藏藏的样子。不好意思见人。 ⑨ 著（zhù）：显著地表现。 ⑩ 十目所视，十手所指，其严乎："十目"和"十手"的"十"并非实数，是表示数量众多。其严乎，十分可畏的意思。 ⑪ 富润屋，德润身：人有了钱，要把住房盖得很漂亮；一个人道德高尚，就使身体得到滋润。润，润泽、滋润，使有光彩。 ⑫ 心广体胖（pán）：心胸开朗，身体安舒。胖，安舒。

［译文］ 所说的一个人要使心意真诚，就是不要自己欺骗自己。一个人不自己欺骗自己，就像人闻到臭味就憎恶，见到好的事物就喜欢，这就叫做自己满足。所以，一个道德高尚的君子，在别人不知道只有自己一个人知道的时候，对自己的言行特别谨慎。

小人就不这样。自己一个人无事闲居，就干一些坏事，甚至什么坏事都干得出来。但一旦遇见道德高尚的君子，就会表现出躲躲藏藏的样子，把恶行收敛掩藏起来，装出为善的样子让你看。（但装是装不出来的，必有破绽。）外人看你，看得清清楚楚，就像看到你的肺肝一样，装模作样是没有任何用处的。这就叫做"诚于中，形于外"。（你心里实际是怎么样，必然要表现在外面。）所以，一个道德高尚的君子，在别人不知道只有自己一个人知道的时候，对自己的言行特别谨慎。

曾子说："（你的言行）众人都看到了，你干了坏事，众人一定要指责你，这是十分可畏的！"一个人有了钱，就会把住房盖得很漂亮；一个人道德高尚，则能使身体得到滋润。一个君子，什么事都问心无愧，自然心胸开朗，身体安舒。（这都是诚意的结果。)所以,君子一定要使自己的心意真诚。

[说解]

朱熹认为这一章是申述“诚意”的意思,所以安排为传的第六章。

看前后各章,谈一个条目时,都要和前后的条目相联系。如谈“致知”时联系“格物”,下面谈“修身”时联系“正心”。这一章谈“诚意”,依前后文例,应当申述“知至而后意诚”和“正心在诚其意”。但这一章的内容集中讨论什么是“诚意”,至于“诚意”和“致知”或正心的关系,并没有明确交代。朱熹在这些方面有相当详尽的补充和发挥。我们就顺着朱熹的讲述,进一步了解“诚意”和前后条目的关系。

(一)格物、致知与诚意的关系

朱熹说:“格物者知之始也,诚意者行之始也。”(《朱子语类》卷第十五)格物能穷事物之理,以达到致知。事实是,明理之人,并不一定依理而行。有许多人,口头上说得头头是道,但行动跟不上。孔子教育弟子总是强调“行”的重要。“子贡问君子。子曰:‘先行其言而后从之。’”(《论语·为政》第十三章)“子曰:‘君子欲讷于言,而敏于行。’”(《里仁》第二十四章)只有诚实不欺的人,才能切实地为善去恶。因此,格物致知是知的事,诚意是行的事,不可混而为一。两者虽然不一,关系却密不可分。

格物致知是诚意的条件,所以朱熹说:“今之学者,只说操存(操守、气节),而不知讲明义理,则此心愦愦,何事于操存也。”(《朱子语类》卷第十五)一个糊里糊涂的人,怎么能坚贞不屈?

朱熹还说:“知至而后意诚,须是真知了方能诚意。知苟未至,虽欲诚意,因不得其门而入矣。惟其胸中了然,知得路

径如此，知善之当好，恶之当恶，然后自然意不得不诚，心不得不正。”（《朱子语类》卷第十五）

不过，这并不表示未达到知至的境界就不能做任何诚意的工夫。实际上，致知和诚意是可以而且应该同时进行的。人的本心，莫不好善厌恶。所以，本心不受物欲蒙蔽，言行发自本心，就是诚意了。

（二）诚意就要“毋自欺”

有的人生性柔弱，又为物欲所蔽，有许多私心杂念，常常见理不明，立意不定，以至于明知应当为善而不能切实为善，明知应当去恶而不能切实去恶，有时面对社会勉强为善，却不能全力以赴，这就是自欺。要诚意，千万不能自欺。和自欺相对的就是“自谦（慊）”。想做到“自谦”，必须以真情实感去为善去恶。这样表里如一，自然会快然自我满足，即使遇到困难和危险也无憾。这就是“自谦”。这一高尚的自我满足，固然需要行动，但更重要的是内心修养。特别是在别人不知道只有自己一个人知道的时候，对自己的言行更要谨慎。“慎独”是诚意的真功夫。意的诚不诚，首先是自己知道。

（三）小人难诚意

从“小人闲居为不善”到“君子必慎其独也”是本章的第二节。从诚意的角度看小人。小人闲居无事就要干坏事，甚至无所不至，但一旦遇见道德高尚的君子，就会躲躲藏藏，怕露出本相，而装出一副为善的样子让你看。不过，好人是装不出来的。好人坏人从外表、言行、眼神等都会表现得清清楚楚。孟子说得好：“存（察）乎人者，莫良于眸（móu）子（瞳仁，泛指眼睛）。眸子不能掩其恶。胸中正，则眸子瞭焉；胸中不正，则眸子眊（mào，目不明）焉。听其言也，观其眸子，人焉廋（sōu，隐藏）哉？”你的内心世界，人们会看得出来，装模作样，毕竟无益。这就是“诚于中，形于外”。所以道德高尚的君子，在自己一个人的时候，特别谨慎，绝不放纵自己。这就是儒家在修养上特别强调的“慎独”。

第三节曾子的话令人警醒，他说：“十目所视，十手所指，其严乎！”可是小人不懂这个道理。

“富润屋”是比喻；“德润身，心广体胖”是诚意的效果。

（四）诚意与正心的关系

朱熹认为“意”来自心，所谓正本清源，似乎先使心正，然后才能使意诚。但《大学》上说“意诚而后心正”，朱子的说法，与《大学》的正文不符。那么，修身先从“正心”开始，还是先从“诚意”开始？朱熹对此解释说：“心无形影，教人如何撑住，须是从心之所发处下手，须先去了许多恶根。如人家里有贼，先却了贼，方得家中宁。如人种田，不先去了草，如何下种？须去了自欺之意，意诚则心正。”（《朱子语类》卷第十五）心既无形影，自然无从直接、着实下功夫使之正；意是心之所发，有形影，才是着实下功夫之地。因此，在修养工夫的历程中，诚意是在正心之先的。

［附录］

《朱子语类》卷第十六《大学三》

问“诚其意章”。

曰：“‘诚其意’，只是实其意。只作一个虚字看，如‘正’字之类。说许多病痛都在‘诚意’章，一齐要除了。下面有些小的病痛，亦轻可。若不除去，恐因此滋蔓，则病痛自若。”

问：“诚意是如何？”

曰：“心只是有一带路，更不着得两个物事。如今人要做好事，都自无力。其所以无力是如何？只为他有个为恶的意思在里面牵系。要去做好事的心是实，要做不好事的心是虚。被那虚的在里面夹杂，便将实的一齐打坏了。”

诣学升堂云：“教授请讲说大义。”

曰："大纲要紧只在前面三两章。君子小人之分，却在'诚其意'处。诚于为善，便是君子，不诚的便是小人，更无别说。"

器远问："物格、知至了，如何到诚意又说'毋自欺也'？'毋'者，禁止之辞。"

曰："物既格，知既至，到这里方可着手下工夫。不是物格，知至了，下面许多一齐扫了。若如此，却不消说下面许多。看下面许多，节节有功夫。"（注：今天许多年轻人取得高学历和高学位之后，认为道德修养和修身问题也就解决了，不用再去下功夫。）

亚夫问："'欲正其心者，先诚其意。'此章当说所以诚意工夫当如何。"

曰："此继于物格、知至之后，故特言所谓'诚其意者，毋自欺也'。若知之已至，则意无不实。惟是知之有毫末未尽，必至于自欺也。且如做一事当如此，决定只着如此做，而不可以如彼。若知之未至，则当做处便夹带不当做的意在。当如此做，又被那要如彼的心牵惹，这便是不实，便都做不成。"

或问"诚其意者毋自欺"。

曰："譬如一块物，外面是银，里面是铁，便是自欺，须是表里如一，便是不自欺。然所以不自欺，须是见得分晓。所谓自欺者，非为此人本不欲为善去恶，但此意随发，常有一念在内阻隔住，不放教表里如一，便是自欺。但致知，分别善恶了，然后致其慎独之功，而力割去物欲之杂，而后意可得其诚也。"

问"十目所视，十手所指"。

曰："此承上文'人之视己，如见其肺肝'的意，不可道是人不知，共见如此。"

魏元寿问"'十目所视'止'心广体胖'处"。

曰："'十目所视，十手所指'，不是怕人见。盖人虽不知，而我已自知，自是甚可皇恐了，其与十目十手所视所指，何以异哉？'富润屋'以下，却是说意诚之验如此。'心广体胖'，心本是阔大的物事，只是因愧怍了，便卑狭，便被他隔碍了。只见得一边，所以体不能常舒泰。"

伊川问尹氏："读《大学》如何？"

对曰："只看得'心广体胖'一句甚好。"又问如何，尹氏但长吟"心广体胖"一句。

八、传第七章

本章解释正心修身。

［原文］

所谓修身在正其心者，身①有所忿懥②，则不得其正；有所恐惧，则不得其正；有所好乐③，则不得其正；有所忧患，则不得其正。心不在焉④，视而不见，听而不闻，食而不知其味。此谓修身在正其心。

［注释］

① 身：朱熹采纳程颐的说法，认为这个"身"字当作"心"。《大学》一书只提出"正心"，并没有说"正身"。同时"忿懥""恐惧"等都是心理活动，所以程颐和朱熹的意见是对的。但有许多学者认为不必改"身"为"心"也讲得通。　② 忿懥(zhì)："忿"和"懥"都是发怒的意思。③ 好乐(hào lè)："好"和"乐"都是喜爱的意思。　④ 心不在焉：(人在这里)心意却不在这里。焉，这里用作代词。"焉"在此处的意思是"这里"。

［译文］

所说的修身在于端正自己的心意，就是说心里怀有愤怒，心意就不可能端正；心里怀有恐惧，心意就不可能端正；心里怀有喜好，心意就不可能端正；心里怀有忧患，心意就不可能端正。身在而心意不在这里，就会看了却什么都看不见，听了却什么都听不到，吃了却不知道是什么滋味。这就是所说的修身在于端正自己的心意。

[说解] 经文说:"欲正其心者,先诚其意。"随之而来的问题是"意既诚,心是否就正?"想解答这一问题,让我们先看看心何以不得其正。《大学》说,"有所忿懥""有所恐惧""有所好乐""有所忧患",是使心不得其正的原因。所谓忿懥、恐惧、好乐、忧患都是人的感情在起作用。人是有感情的,人不能没有喜怒哀乐,有了喜怒哀乐而心意能加以化解,不留在心中,那么心就不会偏离正位。但是,人往往受喜怒哀乐情感的影响,想一些不该想的事,说一些不该说的话,干一些不该干的事,就使心偏离正位了。朱熹认为,心之所以不得其正,关键在于"有所"二字。这里所谓"有所",就含有"有所固滞"的意思。心受情感的影响有所偏执固滞,本来光明清澈的本心就昏暗不明了,所以无法居于主宰一身的正位。这样,意虽诚,譬如荆轲刺秦王,并不意味着他的心正。欲心正,必须时时省察,加强修养,不意气用事,使光明清澈的本心显发出来,居于主宰的地位。

反之,如果情感在自己身上起主宰作用,就会"视而不见,听而不闻,食而不知其味"。可见不正其心,就谈不到修身。

一个道德高尚的君子是怎样保持自己的平和心态呢?孟子在《离娄下》第二十八章作了很好的说明。

孟子曰:"君子所以异于人者,以其存心(居心)也。君子以仁存心,以礼存心。仁者爱人,有礼者敬人。爱人者,人恒爱之;敬人者,人恒敬之。有人于此,其待我以横逆(蛮横不讲理),则君子必自反也(反躬自问):'我必不仁也,必无礼也,此物奚宜至哉?'(否则,这样的事怎么会摊到我身上?)其自反而仁矣,自反而有礼矣,其横逆由是也,(那个人的蛮横不讲理仍然不改。)君子必自反也:'我必不忠。'自反而忠矣,其横逆由是也,君子曰:‘此亦妄人也已矣。(这个人不过是个不讲理的人罢了。)如此,则与禽兽奚择哉?于禽兽又何难(责难)焉?’是故君子有终身之忧,无一朝之患也。乃若所忧则有之:舜,人也;我,亦人也。舜为法于天下,可传于后世,我由未免为乡人也,是则可忧也。忧之如何?如舜而已矣。(尽力向舜学习罢了。)若夫君子所患,则亡矣。非仁无为也,非礼无行也。如有一朝之患,则君子不患矣。”

[附录]

《朱子语类》卷第十六《大学三》

问:“忿懥、恐惧、好乐、忧患皆不可有否?”

曰:“四者岂得皆无!但要得其正耳。如《中庸》所谓‘喜怒哀乐发而中节’者也。如颜子‘不迁怒’(不拿别人出气),可怒在物,颜子未尝为血气所动,而移于别人也。则岂怒而心有不正哉!”

敬之问:“‘正心’章云:‘人之心要当不容一物。’”

曰:“人心如一个镜,先未有一个影像,有事物来,方始照见妍丑。若先有一个影像在里,如何照得?人心本是湛然虚明,事物之来,随感而应,自然见得高下轻重。”

敬之问:“‘心有所好乐则不得其正’章云:心不可有一毫偏倚。才有一毫偏倚,便是私意,便浸淫不已,私意反大似身己,所以‘视而不见,听而不闻,食而不知其味’。”

曰:“这下是说心不正不可以修身,与下章‘身不修不可以齐家’意同,故云:‘莫知其子之恶,莫知其苗之硕。’(注:见第八章)视听是就身上说。心不可有一物,外面酬酢万变,都只是随其分限应去,都不关自家心事。才系于物,心便为其所动。其所以系于物者有三:或是事未来,而自家先有这个期待的心;或是已应去了,又却长留在胸中不能忘;或正应事之时,意有偏重,便只见那边重,这都是为物所系缚。既为物所系缚,便是有这个物事,到别事来到面前,应之便差了。”

九、传第八章

本章解释修身齐家。

［原文］

所谓齐其家在修其身者，人①，之②其所亲爱而辟③焉，之其所贱恶④而辟焉，之其所畏敬而辟焉，之其所哀矜⑤而辟焉，之其所敖惰⑥而辟焉。故好而知其恶⑦，恶⑧而知其美者，天下鲜⑨矣。

故谚⑩有之曰："人莫知其子之恶，莫知其苗之硕⑪。"此谓身不修不可以齐其家。

［注释］

① 人：指一般人。 ② 之：介词，于、对于。和它的宾语"其所亲爱"组成介词结构，做句子的状语。以下四句同。 ③ 辟（pì）：偏，不公正。 ④ 贱：轻视。恶（wù），讨厌。 ⑤ 哀矜（jīn）：怜惜。 ⑥ 敖（ào）：同"傲"，不敬重。惰，怠慢。 ⑦ 好（hào）：喜欢。 恶（è）：不好、不美之处。 ⑧ 恶（wù）：讨厌。 ⑨ 鲜（xiǎn）：少。 ⑩ 谚（yàn）：民间流传的固定话语，往往简单通俗，但能反映出深刻的道理。 ⑪ 硕（shuò）：巨大。

［译文］

所说的齐其家在于修养好自身的品德，意思是说，一个人对于他所亲爱的人会有偏心，对于他所轻视讨厌的人会有偏心，对于他所敬畏的人会有偏心，对于他所怜惜的人会有偏心，对于自己所傲视怠慢的人会有偏心。所以，喜欢他又知道他的缺点的，讨厌他又知道他的好处的，这样的人普天下是很少的。

所以有一句谚语说："溺爱子女的人不知道自己孩子的缺

点,贪得无厌的人不知道自家禾苗长得怎么好(长得再好也不满足)。"这就是说,不修养好自身的品德,就不能整治好自己的家庭。

[说解]

朱熹认为这一章是解释修身和齐家的,所以安排为传的第八章。

这一章可以分为两部分:第一部分从开头到"天下鲜矣",指出了身不修的原因;第二部分引用谚语说明身不修不可以齐家。

一个家庭有许多成员,特别是在旧社会,大家庭多,祖辈几代生活在一起。这样,想把一个家庭管理好,的确并非一件易事。怎么办?用国法?用传统?用家规?封建家庭就是用这些办法把人都束缚死的。《红楼梦》中的许多悲惨故事也是这样发生的,这就违背了儒家的主张。儒家要求长者要修身,"身修而后家齐"。在一个家庭里,只有父亲自己能教育自己时,才能产生孩子的自我教育。没有父亲的光辉榜样,一切有关儿童进行自我教育的理论,都将变成空谈。

从齐家的角度看,应该怎样修身?《大学》认为,一个人特别是长者,在家里为人处事居心要正。俗话说:"不要把心夹在胳肢窝里,要把心放在正当心。"我们对人的态度,往往是因为与对方的关系以及对方的地位、表现、处境而有所不同。《大学》说:"人之其所亲爱……所贱恶……所畏敬……所哀矜……所敖惰而辟焉。"真正把心摆正是很难的,往往陷于一偏,不是过,就是不及。例如,父子当主爱,但若陷于一偏,则为父者只知慈爱子女,即使子女做了坏事也加以袒护;而为子者只知孝父,即使为父者有不义也不加劝谏,这就违背了为父为子之道。平时对人,也常对自己所看不上的人攻其一点而不及其余。如此待人接物，则行为操守自难事事如理，而于德有所亏。己身不正，自然不能服人。你不修身，在家里不能以身作则，就不能齐家。要做到不因自己的喜好或厌恶而忽略他人的缺点或长处，是很不容易的。可是，若不能得好恶之平而陷于一偏，就会像谚语说的那样："人莫知其子之恶，莫知其苗之硕。"

前一章指出的忿懥、恐惧、好乐、忧患四者是就心上说。心不为四者所动，就得其正。本章指出的亲爱、贱恶、畏敬、哀矜、敖惰五者是就处事上说。待人接物对五者皆无所偏，是修身的成果。由此可以看出修身之难。

总括以上，修身这一条目有双重地位。对内而言，修身是格物、致知、诚意、正心的结果。修身必须靠这些内心修养，此外无他路可走。对外而言，修身是齐家、治国、平天下的起点和基础。八条目中，修身占一关键地位。所以《大学》的经文说："自天子以至于庶人，壹是皆以修身为本。其本乱而末治者否矣；其所厚者薄，而其所薄者厚，未之有也。"

从这里可以看出儒家与一般宗教不同。如果个人的努力只限于个人成德（内圣之学），致力于格物、致知、诚意、正心，最后成圣，便可能走向宗教。但儒家不满足于个人成德，不能与政治分开，所以要开展外王事业，要治国平天下，使天下人都能过上幸福生活，成为有道德的人，使天下成为一个道德世界。

［附录］

《朱子语类》卷第十六《大学三》

或问："'正心'章说忿懥、恐惧、好乐、忧患，'修身'章说亲爱、贱恶、畏敬、哀矜、敖惰，如何？"

曰："是心卓然立乎此数者之外，则平正而不偏辟，自外来者必不能以动其中，自内出者必不至于溺于彼。忿懥、恐惧、好乐、忧患皆不能无，而亲爱、畏敬、哀矜、敖惰、贱恶亦有所不可无者。但此心不为四者所动，乃得其正；而五者皆无所偏，斯足以为身之修也。”

或问：“畏敬如何？”

曰：“如家人有严君焉，吾之所当畏敬者也。然当不义则争之，若过于畏敬而从其令，则陷于偏矣。若夫贱恶者固当贱恶，然或有长处，亦当知之。下文所谓：‘好而知其恶，恶而知其美者，天下鲜矣。’此是指点人偏处，最切当。”

问：“七章、八章颇似一意，如何？”

曰：“忿懥之类，心上理会；亲爱之类，事上理会。心上理会者，是见于念虑之偏；事上理会者，是见于事为之失。”

蔡问“敖惰”之说。

曰：“有一般人，上未至于可亲爱，下未至于可贱恶，只是所为也无甚好处，令人懒去接他，是谓敖惰。此敖惰不是恶德。”

问：“《大学》释‘修身齐家章’不言修身，何也？”

曰：“好而不知其恶，恶而不知其美，是以好为恶，以曲为直，可谓之修身乎？《大学》最是两章相接处好看。如所谓‘修身在正其心’者，且如心不得其正，则‘视而不见，听而不闻，食而不知其味’。或视而见，听而闻，食而知味，则心得其正矣。然于亲爱、敖惰五者有所辟焉，则身亦不可得而修矣。”

问：“‘正心修身’章后注云：‘此亦当通上章推之。盖意或不诚，则无能实用其力以正其心者’云云。”

曰：“《大学》所以有许多节次，正欲学者逐节用工，非如一无节之竹，使人才能格物，则便到平天下也。夫人盖有意诚而心未正者，盖于忿懥、恐惧等事，诚不可不随事而排遣也。盖有心正而身未修者，故于好恶之间，诚不可不随人而节制也。至于齐家以下，皆是教人节节省察用工。故经序但言心正者必自诚意而来，修身者必自正心而来。非谓意既诚而心无事乎正，心既正而身无事乎修也。且以《大学》之首章便教人‘明明德’，又为格物以下事目，皆为明明德之事也。而平天下，方且言先谨乎德等事，亦可见矣。”

十、传第九章

本章解释齐家治国。

［原文］

所谓治国必先齐家者，其家不可教[1]，而能教人者，无之；故君子不出家而成教[2]于国。孝者所以事[3]君也，弟[4]者所以事长[5]也，慈者所以使众[6]也。《康诰》曰："如保赤子[7]。"心诚求之[8]，虽不中不远矣；未有学养子而后嫁者也。

一家仁，一国兴仁；一家让，一国兴让；一人贪戾[9]，一国作乱。其机[10]如此。此谓一言偾事[11]，一人定国。尧舜帅天下以仁[12]，而民从之。桀纣帅天下以暴[13]，而民从之。其所令反其所好[14]，而民不从。是故君子有诸己而后求诸人，无诸己而后非诸人。所藏乎身不恕[15]，而能喻[16]诸人者，未之有也。故治国在齐其家。

《诗》云[17]："桃之夭夭[18]，其叶蓁蓁[19]。之子于归[20]，宜[21]其家人。"宜其家人，而后可以教国人。《诗》云[22]："宜兄宜弟。"宜兄宜弟，而后可以教国人。《诗》云[23]："其仪不忒[24]，正是四国[25]。"其为父子兄弟足法，而后民法之也。此谓治国在齐其家。

［注释］

① 其家不可教：自己的家人不能教化好。家，家人。教，教化。 ② 成教：完成教化（国人）。 ③ 事：侍奉。 ④ 弟（tì）：同"悌"。敬重兄长。 ⑤ 长（zhǎng）：长辈。 ⑥ 慈者所以使众：慈爱就是对待百姓的态度。 ⑦ 如保赤子：像保育婴儿那样去保育百姓。《康

诰》篇作："若保赤子。"是周公告诫康叔的话，意思是要他保护百姓如同母亲养育保护婴儿一样。赤子，初生的婴儿。孔颖达疏："子生赤色，故言赤子。"　⑧ 心诚求之：诚心实意去做（保赤子）。　⑨ 贪戾（lì）：贪婪乖张。　⑩ 机：事物发生的原因。　⑪ 偾事：败事。偾（fèn），覆败。　⑫ 尧舜帅天下以仁：尧、舜都是古代的圣王明君。尧年老时把帝位让给舜。帅（shuài），领导。　⑬ 桀纣帅天下以暴：桀、纣都是古代著名的暴君。桀是夏朝的亡国之君。纣是商朝的亡国之君。⑭ 其所令反其所好：自己下的命令和自己的喜好相反（残暴的国君却下仁爱的命令）。　⑮ 不恕：不能推己及人。　⑯ 喻：明了。这里是使动用法，使人明了，使人接受。　⑰《诗》云：指《诗经·周南·桃夭》，这两句诗在第三章，其本意在婚姻要及时。而《大学》引用此诗是把重点放在"宜其家人"，以为立教之本。　⑱ 夭夭：小而姣好。⑲ 蓁蓁（zhēn）：茂盛美丽。　⑳ 之子于归：这个女子出嫁。归，女子出嫁。　㉑ 宜：和顺亲睦。　㉒《诗》云：指《诗经·小雅·蓼萧》，这是一首描写诸侯宴乐的诗歌。"宜兄宜弟"是用来赞美诸侯能够像兄弟一样和睦相处。《大学》引用此诗，是想阐述"君子不出家而成教于国"和"齐家而后国治"的道理。　㉓《诗》云：指《诗经·曹风·鸤鸠》，这是一首赞美贤人的诗歌。鸤鸠（shī jiū）：古书上指布谷鸟。毛亨说："鸤鸠之养其子，朝从上下，暮从下上，平均如一。"《大学》引用它，是赞扬君子用心没有偏向。　㉔ 其仪不忒：仪容操守不出偏差错失。仪（yí），仪容操守。忒（tè），偏差错失。　㉕ 正是四国：匡正四方的国家。诗的原意是赞美君子匡正四方国家（与齐家无关）。《大学》引用这两句诗，意在说，匡正四方之国，而知其本于齐家。

［译文］　所以说治理国家必须先整治好自己的家庭，是因为自己的家人不能教化好，而能够教化好别人的，是没有的。所以，一个道德高尚的君子，不出家门却能够使国人受到教化。（家庭内部的教化是孝悌忠信、父慈子孝等，但推及社会，）孝敬是用来侍奉君主的，（在家庭内受到"孝"的教育，到社会上自会

忠于君主。）尊敬兄长是用来事奉长辈的，（在家庭受到“弟”的教育，知道长幼、老少，到社会上自会尊敬长辈。）慈爱是对待百姓的态度。（在家庭内能爱家人，到社会上自会爱百姓。）《康诰》说：保护百姓就像母亲养育、保护婴儿一样。（对婴儿想要什么，都能体察到。）只要诚心诚意去探求，即使不能体贴入微，但也不会相差太远。（母亲爱护婴儿来自人的天性，不需要学习。所以，）从没有先学会养育孩子然后再嫁人的。

一个家庭仁爱相亲，一个国家就会崇尚仁爱；一个家庭尊重礼让，一个国家就会崇尚礼让；一个君主贪婪暴虐，一个国家就会发生祸乱。事物的起因就是这样。这就叫做一句话就能败坏事情，一个人就能安定国家。尧、舜用仁爱统率国家，百姓就随之崇尚仁爱；桀、纣用残暴统率国家，百姓就随之崇尚残暴。君主下的命令和他喜好的相反，（如桀、纣下仁爱的命令。）百姓就不会听从。所以，道德高尚的君子，自己先做到了，然后才能要求别人；自己先去掉自身的缺点，然后才能批评别人。心里装的是损人利己的思想而能使别人明白推己及人道理的，是从来没有过的。所以，治理好国家在于整治好自己的家庭。

《诗经·周南·桃夭》说：“小桃长得真姣好，绿绿的叶儿多秀茂。这位姑娘要出嫁了，家人的生活一定美好！”家人的生活美好，而后才可以教化国人。《诗经·小雅·蓼萧》说：“兄弟间和睦相处。”兄弟间和睦相处，而后才可以教化国人。《诗经·曹风·鸤鸠》说：“他的态度真端庄，是四方各国的好榜样。”君主家庭内部父慈子孝，兄友弟恭，足以为人效法，然后百姓才去效法。这就叫做治理国家在于整治好自己的家庭。

［说解］　朱熹认为这一章是解释齐家和治国的，所以安排为传的第九章。

古代治国主要抓两个方面：一是法令政制，一是礼乐教化。法令政制无疑是治国所必需，但单凭法令政制并不能使百姓愿意守法，以至于乐于守法。想使百姓愿意守法，甚至乐于守法，就必须通过礼乐教化。换言之，政令再好，仍得以教化为本。至于礼乐教化的施行，不能用普遍号召的简单办法，这样只能流于形式，难有成效。有效的办法是以家庭为起点，由近及远。先对家人施教，然后再推及一国之人。施教者或是一家之长，或是一国之君，或是天下之主，其言行举止，对于家人或百姓总起着典范或榜样的作用。若施教者不能正其心而修其身，以至于言行不一，甚至有劣迹，那么上行下效，家人或百姓起而效法，必然使家、国、天下陷入混乱。例如，今天的犯罪青少年，就多出自离异家庭或家教不好的家庭。相反，施教者能正其心而修其身，言行均合于礼法，家人或百姓自然会起而效法，谨守礼法，如此，齐家、治国、平天下才有可能。

问题是君子不出家何以能成教于国？就是一个上行下效吗？“上行下效”只是一个方法，归根结底，要把家人培养成为一个有道德的人。一个有道德的人来到社会上，自会知道如何正确地待人接物，知道孝悌是做人的根本。孔子的弟子有若说的好：“其为人也孝弟，而好犯上者，鲜矣；不好犯上，而好作乱者，未之有也。”（《论语·学而》第二章）孝悌之人对君主对国家必然竭忠尽职。在家里知道敬重哥哥、姐姐，到社会上自会知道有老有小，有长有幼，自会敬重长辈。今天许多年轻人不懂得尊老敬老——如在公共汽车上不给老年人让座——主要是自幼缺乏良好的家庭教育。在家里懂得父辈如何爱子女（不是溺爱），到社会上自会知道“老吾老以及人之老，幼吾幼以及人之幼”。《大学》说：“孝者所以事君也，弟者所以事长也,慈者所以使众也。"这样,在家庭受到良好的教育,到社会上就会起移风易俗的作用。所以,"君子不出家"就能够"成教于国"。

上面谈的是家齐而后国治的道理。这一章的另一个重点是如何治国的问题。

谈到"治国",关键是统治者如何对待百姓的问题。关于君臣关系,孟子说的好:"君之视臣如手足,则臣视君如腹心(臣加倍回报);君之视臣如犬马,则臣视君如国人;君之视臣如土芥,则臣视君如寇仇。"(《孟子·离娄下》第三章)百姓对国君态度也是如此。周成王封弟弟康叔时,周公代成王告诫他,对待百姓要"如保赤子"。事实上,治国者果能爱民如子,就能体贴民心而足以使众。正如慈母之保育婴儿,婴儿虽然不会说话,但母亲的真诚慈爱之心,自能从婴儿细微的一静一动中了解其所需所欲。这慈爱之心,乃人性所本有,因此一个人一旦成为母亲,就会充分显发,不需而且不必经过学习才能领会。治国者若能推此母亲爱子的慈爱之心于民,自能体贴民心,想办法提高百姓的物质生活水平和精神生活水平。这样,百姓自会尽忠报国,而国之治则指日可待。

自成教的过程而言,从身之修到家之齐,再到国之治,是最自然不过的程序。所以说,"一家仁,一国兴仁;一家让,一国兴让"。说明家庭是国家的细胞,细胞健全了,肌体就会健康。但是我们必须看到,拿最高统治者来说,其影响不是一个家庭可比的。最高统治者仁爱,百姓也随之仁爱;最高统治者贪婪暴虐,百姓也随之贪婪暴虐。在封建专制的国度里,国家的治乱,常系于最高统治者的言行举止。所以,最高统治者必须谨言慎行,务求言行一致,凡要求百姓做到的,必须自己身体力行。这样,百姓才会心悦诚服地接受你的教化。

本章在谈完治国在齐家和治国之道之后，又引三句诗，使人对上述道理在反复吟咏之间心领神会，以期对其中的意味和义理有更深的契会体悟。

[附录] **《朱子语类》卷第十六《大学三》**

或问：“‘齐家’一段，是推将去时较切近否？”

曰：“此是言一家事，然而自此推将去，天下国家皆只如此。”

又问：“所畏敬在家中，则如何？”

曰：“一家之中，尊者可畏敬，但是有不当处，亦合有几谏时，不可道畏敬之，便不可说着。若如此惟知敬畏，却是辟也。”

或问：“不出家而成教于国。”

曰：“孝以事亲，而使一家之人皆孝；弟以事长，而使一家之人皆弟；慈以使众，而使一家之人皆慈，是乃成教于国者也。”

刘潜夫问：“‘家齐’章并言孝、弟、慈三者，而下言《康诰》，以释‘使众’一句，不及孝、弟，何也？”

曰：“孝、弟二者虽人所固有，然守而不失者亦鲜。唯有保赤子一事，罕有失之者。故圣贤于此，特发明夫人之所易晓者以示训，正与孟子言见赤子入井之意同。

“‘心诚求之者’，求赤子之所欲也。于民，亦当求其有不能自达。此是推其慈幼之心以使众也。”

问：“治国在齐其家。”

曰：“且只说动化为功，未说到推上。后章方全是说推。‘如保赤子’一节，只是说‘慈者所以使众’一句。保赤子，慈于家也；‘如保赤子’，慈于国也。保赤子是慈，‘如保赤子’是使众。”

问：“九章本言治国，何以曰：‘尧舜帅天下以仁而民从之’，都是说治天下之事也？至言‘君子有诸己而后求诸人；无诸己而后非诸人’，又似说修身，如何？”

曰：“圣人之言，简畅周尽。修身是齐家之本，齐家是治国之本。

如言'一家仁,一国兴仁;一家让,一国兴让'之类,自是相关,岂可截然不相入也!"

吴仁甫问:"有诸己而后求诸人,无诸己而后非诸人。"

曰:"此是退一步说。犹言'温故而知新而可以为人师',以明未能如此,则不可如此;非谓温故知新,便要求为人师也。然此意正为治国者言。大凡治国禁人为恶,而欲人为善,便求诸人,非诸人。然须是在己有善无恶,方可求人、非人也。"

李德之问:"'齐家'、'治国'、'平天下'三章,看来似皆是恕之功用。"

曰:"如'治国'、'平天下'两章是此意。'治国'章乃责人之恕;'平天下'章乃爱人之恕。'齐家'一章,但说人之偏处。"

十一、传第十章

朱熹认为这一章是解释治国平天下的,所以安排为传的第十章。

这一章相当长。《大学》全书共1546字,而本章是681字,几乎是全书的一半。所以朱熹把它分为二十多个小节。元朝儒学家金履祥的《大学章句疏义》认为这二十多个小节之旨意,不过是一纲二目而已。一纲就是絜矩(jié jǔ),二目则分别为财利和君子小人。根据这个纲目,则全章可分为四大段:第一段反复申明絜矩与不絜矩之别;第二段就财利一目反复申述,以明絜矩与不絜矩之别;第三段就君子与小人一目反复申述,以明絜矩与不絜矩之别;第四段直言生财之道乃在用君子不用小人，综合财利和君子小人二目，以申明絜矩与不絜矩之别。这样的分析十分稳当。

为了使读者阅读和理解方便，本书按段把全章分为四部分说解。

［原文］

所谓平天下①在治其国者，上老老②而民兴孝，上长长③而民兴弟，上恤孤而民不倍④；是以君子有絜矩⑤之道也。所恶⑥于上，毋以使下；所恶于下，毋以事上；所恶于前，毋以先后；所恶于后，毋以从前⑦；所恶于右，毋以交于左；所恶于左，毋以交于右；此这谓絜矩之道。《诗》云⑧："乐只⑨君子，民之父母。"民之所好好⑩之，民之所恶恶⑪之，此之谓民之父母。《诗》云⑫："节彼南山⑬，维石岩岩⑭。赫赫师尹⑮，民具尔瞻⑯。"有国者不可以不慎，辟⑰则为天下僇⑱矣。《诗》云⑲："殷之未丧师⑳，克配上帝㉑。仪监于殷㉒，峻命不易㉓。"道得众㉔，则得国；失众，则失国。

［注释］

① 天下：古时的天下有时指一个国家，有时指全中国，所谓积家成国，积国成天下，并不指全世界。这里指全中国。　② 老老：前面的"老"字是动词，是敬重的意思；后面的"老"字是名词，指老人。　③ 长长：前面的"长"是动词，是尊敬的意思；后面的"长"字是名词，指长辈。皆音 zhǎng。　④ 倍：违背。"倍"字原初的含义就有"违背"的意思。　⑤ 絜矩（jié jǔ）：絜，度量。成语有"度（duó）长絜大"，意思是比较长短大小。矩，绘画方形的用具，俗称"方尺"，其角为九十度。画九十度角，或测量物体的角是否九十度，用方尺一量便知。絜矩之道，是一种比喻的用语，指以己心度人心，就会得出公正的想法，不致出偏差，就像用方尺测量物体的角是否九十度一样准。只要与方尺一致，必是九十度，没有差错。　⑥ 恶（wù）：憎恶。　⑦ 前后：这里"前

后”并用，可以指时间，也可以指位置。朱熹在回答弟子关于“前后、左右何指”的问题时，作了一个比喻：“譬如交代官相似。前官之待我者既不善，吾毋以前官所以待我者待后官也。”（《朱子语类》卷第十六）依这个比喻，“前后”似乎是指时间的前后，但上下、左右都是表示方位的。从上下文来看，“前后”理解为方位上的也通。这样，体例也一致了。
⑧《诗》云：指《诗经·小雅·南山有台》，是赞颂有德君子的诗。
⑨ 只：语气词，并无实义。　⑩ 好：“所好”的好和“好之”的好都是动词，音 hào，是喜欢的意思。　⑪ 恶：“所恶”的恶和“恶之”的恶都是动词，音 wù，是“憎恶”“讨厌”的意思。　⑫《诗》云：指《诗经·小雅·节南山》。本诗原是讽刺周王重用师尹，致使天怒人怨。《大学》引用此诗的意思是在上者为人所瞻仰，所以必须谨言慎行，以为百姓的典范。　⑬ 节彼南山：那高耸的终南山。南山，即终南山，在今陕西省。西周的首都在镐京，今陕西西安市西南。　⑭ 维石岩岩：积石啊，多又险。维，发语词。岩岩，积石多而险。　⑮ 赫赫师尹：威风显赫的尹太师。赫赫，威风显赫。太师属三公，权大势大。　⑯ 民具尔瞻：百姓都在仰望你。具，同“俱”。　⑰ 辟：偏向，不公正。　⑱ 为天下僇（lù）：成为天下的罪人，为天下人所诛灭。僇，同“戮”，诛杀。
⑲《诗》云：指《诗经·大雅·文王》。本诗原意是说殷未失天下之时，其德足以配乎天地。今其子孙丧德败行，立即丧失天下。可见得天下不易，保天下更难。《大学》引用此诗的意思是在得众则得国，失众则失国，与原意稍有不同。　⑳ 丧师：失去民众的支持。不是丧失军队的意思。　㉑ 克配上帝：其德能够和天帝相媲美。克，能够。配，匹配、媲美。　㉒ 仪监于殷：应该以殷朝为借鉴。仪，《诗经》原作“宜”，是“应该”的意思。监，《诗经》原作“鉴”，意思是作为借鉴，引以为戒。
㉓ 峻命不易：保有天下实非易事。峻命，大命。古代帝王常将所以得天下，归于上天的授命。　㉔ 道：动词，说。上面所引的诗句是“说（道）”得众则得国，失众则失国。

［译文］　所说的平定天下在于治理好自己的国家，就是说在上者敬重老人，百姓就会崇尚孝道；在上者尊敬长辈，百姓就会崇

尚悌道；在上者怜恤孤儿，百姓就不会背弃你。所以，君子有以己心度人心的原则。如果对于在上者对自己的态度不满意，自己就不用这种态度对待下属；对于下属对自己的态度不满意，自己就不用这种态度对待在上者；自己厌恶前面人的地方，就不要加于后面的人；自己厌恶后面人的地方，就不要用来对待前面的人；自己厌恶右边人的地方，就不要用来对待左边的人；自己厌恶左边人的地方，就不要用来对待右边的人。这就是推己心度人心的原则。《诗经·南山有台》说："欢乐吧君子，你是百姓的父母。"百姓所喜欢的，自己就喜欢；百姓所憎恶的，自己就憎恶。这就叫做百姓的父母。《诗经·节南山》说："那高耸的终南山，积石啊，多又险。威风显赫的尹太师，百姓都在仰望你。"统治国家的国君，不可以不谨慎。一旦有所偏向而失掉公正，就要被百姓杀戮。《诗经·文王》说："殷朝未失去民众支持时，其德能够与天帝相媲美。应该以殷朝为借鉴，保有天下实非易事。"诗的意思是说："得众，则得国；失众，则失国。"

［说解］　想平定天下，首先要治理好自己的国家，如果连自己一个国家都治理不好，怎么能使天下平定？治理好自己的国家，当然需要从各方面努力，最重要的一个原则就是以己之心，度人之心。即己所不欲，勿施于人。如果你以此为原则来制定和推行政令，这就是所谓的"絜矩之道"。以絜矩之心，行絜矩之政，则普天之下百姓虽众，都将心悦诚服地来效法你，把你看成自己的父母，这就离平天下不远了。反之，若不能行絜矩之道，而是徇一己之私，逆人心之同，则将成为百姓的罪人。为民父母，就会得到百姓的拥戴而保有天下；成为百姓的罪人，就会失掉百姓的支持而丧失天下。絜矩或不絜矩的结果，差

距之大如此。这不仅从理论上说是正确的,也是为大量历史事实所证明了的。

这一部分是阐释治国平天下之纲,即"絜矩之道"。这是把孔子的恕道应用到治国上,其实质就是行德(仁)政。

[原文] 是故君子先慎乎德①。有德此有人②,有人此有土,有土此有财,有财此有用③。德者本也,财者末也。外本内末④,争民施夺⑤,是故财聚则民散,财散则民聚。是故言悖⑥而出者,亦悖而入;货悖而入者,亦悖而出。《康诰》曰:"惟命不于常⑦。"道善则得之,不善则失之矣。

[注释] ① 德:德行。从下文看,应指"明德",即天赋予人的善性。 ② 有德此有人:(在上者)品德高尚、善良,就会得到百姓的拥护。此,不是代词,是语气词,相当于"则"。有人,得到百姓的拥护依附。 ③ 有财此有用:有了财富,国家的经费用度就有了保障。 ④ 外本内末:轻视根本而重视末节,即轻德重财。根据上文:"德者本也,财者末也。" ⑤ 争民施夺:(在上者,以德为外,以财为内,就会)使百姓起来争夺财富,就是对百姓进行了抢夺的教育。争,使动用法,使争。 ⑥ 悖(bèi):违背(道义)。 ⑦ 惟命不于常:上天不会恒常不变地把天下授予一人一姓。

[译文] 所以君子先要谨慎地修养自己的德行。品德高尚、善良,就会得到百姓的拥护;有了百姓的拥护,就能保有土地;有了土地,就能拥有财富;有了物质财富,国家的经费、用度就有了保障。可见德行是根本,财富是末节。轻视根本而重视末节,就会使百姓起来争夺财富,就是对百姓进行了抢夺的教育。所以,财富积聚了,百姓就会离散;财富分散了,百姓就会集聚。你说出违背道义的话,百姓就会相信违背道义合理。你

违背道义聚敛财富，也会违背道义地花出去。《康诰》说："上天不会恒常不变地把天下授予一人一姓。"善良的人就能得到天命，不善良的人就会失去天命。

［说解］

这一部分是阐述"德者本也，财者末也"，以明絜矩与不絜矩之别。

在上者必须谨慎地修养自己的德行，不受私欲蒙蔽，然后能推己及人。能推己及人，自会得到百姓的拥护而保有土地；既有土地，百姓又乐于耕作，则物资自然充裕，足以供应国家的用度、经费。可见德是根本，财富是末节。若颠倒本末，轻视根本而重视末节，轻德重财，不惜搜括民财以聚敛个人财富，百姓就要起而效法，争财夺利。结果，不但会失去财富，更会失去百姓的拥护，以至于丧失天下。

［原文］

《楚书》[①]曰："楚国无以为宝，惟善以为宝。"舅犯[②]曰："亡人[③]无以为宝，仁亲以为宝。"《秦誓》[④]曰："若有一个[⑤]臣，断断兮[⑥]，无他技[⑦]，其心休休焉[⑧]，其如有容[⑨]焉。人之有技，若己有之。人之彦圣[⑩]，其心好之，不啻[⑪]若自其口出，寔能容之[⑫]，以能保我子孙黎民，尚亦[⑬]有利哉！人之有技，媢疾以恶之[⑭]。人之彦圣，而违之俾不通[⑮]。寔不能容，以不能保我子孙黎民，亦曰殆[⑯]哉！"唯仁人，放流[⑰]之，迸诸四夷[⑱]，不与同中国[⑲]。此谓唯仁人为能爱人，能恶人。见贤而不能举，举而不能先，命也[⑳]。见不善而不能退，退而不能远，过也。好人之所恶，恶人之所好，是谓拂[㉑]人之性，灾必逮夫身。是故君子有大道[㉒]，必忠信以得之，骄泰[㉓]以失之。

［注释］　① 楚书：楚国的史册。郑玄认为是楚昭王时的史书。关于楚国之宝的谈话，在历史上是很有名的。据《国语・楚语》记载：王孙圉出使晋国，晋定公很隆重地接待他。上卿赵简子（赵鞅）鸣其佩带的美玉问道："楚国的美玉白珩是不是非常宝贵?"王孙圉说："楚国从来没把美玉当作珍宝，只是把善人如观射父、左史倚相这样德才兼备的名臣看作珍宝。至于美玉白珩，不过是先王的玩物，有什么可宝贵的?"刘向的《新序》也记载有：秦使问楚大夫昭奚恤："什么是楚国之宝?"昭奚恤回答说："楚之所宝者即贤人也。"这里所说的"惟善以为宝"的"善"，显然是指贤人。② 舅犯：春秋五霸中晋文公的母舅狐偃，狐偃字子犯，故又称舅犯。晋献公宠骊姬，杀太子申生，重耳（后来的晋文公）奔翟，后又到齐、卫、曹、宋等国，狐偃跟随文公19年。周襄王十六年（前636年），文公自秦入晋，自立。后来文公定王室霸诸侯，大抵都出自狐偃的谋略。狐偃是一位很有政治见地的人。　③ 亡人：流亡国外的人。这里指晋文公重耳。　④《秦誓》：《尚书・周书》的一篇。秦穆公要去攻打遥远的郑国，蹇叔劝穆公不要劳师袭远，否则，必定失败。秦穆公不听，出兵去攻打郑国。晋国援助郑国，在殽地把秦国打败，这就是有名的殽之战。秦穆公追悔莫及，写了这篇誓词告国人。文中所说容贤利国者，实指蹇叔。接着所说妨贤害国者，不知指何人。　⑤ 个：《秦誓》原作"介"。古籍中"个""介"二字常因形近而错用。这里当作"个"。　⑥ 断断：忠诚专一的样子。　兮：《秦誓》作"猗"，语气词。　⑦ 他技：其他的技艺才能。　⑧ 休休：乐善宽容的样子。　⑨ 有容：有容人之量。⑩ 彦圣：才德出众、通情达理的人。彦（yàn），古代指有才德的人。圣，通情达理的人。　⑪ 不啻（chì）：不止，不但。　⑫ 寔（shì）：《秦誓》原作"是"。孔颖达的《礼记正义》引述此语时作"实"。旧注多认为"寔""实"二字通用，音义俱同。　⑬ 尚亦：差不多。尚，庶几、差不多。《秦誓》原作"亦职"。　⑭ 媢疾以恶之：嫉妒而又厌恶。媢（mào）疾，嫉妒。　⑮ 违之俾不通：阻挠而不使在上者知道。违，阻挠。俾（bǐ），使。　⑯ 殆：危险。　⑰ 放流：即流放。　⑱ 迸诸四夷：驱逐到四方边境落后地区。迸（bǐng），排斥、斥逐，音义同"摒"。四夷，指四方边境落后地区。　⑲ 不与同中国：不与他同住在中国，

即不让他住在中国。中国，指华夏文化发源和传播的地域，不是指国家。⑳ 命：郑玄认为是“慢”字之误，程颐认为当作“怠”。　㉑ 拂(fú)：违背(别人的意图)。　㉒ 大道：这里指修己治人之术。　㉓ 骄泰：自傲放纵，只知有己，不知有人。

［译文］

《楚书》上说：“楚国没有什么可以当作宝贝的，只有把善良当作宝贝。”晋文公的舅父狐偃说：“流亡国外之人没有什么可以当作宝贝的，只有把仁爱亲人当作宝贝。”《秦誓》说：“如果有这样一个大臣，对国君忠诚专一而没有别的技能。他乐善宽容，有容人之量，别人有技能，就如同自己拥有一样；别人才德出众，通情达理，自己就从心里喜欢；不只是口头上经常称赞，而且从内心里确实很喜欢。任用这种人，为了保护我的子孙和黎民百姓，是有利的。(反之，)别人拥有技能，就嫉妒而憎恨；别人才德出众，通情达理，就阻挠而不使在上者知道。这种人是不能容留的，因为这种人不能保护我的子孙和黎民百姓，这种人是很危险的。”只有仁德的国君会流放这种嫉贤妒能、心胸狭窄的人，把他们驱逐到四方边境的落后地区，不让他们住在中国。这就是说，只有仁德的人能够爱护好人，憎恶坏人。见到贤德的人而不能举荐，或者举荐了却不能早早任用，这就是怠慢；见到坏人而不能斥退，斥退了而不能尽量远一些，这就是过失。喜欢别人所厌恶的，厌恶别人所喜欢的，这就叫做违背人的本性，灾害必定会落到他的身上。所以，君子有修身治人的大原则，就是必须以忠诚信义来争得民心；反之，自傲放纵，只知有己，不知有人，就会失去民心。

［说解］

凭一个人的力量想治国平天下，事实上是不可能的。因此，作为一国之君想治国平天下，推行絜矩之政，必须任用有德的君子，远离卑鄙的小人。这已是为历史事实所证明了的千真万确的真理。

有德的君子，即使本身没有什么超人的才能，但乐善而有容人之量。他发现任何有才能的人，即使这个人的才能远远超过自己，也乐于举荐，但求能保护子孙后代，造福万民。卑鄙的小人就不同了。他们心胸狭窄，妒贤嫉能，唯恐别人抢走自己的高位；所以，遇见有才能的人，就会嫉妒，不惜中伤他，压抑他，使他得不到重用，以保住自己的权势地位。因此，为政者必须爱护重用贤人，斥逐小人，才符合百姓的心意和利益。一国之君若徇于一己的私意，失去好恶的正确尺度，亲小人，远君子，他的好恶就违背了百姓的好恶，以致失去民心。得不到百姓的拥护，不要说平天下不可能，恐怕保有天下也很困难。所以，为君者当本其絜矩之心，公正无私地对待君子和小人，重用才德出众且通情达理的君子，使他们在政治上充分发挥自己的作用，使卑鄙的小人没有得逞的可能，然后絜矩之政才能实现。

这一部分是通过一国之君是亲君子远小人，还是亲小人远君子，以申明絜矩与不絜矩之别。

［原文］

生财有大道，生之者众，食之者寡①，为之者疾②，用之者舒③，则财恒足矣。仁者以财发身，不仁者以身发财④。未有上好仁而下不好义者也；未有好义，其事不终⑤者也，未有府库⑥财非其财者也。孟献子⑦曰："畜马乘⑧，不察于鸡豚⑨；伐冰之家⑩，不畜牛羊；百乘之家⑪，不畜聚敛之臣⑫。与其有聚敛之臣，宁有盗臣⑬。"此谓国不以利为利，以义为利⑭也。长⑮国家而务财用者⑯，必自小人⑰矣。彼为善之⑱。小人之使为国家⑲，灾害并至；虽有善者，亦无如之何矣。此谓国不以利为利，以义为利也。

［注释］

① 食之者寡：只吃饭不干活儿的人少。寡，少。　② 疾：快速。③ 舒：舒缓。　④ 仁者以财发身，不仁者以身发财：仁德的人是靠财富来提高自己的身心（如修养品德、用财富做造福百姓的事情、得到百姓的赞誉等），不仁的人，是靠身心去发财。　⑤ 终：善始善终。⑥ 府库：国家贮藏财物的地方。　⑦ 孟献子：鲁国的贤大夫，仲孙氏，名蔑（miè），献子是他的谥号。　⑧ 畜马乘（shèng）：拥有马匹车乘的官吏，指刚步入仕途的士子。畜，具备、拥有。乘，古时一车四马为一乘，指用四匹马拉的车。　⑨ 察：斤斤计较。　⑩ 伐冰之家：古时卿大夫以上丧祭时才可以用冰。伐，凿。　⑪ 百乘之家：指有封地采邑的公卿。因为这些公卿可各拥有兵车百乘，所以叫做百乘之家。⑫ 聚敛之臣：为公卿搜刮百姓财富的家臣。　⑬ 盗臣：侵占盗取公卿的财物的家臣。　⑭ 不以利为利，以义为利：不以财货之利为利，以道义为利。第一个"利"指财货。　⑮ 长（zhǎng）：动词，做国家的君长。　⑯ 务财用：致力于聚敛财货。　⑰ 必自小人：一定是听信了小人的话，小人出的主意。　⑱ 彼为善之：彼，指小人。善，擅长。善之，指擅长聚敛财货。朱熹认为这句话上下疑有缺文误字。⑲ 小人之使为国家：使小人管理国家大事。

［译文］

增殖财富有一个大原则，就是要生产的人多，只吃饭不干活儿的人少。创造财富要迅速，使用财富要舒缓。这么做才能使国家财富经常保持充足。仁德的人是靠财富来提高自己的身心，不仁德的人是靠身心去发财。没有一国之君喜好仁德，而臣下不讲求道义的；没有讲求道义的人，事业不能善始善终的。这样，没有府库的财货不是国家的财货。（不会被小人贪污和浪费。朱熹注：府库之财，无悖出之意。）孟献子说："拥有马匹车乘的官吏，就不要计较喂养鸡猪之类的琐事；丧祭礼仪上可以用凿冰的卿大夫，就不要饲养牛羊（不要与民争利）；拥有百辆兵车的大夫，就不要任用聚敛民财的家臣。与其有聚敛民财的家臣，宁愿有盗窃公物的家臣。”这就是说，国家不是以财货之利为利，而是以道义为利。一国之君统治国家而专门致力于聚敛财富，一定是听信了小人的话和小人出的主意。小人就擅长聚敛财富，如果叫小人管理国家大事，那么天灾人祸就一定会同时到来。到那时，即使有德才兼备的人，也没有办法加以挽救了。这就叫做：国家不是以财货之利为利，而是以道义为利。

［说解］　国家的存在，必须有经费的支持。一个国家富了，国势才能强（形容强大的国家常用“富强”二字）。怎样使国家富强？道理很简单：一个是干活儿的人多，白吃饭的人少；一个是生财要快，花钱要慢。但是，历史事实告诉我们，国家富了，并不一定强，关键是一国之君怎样取得这些财富，怎样使用这些财富。仁德的国君，用财富提高自己的品德，讲求道义，用财富造福人民。这样，臣民自会讲求道义，干什么事都会善始善终。反之，为君者若只求满足一己之私欲，积聚的财货只为供一己之用，这样的昏君重用的臣下，必定是能够为他聚敛财货的小人。既然不能取之于民用之于民，则百姓不但不会勤奋劳作，反而要与他争夺财货之利。结果，财富不但不能充足，更将招致祸乱败亡。所以，把义放在前面，则从为君者到黎民百姓都会得到福利；把利放在前面，则从为君者到黎民百姓都会遭受祸乱。所以，为君者必须谨慎其言行，以民之好恶为其好恶。这就是絜矩之道，也就是治国平天下之达道。

这一部分直言生财之道乃在国君用君子不用小人，综合财利和君子、小人二目，以申明絜矩与不絜矩之别。

传的第十章是谈想治国平天下，必须行絜矩之道。这里有一个实际问题，就是治国平天下，不是用嘴一说就能做到，必须有财政开支，而且数额巨大。这数额巨大的开支，在经济不发达的社会，主要是出于百姓身上。“财”者，人之所同好。向百姓征税，就违背了百姓的心愿。所以，本章强调了“财”的问题，这是影响行絜矩之道的实际问题。在这种情况下，在上者怎样行絜矩之道？《大学》提出：首先“君子慎乎德”，认清“德者本也，财者末也”，千万不能“外本内末，争民施夺”。其次，任人唯贤，亲君子远小人。最后，在政治措施上，要不以利为利，而应以义为利。

不要认为古代的絜矩之道已经过时。“絜矩之道”不只是在为政上，在为人上也是应该遵守的。传文说的好：“所恶于上，毋以使下；所恶于下，毋以事上；所恶于前，毋以先后；所恶于后，毋以从前；所恶于右，毋以交于左；所恶于左，毋以交于右，此之谓絜矩之道。”“絜矩之道”实质上就是“恕”道。在今天，恕道已被世人视为“伦理金律”。

［附录］

《朱子语类》卷第十六《大学三》

问：“平天下在治其国章。”

曰：“此三句见上行下效，理之必然，又以见人心之所同。‘是以君子有絜矩之道’，所以，以己之心度人之心，使皆得以自尽其兴起之善心。若不絜矩，则虽躬行于上，使彼有是兴起之善心，而不可得遂，亦徒然也。”

又曰：“因何恁地上行下效？盖人心之同然。所以絜矩之道：我要恁地，也使彼有是心者亦得恁地。全章大意，只反复说絜矩。如专利于上，急征横敛，民不得以自养，我这里虽能兴起其善心，济甚事！若此类，皆是不能絜矩。”

仁甫问“絜矩”。

曰：“上之人老老、长长、恤孤，则下之人兴孝、兴弟、不倍。此是说上行下效。到絜矩处，是就政事上言。若但兴起其善心，而不有以使之得遂其心，则虽能兴起，终亦徒然。如政烦赋重，不得以养其父母，又安得以遂其善心！须是推己之心以及于彼，使之‘仰足以事父母，俯足以育妻子’方得。”

又曰：“这处正如齐宣王爱牛处一般：见牛之觳觫，则不忍之心已形于此。若其以衅钟为不可废而复杀之，则自家不忍之心又只是空。所以以羊易之，则已形之良心不至于窒塞，而未见之羊，杀之亦无害，是乃仁术也。”

问：“前后左右何指？”

曰：“譬如交代官相似。前官之待我者既不善，吾毋以前官所以待我者待后官也。左右，如东邻西邻。以邻国为壑，是所恶于左而以交于右也。俗语所谓‘将心比心’，如此，则各得其平矣。”

问：“絜矩。”

曰：“只把上下、前后、左右等句看，便见。絜，度也。不是真把那矩去量度，只是自家心里暗度那个长，那个短。所谓度长絜大，上下、前后、左右，都只一样。心无彼己之异，只是将那头折转来比这头。在我之上者使我如此，而我恶之，则知在我下者心亦似我如此，故更不将所责上底人之心来待下人。如此，则自家在中央，上面也占许多地步，下面也占许多地步，便均平方正。

“如以诸侯言之，上有天子，下有大夫，天子扰我，使我不得行其孝弟，我亦当察此，不可有以扰其大夫，使大夫不得行其孝弟。且如自家有一丈地，右家有一丈地。左家侵着我五尺地，是不矩，我必去讼他取我五尺。我若侵着右家五尺地，亦是不矩，合当还右家。只是我也方，上也方，下也方，左也方，右也方，前也方，后也方，不相侵越。如‘代冰之家，不畜牛羊’。”

陶安国问：“絜矩之道是广其仁之用否？”

曰：“此乃求仁工夫，此处正要着力。若仁者，则是举而措之，不待絜矩，而自无不平者矣。”

铢曰：“仁者，则‘己欲立而立人，己欲达而达人’，不待推矣。若絜矩，正恕者之事也。”

先生颔之。

德元问：“‘我不欲人之加诸我，吾亦欲无加诸人’，与絜矩同否？”

曰:“然。但子贡所问是对彼我说,只是两人;絜矩则是三人尔。后世不复知絜矩之义,惟务竭民财以自丰利,自一孔以上,官皆取之,故上愈富而下愈贫。夫以四海而奉一人,不为不厚矣。使在上者常有厚民之心而推与共之,犹虑有不获者,况皆不恤,而惟自丰殖,则民安得不困极乎?《易》‘损上益下’曰‘益’,‘损下益上’曰‘损’。所以然者,盖邦本厚,则邦宁而君安,乃所以益也。否则反是。”

问:“末章说财处太多。”

曰:“后世只此一事不能与民同。第九章十章齐家治国,既已言化,平天下只言措置之理。絜,度也;矩,所以为方也。方者,如用曲尺为方者也。何谓‘是以君子有絜矩之道?’上面人既自有孝弟,下面民亦有孝弟,只要使之自遂其孝弟之心于其下,便是絜矩。若拂其良心,重赋横敛以取之,使他不得自遂其心,便是不方。左右前后皆然。言‘是以’者,须是如此。后面说民之父母,所好所恶,皆是要与民同利之一事。且如食禄之家,又皆然。言‘是以’者,须是如此。后面说民之父母,所好所恶,皆是要与民同利之一事。且如食禄之家,又畜鸡豚牛羊,却是与民争利,便是不絜矩。所以道‘以义为利’者,‘义以方外’也。”

问:“‘平天下’章言财用特详,当是民生日用最要紧事耳。”

曰:“然。《孟子》首先所言,其原出此(注:《孟子》一书有人主张完成在《大学》之前)。”

子升问:“此章所言反复最详之意。”

曰:“要之,始终本末只是一理。但平天下是一件最大的事,所以推广说许多。如明德、新民、至善之理极精微。至治国、平天下,只就人情上区处,又极平易,盖至于平而已耳。后世非无有志于天下国家之人,却只就末处布置,于本原上全不理会。”

中庸说解

引　子

《中庸》原属《礼记》的第三十一篇，现在已独立成书，所以就遇到了和《大学》同样的问题：它是怎样独立成书的？文章的作者是谁？“中庸”一词的含义是什么？如此等等。下面就简单作一介绍。

一、《中庸》是怎样独立成书的

《中庸》原是《小戴礼记》中的第三十一篇。它的重要意义，很早就引起了人们的注意。作为一篇文章，汉以后就有人对它进行研究。《汉书·艺文志》中记有《中庸说》二篇，《隋书·经籍志》记有南朝宋戴颙的《礼记·中庸传》二卷，南朝梁武帝有《中庸讲疏》，唐朝李翱有《中庸说》一卷。以上各书都没有传下来，而李翱关于《中庸》的研究，在他所著的《复性书》三篇中可以见到。他是我们已知的第一个能深入研究《中庸》的人，对后来宋儒推尊《中庸》有首开风气的功劳。到了宋朝，研究《中庸》的人渐多，如胡瑗、司马光等，都有关于《中庸》的研究著作。宋代大儒程颢、程颐更是大力推尊《中庸》，说《中庸》是孔门传授的心法，他们对《中庸》的义理有许多讨论。南宋的朱熹继承二程的思想，表彰《中庸》不遗余力。他合《中庸》《大学》《论语》《孟子》而成“四书”，这应是《中庸》独立成书的开始（请参看《大学说解·序言》第二部分）。朱子作有《中庸章句》，是他所著《四书集注》中《中庸》的注解。而《四书集注》是宋以后学者必读的，于是《中庸》也因而被认为是儒学的根本典籍。

二、《中庸》的写成时间及作者

汉司马迁认为《中庸》是孔子的孙子孔伋（子思）所作。《史记·孔子世家》说:"伯鱼(孔子之子孔鲤)生伋,字子思,年六十二,尝困于宋。子思作《中庸》。"东汉郑玄也认为《中庸》是子思所作。《礼记正义》引郑玄《目录》说:"《中庸》者,孔子之孙子思作之,以昭圣祖之德。"到了宋代,程子和朱熹都认为《中庸》传自孔门,成于子思,而由子思传给孟子。后来学习《中庸》的人,一般都认同程、朱的说法。实际上,程、朱的说法是本于他们对儒学道统传承的看法和《史记·孔子世家》的意见,并没有可靠的根据。

如果认为《中庸》的作者是子思,则《中庸》的成书应在孟子之前,即战国初期(孟子受业于子思之门人)。但自宋代起,就不断有人对子思作《中庸》之说提出怀疑。如欧阳修、叶适以为《中庸》说理高深玄虚,恐非传自孔门。陈善、王柏则怀疑《中庸》文中杂用后儒的意见,不全是子思的思想。到了清代,认为《中庸》非子思所作的人更多,他们也都提出了很有说服力的意见。如清朝著名的辨伪学者崔述提出三条意见,其中一条认为:就文体论,《论语》之文简而明,孟子之文曲而尽,而《中庸》之文繁而晦;上去《论语》绝远,下犹不逮《孟子》。就文体看,确是如此。

近人有人认为《中庸》28 章中,有"今天下车同轨,书同文,行同伦"句,认为这是秦始皇统一天下后才有的现象,所以《中庸》的成书应在秦统一天下之后,距子思时代已有二百多年,所以《中庸》不可能是子思的作品。这种说法似乎很有说服力,但考诸历史,似未必然。《左传·隐公元年》就有"同轨必至"的话,可知"车同轨"并不是秦始皇以后才有的现象。而书写文字的相同,也说明不了什么,因为在春秋时许多诸侯国就已经使用同一文字(篆书)了,而并不是秦始皇统一天下后文字才得以统一的。所以,在子思时说"车同轨,书同文",并不是不可能的。

当代新儒家大师牟宗三先生认为:"《中庸》之言性,是承接孔孟的心性论而往前发展,以言道德的本性即是天道之所赋予……《中庸》后半部之言诚,言至诚尽性,亦似是本孟子性善论而来的,故《中庸》是成于孔孟之后的。"(《心体与性体》)

综上所述,可见《中庸》的作者及其写成的年代是很难判定的,但从

《中庸》的文体及其所提出的思想观念来看,其写成应晚于孟子,大概是战国晚期以至秦汉之际的子思、孟子一系的儒者所作。

三、“中庸”一词的含义

我国自古就重视“中”,如《易经》六爻,以二、五居中之爻为善爻、正位,把不偏不倚之“中”视为天下之正道;在人身上,则把“中”作为人内心的极重要的德行。《论语·尧曰》第一章:“尧曰:‘咨!尔舜!天之历数在尔躬,允执其中。四海困穷,天禄永终。’舜亦以命禹。”(尧说:“啧啧!舜啊!按照上天所定的继承顺序,帝位就在你身上了,要诚实地坚持那中正之道。假如天下百姓陷于困苦贫穷,上天赐给你的禄位,也就永远地终止了。”舜也用这些话嘱咐禹。)“允执其中”的“中”,应该是指内心之德。

“中庸”一词最早见于《论语·雍也》第二十九章:“中庸之为德也,其至矣乎!民鲜能久矣。”(中庸作为一种道德,该是最高尚的了!人民缺少这种道德已经很久了。)

“中庸”一词应该怎样讲?

朱熹解释说:“中者,无过无不及之名也;庸,平常也。”程颐解释说:“不偏之谓中,不易之谓庸。”(均见《中庸章句》)按程、朱的解释,不偏不倚、无过无不及叫做“中”,始终如一、保持经常叫做“庸”。

有人认为孔子说“中庸之为德”,“中庸”两个字恐怕不像程、朱两人说的那么简单。的确,“中庸”之为至德,有着极为深厚的内涵。拿“中”来说,据《朱子语类》和《中庸章句》,朱熹认为“中庸”的“中”字有两种含义:即“在中”和“时中”。《中庸》说:“喜怒哀乐之未发,谓之中。”喜怒哀乐未发时,是人性处于本然状态,是无过无不及,这名之为“在中”。“发而皆中节”,人产生了喜怒哀乐之情,虽已发,但在言行上不过火,恰到好处,不偏不倚,这叫做“时中”。朱熹认为《中庸》这本书名是取“时中”之“中”。但是,人之言行所以能做得恰到好处,是因为心中有未发之“中”在。应该说,未发之“中”是体,时中之“中”是用。《论语》“中庸之为德”的“中”,应该是时中的“中”。

其次拿“庸”来说：朱熹把“庸”讲成“平常”，而程颐把“庸”讲成“不易”，到底哪个讲法对？两种讲法都没有错。因为是“平常”，所以才不可变易；如果不是平常，那就不能长久，必定要改变了。朱熹说“庸”的意思是“平常”，那“不易”的道理自在其中了。佛家有一句偈语说的好：“世间万事不如常，又不惊人又久长。”

“庸”的性质是“平常”，“庸”的特点是“不易”。程、朱二人都没有解释错。

按程、朱的讲法，“中”和“庸”是两个概念，孔子为什么把它们合在一起说“中庸之为德也，其至矣乎”呢？这是因为“中”和“庸”可以分开讲，但其关系是统一的，不可分离。朱熹在《朱子语类》卷六二说：“中庸只是一个道理，以其不偏不倚，故谓之中；以其不差异可常行，故谓之庸。”没有中而不庸者，也没有庸而不中者。盛夏喝冷饮，穿单衣，扇扇子是“中”，也是“常”（庸）；冬天喝热汤，穿棉衣，是“中”，也是“常”（庸）。热爱祖国是“中”，也是“庸”；孝敬父母是“中”，也是“庸”。“中庸”二者合起来是一个道理，意义才完满，只用一个就不周全了。

四、《中庸》是如何分章的

东汉郑玄编的《礼记注》中，《中庸》并没有分章，也不分卷，而孔颖达的《疏》则分为两卷33章。北宋《二程全书》所载的《中庸解》则分为36章。朱熹的《中庸章句》分为33章，但每章的长短和孔颖达分的并不一样。孔颖达的分法有时脱离内容，毫无头绪。而朱熹是根据内容分的，章的长短不同，有几章还加上了简单的说明，全书层次分明。朱熹认为《中庸》33章，大致可分为六大节：“首章是一节，说中和。自‘君子中庸’以下十章是一节，说中庸。‘君子之道费而隐’以下八章是一节，说费隐。‘哀公问政’以下七章是一节，说诚。‘大哉圣人之道’以下六章是一节，说大德小德。末章是一节，复申首章之义。”（见《中庸章句大全》引）

朱熹对《中庸》的原文及编排次序并没有改动，也没有修补，所以《中庸》不存在《大学》那样的原本和改本的问题。

后世研究《中庸》的人，大都同意朱子的分法。也有人不同意，另作主张，但相比之下，还是朱熹的分法合理。

五、《中庸》是一部什么性质的著作

《中庸》是一部什么性质的著作？人们认为“中庸”是人的一种品德，特别是孔子说过：“中庸之为德也，其至矣乎！民鲜久矣。”（《论语·雍也》第二十九章）实际上，《中庸》不是研究人的品德的，而是一部重要的哲学著作。

一提哲学，特别是古代哲学，人们往往首先想到的是西方的苏格拉底、柏拉图、亚里士多德等大哲学家。中国古代有哲学吗？有大哲学家吗？有！中国是一个文明古国，有五千年的历史，中华民族的文化自成体系并影响着世界的许多民族。宗教与哲学是构成一种文化的基本成分。任何一个文化体系都有它的哲学，否则它就不成其为文化体系。不过，中国哲学与西方哲学不同。

西方最初的哲学家都是自然科学家，特别着力于宇宙根源的探索，后来也注重人事方面。然而，他们是以对待自然的方法对待人事，他们的美与善是出自对客观事物的分析、评价，与真正的道德无关。

中国的古典哲学，历史悠久，丰富多彩，主要有儒家哲学、老庄哲学、魏晋玄学、宋明理学等。但历史最悠久，成为中国哲学主流的，是儒家哲学。

中国哲学的着重点是生命与德行。一谈到生命，有人就想到人活着能吃能喝能延续后代的生命，这只是自然生命。作为人，还有一种生命，就是基于良心，进行道德实践的生命，如孝敬父母、爱护百姓、尽忠社会等。而儒家重视的，是道德实践的生命。

了解中国哲学思想的钥匙是古代的经典。

如《左传·成公十三年》：“刘康公曰：‘吾闻之，民受天地之中以生，所谓命也。’”刘康公这里所说的“中”，后来就转而为《中庸》的第一句“天命之谓性”了。它充分地说明了人与天地的合一的关系，并道出了天的超越的意义。

再如《诗经·周颂·维天之命》说："维天之命，於穆不已。於乎不显，文王之德之纯。"天命的性格是"於穆不已"（深远，无穷无尽）。这是一个重要观念，天在这里不是人格神，而是一个形而上的实体。很显然，"文王之德之纯"，受于"於穆不已"的天之命，即天命下贯而为性。人的善良的本性，是天赋予的。《诗经·大雅·烝民》更直接地讲明这个道理："天生烝民，有物有则。民之秉彝，好是懿德。"（上天生下众百姓，有本体有法则。人民顺着那上天给的常性，爱好这样的美德。）

以上所引的经典文字，代表了我们民族传统的观念，是中国自古以来人们共同认可的意识趋向。这一意识趋向，决定了中国思想的中点与重点不落在天道本身，而落在性命与天道相贯通上。如是，自不能不重视"主体性"，自不能不重视如何通过自己之觉悟以体现天道——性命天道相贯通的天道。

儒家哲学正是继承发展了这一传统。孔子的哲学表现在《论语》里。孔子在《论语》里，暂时撇开从天命天道说性的这一老传统，而是别开生面，从主观方面开辟了仁与圣的生命领域。孔子以仁为主，以仁为最高境界。此时仁的意义最广大，一切德均藏于其中。

《论语》中关于性与天道谈得不多。子贡曾说："夫子之文章可得而闻也；夫子之言性与天道，不可得而闻也。"（《公冶长》第十三章）但必须知道，孔子对性与天道默契极深。他五十而读《易》，至韦编三绝（《史记·孔子世家》），而且又盛赞《易》："加我数年，五十以学《易》，可以无大过矣。"（《述而》第十七章）显然，孔子对《易经》曾下过很大功夫。《易经》的中心就是性与天道，因此，孔子对性与天道有很深的研究。

然而，性与天道并非孔子所开辟的思路，他所开辟的思路是仁与圣。只是大圣大智的孔子开辟仁的思路，绝不可能停顿在人的道德品质层次上。中国的老传统必然决定着他的思想走向。孔子"五十而知天命"（《为政》第四章），他在谈论仁与圣时，必已有一种内心的超越企向。孔子是怎样对待性与天道呢？孔子说："下学而上达。知我者其天乎！"

(《宪问》第三十五章)这里的“学”,是“学而时习之”的“学”,不是只学知识想成为专家的“学”,是提高自己品德修养的“学”。当然也要学习知识,但他心中念念不忘的是怎样转化经验知识为内在的德性。孔子认为下学可以上达,那就是说:只需努力践仁,人就可以往上遥契天道,即是让自己的生命与天的生命相契接。所以,孔子发出了“知我者其天乎”的感叹。人知天,天知人,天人互相感通,达到天人合一。现代新儒家牟宗三先生称孔子这种仁与天道的契接为“超越的遥契”。

孟子继承并发展了孔子的学说,开创了心性论,证成人性善。孟子讲的“性善”是根据孔子所开创的“仁”。孔子还没有把“仁”说成是性,只是说“尽心知天”。孟子就在孔子的基础上,证成人性本善,由仁心说人性,心性是一,是良知良能,天生本具,而且进一步证成“尽心知性知天”。

孔孟思想都是以仁为根基,对天(天命、天道)是超越的遥契。

六、《中庸》的哲学思想包括哪些基本内容

天道是以什么为其内容的呢?《中庸》说是“诚”。

《中庸》第二十六章说:“天地之道,可以一言而尽也:‘其为物不贰,则其生物不测。’”“为物不贰”的意思是造就万物,精纯不杂,专心致志,用一个字说,就是“诚”。

《中庸》第二十章说:“诚者,天之道也;诚之者,人之道也。”《中庸》视“诚”为天之道,即自然而然之道,自然是诚体流行。而“诚之”的修养功夫,则是“人之道”,即由“诚之”的功夫以求恢复天所赋予自己的“诚”的本体或本性。

《中庸》第三十二章还对“至诚”之人作了一个美妙的描绘:“肫肫其仁,渊渊其渊,浩浩其天。”“肫肫”是诚恳笃实的样子。至诚之人有诚意,有“肫肫”的样子,就可以有如渊的深度,而且有深度才可有广度。如此,天下至诚者的生命,外表看来既是诚恳笃实,而且有如渊之深的深度,有如天浩大的广度。生命如此诚笃深广,自然就可与天打成一片,浑然无间了。

《中庸》第二十二章："唯天下至诚，为能尽其性；能尽其性，则能尽人之性；能尽人之性，则能尽物之性；能尽物之性，则可以赞天地之化育；可以赞天地之化育，则可以与天地参矣。""天下至诚"的人，可以尽己、尽人、尽物之性，因而可以参赞天地之化育。由于天、地的本质就是生长化育，当人参天、地而为三的时候，便已等于参与并且赞助天、地的化育了。人生于地之上，天之下，参入天地之间，形成一个"三极"的结构。三者同以化育为作用，所以天、地、人可谓"三位一体"。三位之中，本来只有天、地二极以生化为本质，可是人的"精诚"所至，可以不断地向外感通，感通的最后，就是与天、地相契接，与天、地打成一片。这种契接方式，显然不是超越的，而是内在的。这是《中庸》思想与孔孟思想的不同之处。

孔、孟的超越的遥契与《中庸》的内在的遥契是否互相矛盾呢？并不矛盾。由超越的遥契发展成为内在的遥契是一个非常自然的进程。前者把天道推远一点，以保存天道的超越性；后者把天道拉进人心，使之内在化，不再是敬畏的对象，而转化为一形而上的实体。这两种遥契的产生次序与其过渡，都十分容易了解。因为人类最先对于高高在上深奥不测的天，必然引发对它的敬畏；然而日子久了，人类对天的了解渐深，有了"尽心知性知天"的思想基础，会感到天并不是那样可怕，实际上人之本心与天之心（天道）是相通的。这样，人们就不以"知天"为满足，而是要求把天拉下来，收进自己的内心，使天道（"诚"）内在化为自己的德性。至此，天道的严肃庄重的宗教意味转为亲切明白的哲学意味。所以，天命、天道观念发展的归宿，必为主体意义的"诚""仁"两个观念同一化。

无论是孔孟的超越的遥契，或是《中庸》的内在的遥契，都体现了儒家的"天人合一"的思想。朱熹把这个道理说开了，是"天即人，人即天。人之始生，得之于天，即生此人，则天又在人矣"。"天"离不开"人"，"人"也离不开"天"。人初生时虽得之于"天"，但既生此"人"，则"天"全由人来彰显。因此，照儒家看，不能像西方那样，把"天"和"人"分为两截，更不能把"天"和"人"看成是一种外在的对立关系。这种"天人合一"的思想，说明我们必须把人与自然的关系合为一个整体来统一考虑，不能只考虑一方面。由此可见,在当今自然界遭受严重破坏时,"天人合一"思想对解决人与自然的关系,有着重要的正面的积极意义。

七、《中庸》在今天的意义

当前人类存在着种种极为复杂的矛盾。

首先是人与自然的矛盾。1992 年世界 1575 名科学家发表的《世界科学家对人类的警告》中提到:人类和自然正在走上一条相互抵触的道路。对自然界的过量开发,资源的浪费(包括水的资源),臭氧层变薄,海洋毒化,环境污染,生态破坏,人口无节制地膨胀,严重地破坏了人与自然的和谐,这些都在威胁着人类自身生存的条件。

其次是社会矛盾。早在 1955 年,科学家罗素、爱因斯坦发表了《罗素、爱因斯坦宣言》,针对当时核武器惊人的杀伤能力和军备竞赛,在世界上首次以全人类的名义提出"新思维"概念,指出武器发展已经达到了可以消灭整个人类的水平。(有的科学家更进一步指出:可以消灭几次。)人类为了自己的生存,民族与民族,国家与国家,地域与地域之间,应该以对话代替对立,谋求和解与共同发展。

还有,人们为了金钱和物质享受,为了夺取权力,造成身心扭曲,人与人之间的关系紧张——社会冷漠,心灵孤寂,人与人之间心灵上的隔膜,使大家互不理解甚至仇视。

所有这些问题如何解决?当然,各民族的思想文化特别是传统文化都可能为解决这些问题提供有意义的资源。中华民族有着长达五六千年不间断的历史文化传统,作为我们这个民族的主流文化——儒家思想文化,就蕴涵着丰富的对解决当今社会问题有意义的资源。以仁学为基础的《中庸》思想,就教育人们为人处事要不偏不倚,坚持中正之路,不做过头的事情,因为"过犹不及"。

李瑞环先生不管从事哪个层面的工作,都不做过头事。在改革开放中,他无时不强调:"始终都要把握好改革的力度,发展的速度和稳定的程度。"他用生动的事实反复论述,凡事过头了,真理便成谬误。他认为:

“政绩是要讲的，但政绩工程不能搞。”某些地方领导搞“政绩工程”是为了沽名钓誉，有些甚至用老百姓的救命钱往自己脸上贴金。他认为事情做过了头，看似一个量的问题，实则变了质，好事必然办成坏事（参看李瑞环新著《学哲学　用哲学》）。

李瑞环先生说得很对。特别是，最高领导者不用过激的政策，老百姓（包括知识分子）就少遭罪。一件事，怎么说都似乎有理，但不要忘记：真理只有一个。

中庸之道的思想核心，是一个“诚”字。看来《中庸》在今天仍有重要的意义。我们想实现和谐社会，应走“中庸”之路。汤一介先生说的好：“观今宜鉴古，无古不成今。”

八、结语

以上七点是我对《中庸》的粗浅认识。在“四书”中，《中庸》的义理最深，比较难于理解。所以，朱熹建议读“四书”应先用心去看《大学》，然后用心去看《论语》，接着再用心去看《孟子》，三本书都看完了，《中庸》也就理解大半了。（当然，时代不同了，今天我们应先读《论语》，然后再谈《孟子》《大学》《中庸》。）

朱熹还告诉我们怎样读《中庸》。他说：“读书先须看大纲，又看几多间架。如‘天命之谓性，率性之谓道，修道之谓教’，此是大纲。夫妇所知所能，与圣人不知不能处，此类是间架。譬人看屋，先看他大纲，次看几多间，间内又有小间，然后方得贯通。”（均见《朱子语类》卷第六十二《中庸一》）

本书和《大学》一样，为了帮助读者理解原文，特地摘录了《朱子语类》（岳麓书社 1997 年版）的部分内容附在有关章节的后面。

朱 子 序

想学好《中庸》应先学习朱熹在编《中庸章句》时写的序文。下面就先说解《朱子序》。

［原文］

《中庸》何为而作也？子思[1]子忧道学[2]之失其传而作也。

［注释］

① 子思：孔子的孙子孔伋。 ② 道学：即孔子的学说。

［译文］

《中庸》是为什么而写的呢？是孔子的孙子子思担心孔子创立的道统失传而写作的。

［说解］

孔子的孙子子思，就学于孔子的弟子曾子。孔子把自己的孙子嘱托给曾子，就说明了对曾子的认可。的确，孔子的弟子三千，够得上贤人的，有七十二人，其中“子夏、子游、子张皆有圣人之一体”（《孟子·公孙丑上》第二章）。据《庄子》说，孔子之后儒家分为八派，各派都有自己的主张，但那只是吸取了孔子思想的某一点，不可能是孔子思想的全部。只有曾子忠实地继承了孔子思想的真精神，继承了孔子的“吾道一以贯之”的那个“一”（见《论语·里仁》第十五章）。因为曾子能切己用功，守约慎独，道德意识最强。子思学于曾子，当得孔子真意。所以，自古就有子思作《中庸》之说。朱熹据此认为，子思恐怕孔子的学说和精神日久失传，所以写成《中庸》一书。

［原文］

盖自上古圣神，继天立极[1]，而道统[2]之传有自来矣。其见于经，则“允执厥中”[3]者，尧之所以授舜也。“人心惟危[4]，道心惟微[5]，惟精惟一[6]，允执厥中”者，舜之所以授禹也。尧之一言，至矣尽矣；而舜复益[7]之以三言者，则所以明夫[8]尧之一言，必如是而后可庶几[9]也。

[注释]

① 继天立极：继守天道以应人道。《诗经・大雅・烝民》说：“天生烝民，有物有则。”但天自己不能讲这些道理（则），所以出现圣人体悟天道，为之修道立教，以教化百姓。继，继守。极，中正的准则，指人道。

② 道统：各种思想自己承继的统系。儒家指由尧、舜、禹而至汤、文王、武王、周公、孔子、孟子的统系。唐朝大文学家韩愈在《原道》中总结儒家的道统说：“斯道也……尧以是传之舜，舜以是传之禹，禹以是传之汤，汤以是传之文、武、周公，文、武、周公传之孔子，孔子传之孟轲，轲之死不得其传焉。”

③ 允执厥中：诚实地坚持那中正之道。允，诚实、公平。厥（jué），其。

④ 人心惟危：杂有私欲的人心是危而不安的。危，凶险、不安。

⑤ 道心惟微：合于道的道心是深微难明的。

⑥ 惟精惟一：要精察正道，专一持守。

⑦ 益：增加。

⑧ 夫：其。

⑨ 庶几（jī）：差不多（了解道的微妙了）。几，微妙。

[译文]

从古代圣王起，就继守天道立人的正道——中正之道，看来道统的传承已经由来很久了。在经书中见到的，就是“允执厥中”这句话，这是尧用来传授给舜的。“杂有私欲的人心是危而不安的，合于道的道心是深微难明的，要精察正道，专一持守，诚实地坚持那中正之道。”这是舜用来传授给禹的。尧的一句话，已经把道的真意说得最透彻；而舜又增加了三句话，那是用来阐明尧的那句话的。必须这样，才差不多了解道的微妙。

[说解]

“中”的道统的传承，由来久远。以文字形式记录下来的，是古代经书,如《易经》《尚书》等。“允执厥中”这句话,见于《论语·尧曰》。原文是:“咨!尔舜!天之历数在尔躬,允执其中。四海困穷,天禄永终。”意思是说,天命已降临到舜的身上,使舜为天子。舜必须诚实地坚守中正之道(使人民过上幸福生活)。如果不坚守中正之道,使天下百姓陷于穷困,上天赋予你的禄位就要永远终止。这句话不是孔子说的,更不是弟子们说的,据说是从《尚书》引来的。《论语》的最后一篇《尧曰》为什么引用这句话(还有下面五小节的话)?令人难解。当代新儒家徐复观先生在《中国经学史的基础》中说:“尤其重要的是《论语》最后的《尧曰章》,历两千年无人能了解。这是孔子从《书》中所得出的在历史演变中世运兴亡的大规律。平日曾不断把表现这种大规律的故事提出来告诉门弟子,门弟子所以特别记录下来,以作《论语》所指向的归结。”徐复观先生认为《尧曰》篇中从《尚书》引来的话是作为《论语》所指向的归结收录的。有人说,孔子的“中庸”思想就出自这里。

舜经过自己的实践,感到尧对自己的劝诫是为政者必须遵循的永恒真理,所以在把君位让给禹时,也这样劝诫禹。不过舜又告诉禹为什么要“允执厥中”。那就是因为“人心惟危,道心惟微,惟精惟一”。这个“一”,就是“中”。朱子认为只有这样,才能把“允执厥中”的道理说透。

[原文]

盖尝论之,心之虚灵知觉①,一②而已矣。而以为有人心道心之异者,则以其或生于形气之私,或原于性命之正,而所以为知觉者不同,是以或危殆③而不安,或微妙而难见耳。然人莫不有是形,故虽上智不能无人心;亦莫不有是性,故虽下愚不能无道心。二者杂于方寸[4]之间，而不知所以治之。则危者愈危，微者愈微，而天理之公，卒无以胜夫人欲之私矣。精，则察夫二者之间而不杂也；一，则守其本心之正而不离也。从事于斯，无少间断，必使道心常为一身之主，而人心每[5]听命焉，则危者安，微者著，而动静云为，自无过不及之差矣。

［注释］　①虚灵知觉：《朱子语类》说："人心本是湛然虚明。"（卷一四）又说："人心之灵，莫不有知。……灵便是那知觉。"（卷一六）朱子认为人的本心是中性，其知觉虚明灵通，朱子称之为虚灵知觉。在朱子的理论系统中，并无"心"即理之"本心"义。心只是虚灵，必须通过格物的工夫，才能知理。孟子认为本心即理，道可当下呈现，虽微而亦至显。由此可知，在这里，朱子理学偏离了孔孟学说。　②一：一源。《朱子语类·性理一》说："人物之性一源。"　③殆：危险。　④方寸：人心（人心不过一寸见方）。　⑤每：常。

［译文］　我曾经议论过，人心的虚灵知觉是一源的；而认为有人心和道心的不同，那是因为人心来自受制于形气的私欲，而道心源于性命之正。人们感觉二者不同，是因为人心危而不安，而道心微妙难明。但是，凡人都要有形躯，所以即使上智之人也不能没有人心；凡人也都要有人的本性，所以即使下愚的人也不能没有道心。人心、道心二者就交错于同一心里。如果不知道如何去对待它们，那人心则将危者愈危，而道心越发微妙难寻。这样，天理的公道，终究无法战胜人欲的私心。"精"就是精察人心（人欲）、道心（天理）的区别，不使它们混淆不清。"一"，就是守住本心之正，而不脱离正道。这么做，一点也不间断，一定会使道心常为一身之主宰，而人心就要经常听命于道心的指使。这样，危险的安稳了，微妙的显著了，而人的动、静、说、做，就会没有过、不及的差错了。

[说解]　按朱子的说法，心是中性的，具备着虚灵知觉，所以会有人心、道心的差别，是因为心或受七情六欲的影响，或遵从仁义礼智而行。徇人欲的人心就是人心，遵从仁义礼智的心就是道心。

据朱子的意思，凡人都有七情六欲，即使上智之人，也不能没有人心，所以需要修身。凡人都有人的本性，即有仁义礼智之心，所以下愚之人也可以通过修养明道。怎样对待人心和道心呢？那就要"惟精惟一"，就是精察人心（人欲）、道心（天理）的区别，而不溺于人欲，守住正道。这样坚持下去，就会使道心成为生命的主宰，使人心听命于道心，人的生命活动就会完全合理而无差错了。

[原文]　夫尧、舜、禹，天下之大圣也。以天下相传，天下之大事也。以天下之大圣，行天下之大事，而其授受之际，丁宁告诫，不过如此，则天下之理，岂有以加于此哉？

[译文]　尧、舜、禹，是天下最圣明的君主；把天下传给另一个人，是天下最重大的事件。作为天下最圣明的君主，从事天下最重大的事情，在传授君位之际，所反复叮嘱告诫的，也不过如此。看来天下的道理没有比"允执厥中"之理更重要的了。

[说解]　朱子认为，以尧、舜、禹等大圣，在做传天下这样大事的时候，所叮咛训勉的，也不过是"惟精惟一，允执厥中"简单几句话。看来天地间的真理，没有比这更重要的了。

这一段，朱子是以历史为依据，说明中庸思想是天地间最高的真理。

［原文］

自是以来，圣圣相承。若成汤[①]、文、武之为君，皋陶、伊、傅、周、召[②]之为臣，既皆以此[③]而接夫道统之传。若吾夫子，则虽不得其位，而所以继往圣，开来学，其功反有贤于尧、舜者。然当是时，见而知之者，惟颜氏、曾氏之传得其宗。及曾氏之再传，而复得夫子之孙子思，则去圣远而异端[④]起矣。

［注释］

①成汤：商（殷）朝开国之君，契的后代，子姓，名履。夏桀无道，汤伐之，遂有天下，国号商，都于亳（bó，今河南商丘一带）。　②皋陶、伊、傅、周、召：五人都是上古有名的大臣。皋陶（gāo yáo），传说是舜的臣。伊尹，商汤王的臣，助汤王伐桀。傅说（yuè），殷时使殷朝中兴的名相。周，周公，姓姬名旦，文王之子，助武王灭纣，稳固了周朝的统治。召（shào），周武王之臣。周成王时，周公、召公共同辅政，史称周召。③此：指“允执厥中”的传统。　④异端：子思生活在战国时代，异端指别于儒家的百家争鸣。

［译文］

从这以后，圣贤与圣贤互相传承。就国君说，有商汤王、周文王、周武王；就大臣说，有皋陶、伊尹、傅说、周公、召公，他们都以“允执厥中”传接道统。至于我们夫子，虽然没有在其位，（既不是圣君，也不是名相。）但能够接续过去圣君、贤相的传统，开创新的学说，他的贡献反而超过了尧、舜。但是在那个时候，发现而了解夫子学说的人，只有颜回和曾子，他们所传的是夫子学说的正宗。等到曾子的再传弟子，又有夫子的孙子子思，不过这时离圣人已经很久远，众多异说开始兴起来。

［说解］

古代“允执厥中”的道统，代代都有圣君名相传承，他们都在其位，能说到做到。而孔子，虽有德而无位，传承传统就困难了。但是，他修明圣道，开创了仁的学说，使中庸之道有了灵魂，其贡献反而大于尧、舜。而当时得孔子学说正宗，传承孔子之道的只有颜回、曾子。颜回早逝，曾子一个人自觉地承担起传承夫子之道的重任。他曾说："士不可以不弘毅（心胸宽广而有毅力），任重而道远。仁以为己任，不亦重乎？死而后已，不亦远乎？"（《论语·泰伯》第七章）承接曾子的是他的再传弟子——孔子的孙子子思，然后又有私淑子思的孟子。不过，到子思时，已是战国时代，出现了百家争鸣的局面，道统的传承就更困难了。

［原文］

子思惧夫愈久而愈失其真也，于是推①本尧、舜以来相传之意，质②以平日所闻父师之言，更互演绎③，作为此书，以诏④后之学者。盖其忧之也深，故其言之也切；其虑之也远，故其说之也详。其曰："天命""率性"，则道心之谓也；其曰"择善固执"，则精一之谓也；其曰"君子时中"，则执中之谓也。世之相后千有余年，而其言之不异，如合符节⑤。历选前圣之书，所以提挈纲维⑥，开示蕴奥⑦，未有若是之明且尽者也。

［注释］

①推：推究。　②质：就正，请评定。　③演绎（yì）：推断引申，理出头绪。　④诏：告诉。　⑤符节：古代朝廷用作凭证的信物。符用竹、木或金属制成，上书文字，分为两半，双方各执其一，使用时以两半相合为验。节也是使臣用作凭证的信物。合符节也用以形容事物两相吻合。　⑥提挈纲维：提纲挈领，即扼其要领。挈（qiè），提举。⑦蕴奥：所含深义。

［译文］　子思担心时间愈久愈失掉道统的真传，于是根据尧、舜以来互相传承的内容加以推究，再用平日所听到的父亲、老师的言论加以评正，互相推断引申，理出头绪，就写成了这本书，用来告诉后来学习的人。由于子思的忧虑颇深，所以语言十分深切；他忧虑长远，所以解说十分详明。他说的“天命”“率性”，是指道心；他说的“择善固执”是指“精一”；他说的“君子时中”，是指“执中”。世事前后发展已一千多年，而他的话都与世事相吻合，一点不差。我一册一册地选读前圣的书，能够把握道统的要领、展示深义的，没有像《中庸》这本书这样明晰详尽的。

［说解］　朱子认为，因为出现了百家争鸣的局面，子思担心因为时间长了而道统失真，所以基于尧、舜相传时提出的“允执厥中”的本意，又据平日听到的父亲和老师的话语，推断引申，理出头绪，写成《中庸》这本书。《中庸》言论深切而详明，表现了子思的忧虑深远。

《中庸》一书的中心思想，不外尧、舜、禹相传的“人心惟危，道心惟微，惟精惟一，允执厥中”这句话。

关于《中庸》一书的作者，在本书的《序言》里已经作了说明，但朱子认为《中庸》是子思所作是缺乏有力根据的。《中庸》一书的写成，应晚于孟子，大概是战国晚期以至秦汉之际的子思、孟子一系的儒者所作。

［原文］　自是而又再传以得孟氏，为能推明是书，以承先圣之统。及其没，而遂失其传焉。则吾道之所寄，不越乎言语文字之间，而异端之说，日新月盛，以至于老、佛之徒出，则弥近理而大乱真矣。然而

尚幸此书之不泯[①]，故程夫子兄弟[②]者出，得有所考，以续夫千载不传之绪[③]，得有所据，以斥夫二家似是之非。盖子思之功，于是为大；而微[④]程夫子，则亦莫能因其语而得其心也。惜乎其所以为说者不传，而凡石氏[⑤]之所辑录，仅出于其门人之所记；是以大义虽明，而微言未析。至其门人所自为说，则虽颇详尽，而多所发明，然倍[⑥]其师说而淫[⑦]于老、佛者，亦有之矣。

［注释］ ①泯：尽，消灭。 ②程夫子兄弟：北宋儒家程颢、程颐兄弟。 ③绪：世业，业绩。 ④微：无，假如没有。只用于和既成事实相反的假设句里。 ⑤石氏：指宋朝石憝，著有《中庸集解》。该书集合了自周濂溪以下凡十家关于《中庸》的论说，并加以解释。 ⑥倍：背弃，背离。通“背”。 ⑦淫：沉浸。

［译文］ 从这以后，又再传，出现了孟子，因为他能推致阐明这本书，来传承先圣的道统。等到他去世之后，道统就失传了。我们儒家的道统，就寄托在语言文字之间。异端邪说，一天比一天新奇盛行，到了道家和佛家的信徒出现，就形成自己的理论而貌似真理，简直让人真假难分。

然而所幸的是，这本书没有消失，所以程夫子兄弟出现，能够有所考据，来接绪千载失传的业绩，并且驳斥老、佛二家那似是而非的谬论也有所根据。说起来，子思的伟大功绩，就在于写成《中庸》这本书。但是假如没有程夫子，也就不能依据书上的话而悟得书的真精神。可惜的是，他们对《中庸》的解说没有传下来，而石憝《中庸集解》所辑录的，只是出于他的门人的记载；因此，书的大义虽然阐明了，但微妙之处并未作分析。至于他的门人各自的说法，虽然很详尽，而且多有发明，但是有的背离了他们老师的思想而沉浸在老、佛学说里了。

[说解]

子思之后，再传至孟子。孟子与弟子著有《孟子》一书，进一步阐明、发展了孔子的学说。但孟子之后，儒学就失其真传了。由秦汉至北宋一千多年，对孔孟的真精神很少有人能了解。等到北宋的周敦颐（濂溪先生）、张载、程氏兄弟出现，才重新体悟到儒学的真精神。二程对《中庸》十分推崇，认为该书是儒家的传心之作。他们据《中庸》的理论来和佛、老的理论抗衡，使儒学的思想重显于世。北宋儒家讲儒学，是先从《易经》和《中庸》开始的。哥哥程颢（明道）对《中庸》进行解说，有《中庸说》传世，但那是他的弟子吕氏（大临）的作品，不是程颢自己写的。而弟弟程颐对《中庸》进行讲解，也没有写成书。所以，现在我们看到的二程关于《中庸》的议论，只是他们平居和弟子等答问之辞，只能看到他们对《中庸》大义的阐述，但并不详细。石𡼖写有《中庸集解》，该书集合了自周敦颐以下凡十家关于《中庸》的论说并加以解释，朱熹还为该书写了序言，还有程氏的门人（如吕氏、游氏、杨氏、侯氏）也各有讲说。朱熹认为，他们的讲说虽然详细，有的却夹杂了佛、老的思想，偏离了儒学的精神。

这一段朱熹讲述了儒学的传承和《中庸》一书在儒学中的重要地位以及至今缺乏解说《中庸》的善本，暗示自己有必要编写《中庸章句》。

[原文]

熹自早岁，即尝受读而窃疑之。沉潜[①]反复，盖亦有年，一旦恍然，似有以得其要领者，然后乃敢会众说而折其中[②]，既为定著章句一篇，以俟[③]后之君子。而一二同志，复取石氏书，删其繁乱，名以《辑略》。且记所尝论辩取舍之意，别为《或问》，以附其后。然后此书之旨，支分节解④，脉络贯通，详略相因，巨细毕举，而凡诸说之同异得失，亦得以曲畅旁通⑤，而各极其趣。虽于道统之传不敢妄议，然初学之士，或有取焉，则亦庶乎行远升高⑥之一助云尔。

淳熙己酉⑦春三月戊申，新安朱熹序。

［注释］ ①沉潜：浸润，深入钻研。 ②折中：调和二者，取其中正，无所偏颇。 ③俟（sì）：等待。 ④支分节解：分章细说，按节解释。 ⑤曲畅旁通：曲折委婉而通畅，彼此融会贯通。 ⑥行远升高：走得更远，登得更高。比喻对学问想进一步究其深奥理论。 ⑦淳熙己酉：宋孝宗十六年（1189 年），朱熹 60 岁。淳熙是宋孝宗年号。

［译文］ 朱熹我从少年时，接受《中庸》的教育，而私下里就怀疑前人对《中庸》的解说。我对《中庸》的深入钻研，反复琢磨，已经有许多年了。一旦恍然大悟，好像掌握了《中庸》一书的要领，于是敢于会合各种说法而取其无偏颇的正确的意见，写成《中庸章句》一篇，以等待后来君子的指教。而一二志同道合的人又选取石憝先生的《中庸集解》，删掉其中繁琐杂乱部分，改称《中庸辑略》。又有人记下了我过去和别人论辩取舍的内容，名为《或问》，附在《中庸章句》之后。这样做了之后，对《中庸》这本书的意思分章细说，按节解释，使全书脉络贯通，详略互补，无论大义、细节都讲述到。至于各种说法的同异得失，也得以曲折委婉而通畅，彼此融会而贯通，各种说法都充分表达了他们各自的意思。虽然我对道统的传承不敢妄加议论，但是初学之士，从本书中也许能受到一些启示，对于那些

想进一步探究儒学道统深奥理论的人来说，也许可以有些帮助吧！

淳熙己酉春三月戊申，新安朱熹序。

[说解]

这一节，朱熹是讲述《中庸》一书的写作缘由及其内容，虽然很谦虚，但对《中庸章句》一书的成就是很有信心的。最后他说："虽于道统之传，不敢妄议；然初学之士，或有取焉，则亦庶乎行远升高之一助云尔。"

《中庸章句》原来附有《中庸辑略》和《或问》，后来大概是怕影响对正文的正确理解，所以把二者拿掉了，但二者对《中庸》的研究是很有帮助的。

一、天命之谓性

[原文]

天命之谓性①，率性之谓道②，修道之谓教③。道也者，不可须臾④离也；可离，非道也⑤。

是故，君子戒慎乎其所不睹，恐惧乎其所不闻⑥，莫见乎隐，莫显乎微⑦，故君子慎其独也⑧。

喜怒哀乐之未发，谓之中⑨，发而皆中节，谓之和⑩。中也者，天下之大本也⑪，和也者，天下之达道也⑫。致中和，天地位焉，万物育焉⑬。

[注释]

①天命之谓性：上天所赋予的就叫做性。命，动词，命令。在这里作赋予讲。　②率性之谓道：遵循本性而行就是道。率，遵循、服从。

③修道之谓教：使人能依其本性而行，懂得什么是道，就叫做教化。修，是修明整理的意思。　④须臾：短暂的时间，一时一刻，一分一秒。⑤可离，非道也：（道是不可背离的，）若可以背离的，就不是道了。⑥戒慎乎其所不睹，恐惧乎其所不闻：在别人看不到的时候也是警诫谨慎，在别人听不到的时候也是畏惧小心。“乎”是“于”的意思。这两句话有另一种解释：“所不睹”“所不闻”暗指道体，意谓：道体深微不可测，不可以耳闻目睹，君子要时刻戒慎，不能违背天理。　⑦莫见乎隐，莫显乎微：不在隐蔽的地方表现自己（逞个人私欲），不在细微的地方显示自己（露出自己本相）。　⑧君子慎其独也：君子一个人独处的时候，也是谨慎小心的。　⑨喜怒哀乐之未发，谓之中：在喜怒哀乐还没有激发出来时（处于性之本然状态），叫做“中”。　⑩发而皆中节，谓之和：喜怒哀乐激发出来都恰如其分，无过无不及，叫做“和”。　⑪中也者，天下之大本也：“中”是天下事物的根本。如一切都无过无不及，井然有序，万物自然生长发育。　⑫和也者，天下之达道也：“和”是天下共由的通行原则。和则通行无阻。　⑬致中和，天地位焉，万物育焉：将中和推致到极点（没有违背中和之处），就会使天地得其位（天尽天职，地尽地责，天地二极以生化为本质），万物得以自然生长发育。

［译文］

上天所赋予的，就叫做“性”，（物各有性，其性乃天所赋予。）遵循本性而行就是“道”，（道非外在，实内在于性中。）使人能依其本性而行，懂得什么是道，就叫做“教化”。（这就是大学的纲领：大学之道在明明德，在亲民，在止于至善。）道是一时一刻、一分一秒也不能背离的，如果背离也可以，那就不是道了。

因此，道德高尚的人，在别人看不到的时候，也是警诫谨慎的；在别人听不到的时候，也是畏惧小心的。不在隐蔽的地方表现自己（逞个人私欲），不在细微的地方显示自己（露出自己的本相）。所以道德高尚的人特别慎独。（在自己一个人态、身份而存在，那就等同于不存在。也可以说，是没有价值意义的存在，是虚假的不真实的存在。名为父子，实同路人。这样的父子关系，我们还能说他们是父子吗？有人也许说，从血缘关系说，他们仍是父子。但是，如果依据自然、生理来看人类社会，那世界将成为一个干枯的、没有价值意义的世界，人的生命也失去了意义：生时只是一块会喘气的肉体，死后只是一具僵尸。

与此相反，当人的道德心呈现时，一切人伦就从不真实的存在成为真实的存在。所以，人的"率性"的道德心是一切人伦关系实现的原理。由于道德心的发用，就创生了一切人间的道德价值。再进一步，由于道德心一旦发用，就不能局限于人，不可以划定界限，既用之于人，也用之于其他物上。所以，圣人必由亲亲而仁民，由仁民而爱物。因此，人见动物被杀、花木被摧残而难过，甚至对无生命的瓦石的毁坏也有怜惜之情，即在这本心良知呈现时，人是与万物为一体的，感到万物皆不在我生命之外。由于人类道德理性的发用，一切存在的价值意义才能彰显出来。

以上是就人的实践说的，如果只局限于人，那么道的真意就不能充分展现出来。由人的率性而展现出来的道，并不只限于人，而是要通达于一切的。这就等于要在自然的世界中创造出价值意义的世界，使一切自然的存在都洋溢着无限的意义。这可以显出人的创造性，这是人之所以可贵的地方。

（三）"修道之谓教"

"修道之谓教"是专就人说的。本来天命之性，率性之道，是人所本有，而不用修的。但人不能无私欲，所以未必能实现天命之性，这就需要有修治的功夫以复其性，尽其性（使本性充分展现）。对这句，朱熹解释说："修，品节之也。性、道虽同，而气禀或异，故不能无过不及之差。圣人因人、物之所当行者而品节之，以为法于天下，则谓之教，若礼乐刑政之属是也。”（《中庸章句》注）所以，“修道并不是说道不完善而须修”。道即天命之性，是圆满至善之理，当然不用修治。“修道”是修治人的私欲、习气，使“率性”能合于道。《大学》开头就说“大学之道，在明明德”，“明明德”就是明道。先明道，才能行道，而使人能明道，要靠教化。除了生而知之者外，其他绝大部分的人都是要通过修道明善的功夫，才能使本有之性实现。一个国家若要使百姓都能明善行道，就须有礼乐刑政等制度。好的礼乐刑政，是要启发人的善心，是为实现人的本性而设的。其中应以礼乐为主，刑政为辅。孔子说：“道之以政，齐之以刑，民免而无耻；道之以德，齐之以礼，有耻且格。”（《论语·为政》第三章）礼乐能使百姓有知耻之心，自觉从善；刑政是一种外在的强制力量，使人不敢做坏事。礼乐与刑政二者应该相辅相成，只强调一方面会出现偏差。儒家所说的教化，含伦理与政治。儒家从不把“圆满”局限在个人的成德上。儒家讲究修身、齐家、治国、平天下，政治实际上是伦理之道的推广。修、齐、治、平，是仁心本性的渐次实现，也就是天道的实现历程。

（四）“道也者，不可须臾离也；可离，非道也”

“可离，非道也”。为了强调道的不可离，上一句就先提出“不可须臾离”。这是对当时的虚无主义和道的外在论者（主张道是道、人是人）的驳斥。

但是世间常常发生违道的事情，做到真正不离道不容易。这是因为人受私欲的蒙蔽，顺着私欲的要求行动，就背离了道，甚至走上犯罪的道路。孔子为此慨叹说：“谁能出不由户？何莫由斯道也？”（谁能外出不由房门经过呢？为什么没有人从这一条仁义之路走呢？见《论语·雍也》第十七章。）社会上每个人都有七情六欲，为什么社会还能正常运转不陷入混乱？因为人除了七情六欲之外还有良知，良知可以随时呈现，使人自觉地走正路。如能教化跟上，自觉走正路的人会越来越多，社会自然会安定和谐。

（五）“是故，君子戒慎乎其所不睹……故君子慎其独也”

朱熹对“戒慎乎其所不睹，恐惧乎其所不闻”解释说：“君子之心常存敬畏，虽不见闻，亦不敢忽。所以存天理之本然，而不使离于须臾之顷也。”（《中庸章句》注）即在日常生活中，常做戒惧的功夫。在众目所视的情况下，一般人都会遵纪守法，不背离道，不干丧良心的事。问题是在幽暗而为别人所不能见到和听到的地方，思想就容易偏离。一个有道德修养的君子，在这种情况下，更要谨慎小心，而不敢有丝毫不合道的念头，务使此心时刻都合于道。他怕什么？他不是怕人看到听到，不是怕有害于个人的声誉，也不是怕受到责罚，而是怕私欲滋长背离道。一个人一旦背离道，就难于为人，生活也失去意义了。曾子的“吾日三省吾身”，就给我们做出了守约慎独的榜样。

朱熹对“莫见乎隐，莫显乎微，故君子慎其独也”解释说：“隐，暗处也；微，细事也。独者，人所不知而己所独知之也。言幽暗之中，细微之事，迹虽未形，而几则已动。人虽不知而己独知之，则是天下之事，无有著见明显而过于此者。是以君子既常戒惧，而于此尤加谨焉。所以遏人欲于将萌，而不使其滋长于隐微之中，以至离道之远也。”（《中庸章句》注）朱子的解释十分明白，所说的是儒学的最内部的修养功夫。省察意念的至隐至微之处，看意念是真是妄，是善是恶，这是穷根究底的功夫。必如此省察，才会照见生命的妄根，能照见最深微的妄根而拔除之，生命才会真实。如果不下这样的功夫，人的一生可能都在虚伪造作中而不自知。所谓慎独之“独”，按朱子的解释是指“意念”，这是只有自己一个人才知道的。必须使意念真实无妄，人的真生命才能呈现，这和《大学》所说的“诚意”的功夫是相同的。《大学》的“诚意”章也再三强调了慎独。什么叫“诚意”？“诚意”就是“毋自欺”。自欺不自欺是意念上的事。好的意念真实无妄，那就是“诚”。有坏的意念故意掩盖，那就是“不诚”。这需要自己作判断决定，所以“君子必慎其独”。《大学》还指出，“不诚意”的人尽管做假象来掩盖其不诚，但怎样做假也掩盖不了。《大学》说：“小人闲居为不善，无所不至，见君子而后厌然，掩其不善而著其善。人之视己，如见其肺肝然，则何益矣！此谓诚于中，形于外，故君子必慎其独也。”

（六）“喜怒哀乐之未发……和也者，天下之达道也”

君子慎独，使自己意念时时合于道。自己意念怎样才能合于道？就是不偏不倚，无过无不及。这是喜怒哀乐处于“未发状态”，我们称之为“中”。看来人的意念合于“中”而且长时间处于“中”的状态并不容易。受佛教影响的宋儒为此发明了“静坐”的功夫，就是使人与纷乱的现实生活隔离开来，静坐养心，使本心性体容易呈现。

当人的本心呈现时，自然能使自己的生命表现得合理。当事物来时，“是”的自然知其是，“非”的自然知其非；该喜的自然会喜，该怒的自然会怒，该哀的自然会哀，该乐的自然会乐。一切都恰如其分，无过无不及，即“发而皆中节”，这就是“和”。“中”是天下事物的根本，“和”是天下共由的通行原则。如果背离“和”，天下事物就难于顺利发展前进。

（七）“致中和，天地位焉，万物育焉”

人尽性，就是将自己善良的本性充分展现出来，将中和推至极点。没有违背中和之处，一切都恰如其分，就会使天地各得其位，天尽天职，地尽地责。天地二极，以生生为本质，如果天地得其位，万物就会得以自然生长发育。这是人所以能参赞天地之化育的缘故。如果在乱世,人难尽性,一切都违“中和”,不但人难以自然生长化育,连山川草木一切万物也难以自然生长化育。

当然,这一最高理想——致中和,天地位,万物育,是要人不断努力才能实现的。对这句话,朱熹解释说:“盖天地万物本吾一体,吾之心正,则天地之心亦正矣;吾之气顺,则天地之气亦顺矣;故其效验至于如此。此学问之极功,圣人之能事。初非有待于外,而修道之教,亦在其中矣。”

对第一章的大意,朱熹总结说:“右第一章,子思述所传之意以立言。首明道之本原出于天而不可易,其实体备于己而不可离。次言存养省察之要,终言圣神功化之极。盖欲学者于此反求诸身而自得之,以去夫外诱之私,而充其本然之善。杨氏(即杨时,人称龟山先生)所谓一篇之体要是也。其下十章,盖子思引夫子之言以终此章之义。”

[附录]

《朱子语类》卷第六十二《中庸一》

首章是全书纲领,内容又多,所以《朱子语类》在本章有一百二十多条问答。今摘录其中十四条,以帮助大家理解原文。

问:“‘天命之谓性’,此只是从原头说否?”

曰:“万物皆只同这一个原头。圣人所以尽己之性,则能尽人之性,尽物之性,由其同一原故也。若非同此一原,则人自人之性,物自物之性,如何尽得?”

问:“‘率性之谓道,率,循也。’此‘循’字是就道上说,还是就行道人上说?”

曰:“诸家多作行道人上说,以率性便作修为,非也。率性者,只是说循吾本然之性,便自有许多道理。性是个浑沦底物,道是个性中分派条理,循性之所有,其许多分派条理即道也。‘性’字通人、物而言。但人、物气禀有异,不可道物无此理。程子曰:‘循性者,牛则为牛之性,又不做马底性;马则为马底性,又不做牛底性。’物物各有这理。只为气禀遮蔽，故所通有偏正不同。然随他性之所通，道亦无所不在也。”

问：“伊川云：‘天命之谓性，率性之谓道’，此亦通人、物而言；‘修道之谓教’，此专言人事。”

曰：“是如此。人与物之性皆同，故循人之性则为人道；循马牛之性则为马牛之道。若不循其性，令马耕牛驰，则失其性，而非马牛之道矣，故曰‘通人、物而言’。”

问：“‘率性之谓道’通人、物而言，则‘修道之谓教’，亦通人、物。如‘服牛乘马’（牛、马驾车），‘不杀胎，不夭殀’，‘斧斤以时入山林’，此是圣人教化不特在人伦上，品节防范而及于物否？”

曰：“也是如此，所以谓之‘尽物之性’。但于人较详，于物较略；人上较多，物上较少。”

问：“‘道也者，不可须臾离’与‘莫见乎隐’两段，分明极有条理，何为前辈都作一段滚说去？”

曰：“此分明是两节事。前段有‘是故’字，后段有‘故’字。圣贤不是要作文，只是逐节次说出许多道理。若作一段说，亦成是何文字！所以前辈诸公解此段繁杂无伦，都不分明。”

问：“旧看‘莫见乎隐，莫显乎微’两句只谓人有所愧歉于中，则必见于颜色之间，而不可掩。昨闻先生云：‘人所不知而己所独知处’，自然见得愈是分晓。如做得是时，别人未见得是，自家先见得是；做得不对时，别人未见得非，自家先见得非。如此说时，觉得又亲切。”

曰：“事之是与非，众人皆未见得，自家自是先见得分明。”又曰：“有动于中，己固先自知，亦不能掩人之知，所谓诚之不可掩也。”

黄灏谓：“戒慎是统体做工夫，慎独是又于其中紧切处加工夫，犹一经一纬而成帛。”

先生以为然。

问：“慎独？”

曰：“是从见闻处至不睹不闻处皆戒慎了，又就其中于独处更加慎也。是无所不慎，而慎上更加慎也。”

问：“‘不睹不闻者’，己之所不睹不闻也；‘独’者，人之所不睹不闻也。如此看,便见得此章分两节事分明。”

先生曰:“‘其所不睹不闻’,‘其’之一字,便见得是说己不睹不闻处,只是诸家看得自不仔细耳。”

又问:“如此分两节工夫,则致中、致和工夫方各有着落,而‘天地位,万物育’亦各有归着。”

曰:“是。”

问:“《中庸》工夫只在‘戒慎恐惧’与‘慎独’。但二者工夫,其头脑又在道不可离处。若能识得全体、大用皆具于心,则二者工夫不待勉强,自然进进不已矣。”

曰:“便是有个头脑。如‘天命之谓性,率性之谓道,修道之谓教’。古人因甚冠之首章?盖头脑如此。若识得此理,则便是勉强,亦有个着落矣。”

问:“《中庸》一篇,学者求其门而入,固在于‘慎独’。至下文言‘中’之已发未发者,此正根本处。未发之时,难以加毫末之功。当发之际,欲其中节,不知若何而用工?得非即其所谓‘戒慎恐惧’,‘莫见乎隐’之心而乃底于中节否?”

曰:“慎独是结上文一节之意。下文自是一节,发明‘中’与‘常行之道’。欲其中节,正当加慎于欲发之际。”

问:“‘浑然在中’,恐是喜怒哀乐未发,此心至虚,都无偏倚,停停当当,恰在中间。《章句》所谓‘独立而不近四傍,心之体,地之中也。’”

曰:“在中者,未动时恰好处;时中者,已动时恰好处。才发时,不偏于喜,则偏于怒,不得谓之在中矣。然只要就所偏倚一事,处之得恰好,则无过、不及矣。盖无过、不及,乃无偏倚者之所为;而无偏倚者,是所以能无过、不及也。”

问:“致中和。”

曰:“‘致中和’,须兼表里而言。‘致中’,欲其无少偏倚,而又能守之不失;‘致和’,则欲其无少差谬,而又能无适不然。”

问:“‘致中和,天地位,万物育’,此以有位者言。如一介之士,如何得如此?”

曰:“若致得一身中和,便充塞一身;致得一家中和,便充塞一家;若致得天下中和,便充塞天下。有此理便有此事,有此事便有此理。如‘一日克己复礼,天下归仁’。如何一日克己于家,便得天下以仁归之?为有此理故也。”

二、君子中庸

[原文] 仲尼①曰:“君子中庸②,小人反中庸。君子之中庸也,君子而时中③;小人之反中庸也,小人而无忌惮④也。”

[注释] ①仲尼:孔子名丘,字仲尼。后人有人认为《中庸》的作者直称孔子为仲尼很不礼貌,所以据此认为《中庸》不是子思写的,因为子思不会直称祖父为仲尼。 ②中庸:朱熹注说:中庸是不偏不倚,无过无不及,而平常之理。 ③时中:随时都能实现中庸之道。 ④小人而无忌惮:小人违反中庸,无所畏惧,而胡作非为。

[译文] 孔子说:“君子言行常守不偏不倚的中庸之道,而小人的言行则背离中庸之道。君子守中庸,随时都能实现中庸之道(做到恰到好处);而小人则违反中庸,无所畏惧而胡作非为。”

[说解] 从本章到十一章都是用孔子的话解释首章的意思。

在这一章里,孔子指出能否守中庸之道是区分君子小人的标准。只有君子能常守不偏不倚的中庸之道,因为君子有君子之德，又能慎独，戒慎恐惧，谨守天所赋予的性，不敢放失。不论何时，也不论面对何事，都能有恰当的表现，无过无不及。如孟子说孔子："可以仕则仕，可以止则止。可以久则久，可以速则速。"（《孟子·公孙丑上》）孔子自己说："五十而知天命，六十而耳顺，七十而从心所欲不逾矩。"（《论语·为政》第四章）孔子70岁时，从心所欲都合乎中庸之道。

小人的心，因受私欲的蒙蔽，良知放失，只剩下私心。从私心之所欲，就要违反中庸之道。君子的戒慎恐惧，他们是没有的。原本作"小人之中庸也"，魏王肃本作"小人之反中庸也"，程子以为然。

[附录]

《朱子语类》卷第六十三《中庸二》

或问："君子之中庸也，君子而时中。"

曰："君子只是说个好人，时中只是说做得个恰好的事。"

问："时中。"

曰："自古来圣贤讲学，只是要寻讨这个物事。"语讫，若有所思然。他日又问，先生曰："从来只有六七个圣人把得定。"

问："如何是'君子之德'与'小人之心'？"（据第二章注）

曰："为善者，君子之德；为恶者，小人之心，君子而处不得中者有之，小人而不至于无忌惮者亦有之。惟其反中庸，则方是其无忌惮也。"

三、中庸其至矣乎

［原文］ 子曰："中庸其至①矣乎！民鲜能久矣②。"

［注释］ ①至：至善至美。 ②民鲜能久矣：这句话有两种解释。一种是东汉郑玄的解释，他说："言中庸为道至美，顾人罕能久行。"意思是说，人不能长久地实行中庸之道。朱熹的解释是："过则失中，不及则未至。故惟中庸之德为至。然亦人所同得，初无难事；但世教衰，民不兴行，故鲜能之，今已久矣。"意思是说，人不能行中庸之道，时间已经很久了。

［译文］ 孔子说："中庸作为一种道德，该是至善至美的了。人民不能遵守这种道德，时间已经很久了。"

［说解］ 这一章原在《论语·雍也》第二十九章，而文辞稍异。《论语》的原文是："子曰：'中庸之为德也，其至矣乎！民鲜久矣。'"孔子的话一方面赞颂中庸的至善至美，一方面又慨叹人们很少能遵守中庸之道。这种世衰道微的现象，从历史上看，时间已经很久了。

中庸是无过无不及。可是人们往往认为中庸就是"不过火"，这是片面的。中庸也反对"不及"。朱熹作《皇极辩》，指责当时诸儒把中庸说成"只是含糊苟且，不分是非，不辨黑白。遇当做的事，只略做些，不要做尽"。

孔子论德主中庸。子张（颛孙师）和子夏（卜商）是孔子的得意弟子，他们身上有许多优点。当子贡问孔子他们二人谁更好一些时，孔子说："师也过，商也不及。"当子贡认为"过"比"不及"好一些时，孔子说："过犹不及。"（《论语·先进》第十六章）两位好学生在品德修养上还差在哪里呢？就差在有所偏而不合中庸之道。在众弟子中，孔子认为颜回能坚守中庸之道。他说："回之为人也，择乎中庸。得一善则拳拳服膺，而弗失之矣。"（见《中庸》第八章）

至于为什么"民鲜能久矣"，请看下一章。

四、道之不行也

［原文］

子曰："道①之不行②也，我知之矣；知③者过之，愚者不及也。道之不明也，我知之矣；贤者过之，不肖④者不及也。人莫不饮食也，鲜能知味也。"

［注释］

①道：指夫子提倡的中庸之道。　②行：宋人司马光、王安石等引这段文时，"行"字都写作"明"，下文的"道之不明"的"明"都写作"行"。从知愚说"明"，从贤不肖说"行"，是较为合理的。　③知：即"智"。　④不肖（xiào）：肖，类似。不肖原指子不似父。《孟子·万章上》说："丹朱（尧之子）之不肖，舜之子亦不肖。"后来称不孝之子为不肖，也称不贤之人为不肖。

［译文］

孔子说："中庸之道不能够施行，我是知道的；聪明的人做得过分，愚笨的人又做得不够。中庸之道不能够倡明，我是知道的；贤能的人做得过分，不贤的人又做得不够。人没有不吃喝的，却很少有能懂得滋味好坏的。"

［说解］ 这一章接续前一章解释为什么“中庸其至矣乎！民鲜能久矣”。中庸之道是循性而行，无过无不及。而人们，不论是智者、愚者，也不论是贤者、不肖者，不懂得这个道理，做起事来，不是过分，就是不及。中庸之道本不可须臾离，对人来说，就像饮食一样，人每天都要饮食，但是有多少人懂得饮食的滋味？于是把臭的当作香的吃了，把苦的当作甜的吃了。有多少人懂得中庸之道的真谛？所以做起事来，不是过分，就是不及。

也许有人认为聪明人懂得中庸之道，那么他们做起事来符合中庸之道吧？不对。也许有人认为愚笨的人能循性而行，那么他们做起事来符合中庸之道吧？也不对。聪明人把道想得很玄远。如与孔子同时而稍早的老子就认为“道可道，非常道”。“中庸之道”是平常的、可道的，所以在道家眼里，中庸之道不是“道”。基于这种理论，在政治上，道家主张“无为而治”，许多政府应该干的事情就不必干了，这就大大违背了中庸之道。后来的佛家说“空”，基督教说“原罪”（人偷吃禁果，生来就有罪）。聪明人大都信奉了道教（特别是魏晋时期），后来又有许多人信奉了佛教或基督教。这样，中庸之道就显得平常而不值得施行了。

愚笨的人也许单纯一些，但不能没有私心杂念，这就影响他不能行中庸之道。

儒家的理论不离开人，人有天赋之性，“率（循）性之谓道”，主张还他良知本色，不必外求。性与天道一体，循性而行，即行中庸之道，即可体悟天道。中庸之道就其高明处说，是极高明的，没有别的理论能超过它。

道本不可须臾离，实际上人是天天生活在道中，依赖着道而生存。从日常生活、礼俗习惯上，我们都可以见到道的存在。一般人虽然生活在道中，却不懂得什么是道，而能自觉地去行道。正如孟子所说:“行之而不著焉,习矣而不察焉,终身由之而不知其道者,众矣。”(《孟子·尽心上》第五章)朱子说:“此道之所以常不明也。”(《中庸章句》注)

[附录] **《朱子语类》卷第六十三《中庸二》**

问:“道之不明、不行。”

曰:“今人都说得差了。此正分明交互说:知者恃其见之高,而以道为不足行,此道之所以不行;贤者恃其行之过,而以道为不足知,此道之所以不明。如舜之大知,则知之不过,而道所以行;如回之贤,则行之不过,而道所以明。”

问:“知者如何却说‘不行’?贤者如何却说‘不明’?”

曰:“知者缘他见得过高,便不肯行,故曰‘不行’;贤者资质既好,便不去讲学,故云‘不明’。知如佛、老皆是,贤如一种天资好人皆是。”

五、道其不行矣夫

[原文] 子曰:“道其不行矣夫[1]!”

[注释] ①夫:通作“乎”。其……夫,表示深深感叹的语气。

[译文] 孔子说:“道恐怕真的不能实行了!”

[说解] 朱熹说:“此章承上章,而举其不行之端,以起下章之意。”(《朱子章句》注)

本章虽只是一句感叹,但从中可以看出圣人的慈悲情怀。

孔子一生都在行道,他希望中庸之道行于世,人人成为君子,世界实现大同,所以见“道之不行”才发出深深的感叹。这句感叹,体现了孔子悲天悯人的情怀。

孔子第一次去卫国时,经过仪邑(在今天的河南兰考境内),仪邑的边防官求见孔子。这位官员见识高远,凡是路过仪邑的有道德学问的君子,他都要亲自拜见。他见的君子很多,当然对每位君子都有自己的看法。他见到孔子后,给予孔子极高的赞誉。他断言:“天下之无道也久矣,天将以夫子为木铎。”(《论语·八佾》第二十四章)木铎是铜质木舌的大铜铃,古时行政官员用它来召集群众,宣传政教法令。仪邑的边防官把孔子比作木铎,认为孔子能担负起教化群众、改变世风、使天下由无道变成有道的重任。孔子正是自觉地担负起了这一重任,而且认为这是“天命”(仪邑的边防官也认为这是天命)。孔子“五十而知天命”。孔子第一次离开鲁国去卫国经过仪邑时,已经55岁了。孔子61岁时,在宋国受到司马桓魋的迫害,弟子们很担心老师的安全,孔子却说:“天生德于予,桓魋其如予何!”孔子要替天行道,到了晚年,见“道之不行”,才深有感慨。但孔子并没有因此而消极,虽不得位,但广招弟子,删《诗》《书》,定礼乐,希望把道传下去。朱熹赞扬孔子:“继往圣,开来学,其功反有贤于尧、舜者。”(《中庸章句序》)

有人怀疑孔子对天的感情是圣人性格的弱点,这种想法太幼稚。人的思想境界不能停留在一个水平面上,忙于名利等生活琐事。人的思想应该是向上的、立体的,应该有超越感(于是有了宗教)。孔子对天是敬畏的,把行道认为是天赋予自己的使命,自己活着就是为了完成这一使命。世界上的先知先觉者大多是这样。一个健康的人格,应该有超越感,如果缺乏超越感,对超越者没有真诚的虔敬与信念,那么一个人不可能成就伟大的人格，一生将是庸庸碌碌，深陷在日常的琐务之中。

六、舜其大知也与

［原文］

子曰："舜其大知也与①！舜好问而好察迩言②；隐恶而扬善③，执其两端④，用其中于民⑤，其斯以为舜⑥乎！"

［注释］

①舜其大知也与：知，即智。这句不是疑问句，而是感叹句，赞叹舜是大智。　②好问而好察迩言：好问，即不耻下问。迩言，朱熹注"浅近之言"。即浅近之言也留意考察。有人把"迩言"解释为左右亲近人的话，"察迩言"免受蒙蔽。两相比较，前一种讲法好，看出舜的心胸广阔，善与人同。　③隐恶而扬善：不是说自己，而是说对别人。对于别人言论中的不善的，隐而不宣；对于善的，则加以大力宣扬。看出舜的心地广大、光明。　④两端：即议论中的正反两方面的道理。　⑤用其中于民：采用中庸之道（最恰当的做法）施行于民众。　⑥其斯以为舜：这就是舜之所以为舜。斯，此、这样。

［译文］

孔子说："舜可以说是最聪明的人了！舜能不耻下问，而且喜欢体察人们浅近的话语。对别人言论中不好的地方，隐而不宣；对别人言论中好的地方，则加以大力宣扬。把握议论中的正反两方面的道理，不偏袒任何一方，采用中庸之道（最恰当的做法）施行于民众，这就是舜之所以为舜的缘故吧！"

[说解] 这一章是用舜的大智的表现来说明中庸之道。那么,从什么地方可以看出舜的大智呢?

首先是“好问”。有不懂的问题就向别人请教,不论对方是什么人。许多人认为好问就显出自己的无能,于是不懂也装懂。(这实际是自欺、不诚。)真的要问,也要看对象,要问比自己高明的。为师的不能向弟子请教,大学教授不能向中学教师请教,中学教师不能向小学教师请教,为官的不能向百姓请教,为父祖的不能向子孙请教,智者不能向愚人请教,贤者不能向不肖者请教。而舜则不耻下问。

其次是“好察迩言”。舜虽是大智,却并不自以为智,他觉得虽浅近之言也要仔细考察。“道”无所不在,浅近之言中当然也有道在,只是一般耍小聪明的人看不出来罢了。北宋程颐说:“造道深后,虽闻常人言语浅近,莫非义理。”

再次是“隐恶扬善”。孟子说:“大舜有大焉,善与人同,舍己从人,乐取于人以为善。自耕稼陶渔以至为帝,无非取于人者。取诸人以为善,是与人为善者也。故君子莫大乎与人为善。”(《孟子·公孙丑上》第八章)抱着“与人为善”的思想,舜是只见人之善,而不觉人之不善。明朝王阳明对舜的这一高贵品质解释说:“一友常易动气责人。先生(王阳明)警之曰:‘学须反己,若徒责人,只见得人不是,不见自己非。若能反己,方见自己有许多未尽处,奚暇责人?舜能化得象(弟弟)的傲,其机栝(关键)只是不见象的不是。若舜只要正他的奸恶,就见得象的不是了。象是傲人,必不肯相下,如何感化得他?’”(《传习录》卷下)

最后是“执其两端,用其中于民”。这句的意思不是说将正反两方面加以折中便可得中。“中”不是在事的表面上,过与不及也不能用数量来衡量。“中”与“不中”,决定在内心的判断。第一章说“率性之谓道”,真是心里没有私心杂念,是本心所自然流出，它作出的判断是不偏不倚，是合理的。当然这个决定的作出也要有依据，那就是前面说的“好问而好察迩言……执其两端”。孟子说：“舜明于庶物，察于人伦。由仁义行，非行仁义也。”（《孟子·离娄下》第十九章）说的就是本章的意思。舜的言行，都是从他的本心自然流出，都是合于仁义的。他不是有所为地去“行仁义”，而是他的天性自然如此。天性之自然就合乎仁义。《孟子·尽心》对此理作了详细的阐述。

舜是智者，但与一般的智者不同，他是“大智”，他的言行都合于中庸之道。朱子在《中庸·或问》中说：“言如舜之知而不过，则道之所以行也。盖不自恃其聪明，而乐取诸人者如此，则非知者之过矣。又能执两端而用其中，则非愚者之不及矣。此舜之知所以为大，而非他人之所及也。”

［附录］

《朱子语类》卷第六十三《中庸二》

问：“隐恶而扬善。”

曰：“其言之善者播扬之，不善者隐而不宣，则善者愈乐告以善，而不善者亦无所愧而不复言也。若其言不善，我又扬之于人，说他底不是，则其愧耻，不复敢以言来告矣。此其求善之心广大如此，人安得不尽以其言来告？而吾亦安有不尽闻之言乎？盖舜本自知，能合天下之知为一人之知，而不自用其知，此其知之所以愈大。若愚者既愚矣，又不能求人之知而自任其愚，此其所以愈愚。惟其知也，所以能因其知以求人之知而知愈大；惟其愚也，故自用其愚，而不复求人之知而愈愚也。”

或问：“执其两端而用其中。”

曰：“天下事，一个人说东，一个说西。自家便把东西来斟酌，看中在哪里？两端如厚薄轻重。‘执其两端，用其中于民’，非谓只于二者之间取中。当厚而厚，即厚上是中；当薄而薄，即薄上是中。轻重亦然。”

又曰:"'执'字只是把来量度。"

才卿问:"'两端,谓众论不同之极致。'且如众论有十分厚者,有一分薄者,取极厚极薄之二说而折中之,则此为中矣。"

曰:"不然,此乃'子莫执中'也,安得谓之中?两端只是个'起止'二字,犹云起这头到那头也。自极厚以至极薄,自极大以至极小,自极重以至极轻,于此厚薄、大小、轻重之中,则其中间如何见得便是中?盖或极厚者说得是,则用极厚之说;极薄之说是,则用极薄之说;厚薄之中说得是,则用厚薄之中者之说。至于轻重、大小,莫不皆然。盖惟其说之是者用之,不是弃其两头不用,但取两头之中者以用之也。且如人有功当赏,或说合赏万金,或说合赏千金,或有说当赏百金,或又有说合赏十金。万金者其至厚也;十金,其至薄也。则把其两头自至厚以至至薄,而精权其轻重之中,若合赏万金,便赏万金;合赏十金,也只得赏十金,合赏千金便赏千金,合赏百金便赏百金,不是弃万金、十金至厚至薄之说,而折取其中以赏之也。"

问:"舜是生知,如何谓之'择善'?"

曰:"圣人也须择,岂是全无所作为!他做得更密。生知、安行者,只是不似他人勉强耳。尧稽于众,舜取诸人,岂是信采行将去?某尝见朋友好论圣贤等级,看来都不消得如此,圣贤依旧是这道理。如千里马,也须使四脚行,驽骀(nú tái,劣马)也是使四脚行,不成说千里马都不用动脚便到千里!只是他行得较快尔。"

七、人皆曰予知

[原文] 子曰:"人皆曰'予知'①,驱而纳诸罟②、擭③、陷阱之中而莫之知辟④也。人皆曰:'予知',择乎

中庸而不能期月守也[5]。”

［注释］

①予知：我聪明。　②纳诸罟：纳之于罟，被赶进罗网。罟（gǔ），网的通称。　③擭（huò）：一种捕兽的器械。　④莫之知辟：莫知辟之。“之”是宾语，在否定句中，代词作宾语要前置。辟，即“避”。⑤择乎中庸而不能期月守也：人即使能选择中庸之道（正理），却连一个月都不能坚持。期月，有两种讲法：一整月，一整年。在这里作“一整月”讲。

［译文］

孔子说：“人们都说‘我聪明’，但被人赶进罗网、捕兽的笼子或陷阱时，不知道躲避。人们都说‘我聪明’，但选择了中庸之道后，连一个月都不能坚持。”

［说解］

人们都认为自己聪明，干什么事从不吃亏，但有人为你设下罗网和陷阱，用名利去引诱你时，你认识不清，不知道躲避而落入罗网或陷阱。孔子用这个比喻的意思是说有些“聪明人”被人引入歧途甚至走上犯罪的道路却不自觉。还有些自认为自己聪明的人——这些人也的确比较聪明，他们能认清是非善恶，你为他设下罗网、陷阱，他不会上当，而且他知道什么是人应该走的正道——中庸之道，但他没有力量摆脱私欲的干扰，所以他即使想走中庸之道，也不能长期坚持。

人真正想成为智者，必须排除私欲的干扰，使本心呈现，而坚持中庸之道。核心是一个“诚”字。“不诚”，一切都是无用的。天道的运行也是一个“诚”字。《中庸》的后半，主要是阐述“诚”，这是《中庸》一书的中心。

八、回之为人也

［原文］

子曰："回①之为人也，择乎中庸，得一善，则拳拳服膺②而弗失之矣。"

［注释］

①回：孔子最得意的弟子颜回，字子渊，所以也称颜渊。早逝。

②拳拳服膺：拳拳，恳切、忠谨的样子。服膺，牢记在胸中，衷心信服。膺(yīng)，胸。

［译文］

孔子说："颜回的为人，是选择了中庸之道，(并且)得到这一善道后就恳切忠谨地牢记在胸中，衷心信服，而不再丢掉它。"

［说解］

本章是以颜回为例，正面阐述第七章的道理。

在选择和坚守中庸之道上，颜回与那些自认为聪明的人真是大不相同啊！颜回才是真正的智者。

颜回是孔子最得意的弟子。可是在《论语》中，颜回的言论很少。《论语》一开始，孔子就赞扬了颜回的优点："子曰：'吾与回言终日，不违如愚。退而省其私，亦足以发，回也不愚。'"(《论语·为政》第九章)孔子整天和颜回讲学问，他从不提出问题和不同意见，像是很愚。颜回为什么会这样？有两种可能：一种是真正听懂了，一种是没有听懂，又不好意思提问。从孔子后面的话看，颜回不但听懂了，而且有所发挥。孔子因材施教，对颜回这样能闻一知十的天才，一定讲授一些最高深的理论，并且一讲就是"终日"，而颜回都能消化吸收。这和颜回深谙中庸之道是分不开的。对一个理论的正确理解，不发生过和不及（这一点很难），必须有择“中”的能力。

孔子还赞扬颜回“三月不违仁”，这是由于他能“得一善，则拳拳服膺，而弗失之”。一个人心中不违仁，外人怎么会知道？因为“诚于中”，则必然“形于外”。颜回的心中不违仁，表现在多方面：如“不迁怒，不贰过”（从不拿别人出气，也从不犯同样的过错）（《论语・雍也》第三章），“无伐善，无施劳”（不夸耀自己的长处，不表白自己的功劳）（《论语・公冶长》第二十六章），等等。通过对待生活的态度也能看出颜回心中之仁。孔子说：“贤哉，回也！一箪食，一瓢饮，在陋巷，人不堪其忧，回也不改其乐。贤哉，回也！”（《雍也》第十一章）颜回生活在人不堪其忧的环境中，而能不改其乐，与现实的痛苦世界若无交涉，他乐在何处？

孔子在谈到自己对生活的态度时也说：“饭疏食，饮水，曲肱而枕之，乐亦在其中矣。”（《述而》第十六章）师徒二人所乐的，并不是那种贫苦生活。孔子在这两段话中所说的“乐”，是指“知天（中庸之道）”“乐天（中庸之道）”的那种洒脱的精神境界。

说很容易，真正能领会那种精神境界却是很难的。宋代大儒周敦颐给弟子们讲授本章时，教他的弟子们“寻孔颜乐处，所乐何事”，这道练习题留得非常好。周敦颐确是认识到了孔颜精神境界的核心处。

如果说颜回的“不迁怒，不贰过”是消极的克己的工夫，那么本章的“得一善，则拳拳服膺而弗失之”则是积极地坚持中庸之道，守住本心善性的精神。合此二者，就可以看出颜回的修持工夫，无人可及。

“择乎中庸”是“智”，而“得一善，则拳拳服膺而弗失之”是“仁”。这就是“知及之，仁能守之”（《论语・卫灵公》第三十三章）。由颜回的“得一善，则拳拳服膺”，可见其内心之

"诚",这里已显出《中庸》后半部言诚的意义。

[附录] **《朱子语类》卷第六十三《中庸二》**

问:"颜子择中与舜用中如何?"

曰:"舜本领大,不大故着力。"

吕氏说颜子云:"随其所至,尽其所得,据而守之,则拳拳服膺而不敢失;勉而进之,则既竭吾才而不敢缓。此所以恍惚前后而不可为像,求见圣人之止;欲罢而不能也。"此处甚缜密,无些渗漏。

九、天下国家可均也

[原文] 子曰:"天下国家可均①也,爵禄可辞②也,白刃可蹈③也,中庸不可能④也。"

[注释] ①均:一般都作治理解。朱熹注说:"均,平治也。"有人解作"分",意思是天下国家可以分给别人。 ②爵禄可辞:爵禄可以辞退。爵是公侯伯子男等爵位。禄,俸禄。 ③蹈(dǎo):践踏,踩。 ④中庸不可能:中庸之道不能做到。

[译文] 孔子说:"天下国家是可以治理好的,爵位俸禄是可以辞退的,锋利的、白亮的刀刃是可以踩上去的,中庸之道是不能做到的。"

[说解] 天下国家可均是凭智力,爵禄可辞表现仁德,白刃可蹈是凭勇气。从历史来看,把天下国家治理好、辞退爵禄、从容就

义是很难的事情，但凭智力、仁德、勇气是可以做到的。如秦皇、汉武、齐桓、晋文，有的统一了天下，有的建立了霸业；又如晋国的介之推，为逃避晋文公的封赠而自焚；“慷慨捐躯易，从容就义难”，如子路从容死于卫国的内乱、荆轲刺秦王等。

上述难能之事，凭智、仁、勇都有人可以做到，但中庸之道很少有人真正做到。它是否比均天下国家、辞爵禄、蹈白刃更难？其实并不难。中庸之道是日常生活的常道，如父慈、子孝、兄友、弟恭、诚信待人等，都是人人可以做到的，但能坚持中庸之道的很少。孔子的著名弟子如子张、子夏等不是过，就是不及。朱熹为这句作注说：“均，平治也。三者亦智、仁、勇之事，天下之至难也，然不必其合于中庸，则质之近似者，皆能以力为之。若中庸，则虽不必皆如三者之难，然非义精仁熟，而无一毫人欲之私者，不能及也。三者难而易，中庸易而难也。此民之所以鲜能也。”（《中庸章句》注）就拿父慈子孝来说，父慈常常偏于溺爱，子孝往往流于形式。如孔子所说：“色难，有事弟子服其劳，有酒食先生馔，曾是以为孝乎？”（《论语·为政》第八章）所以，就是最常见的父子关系，也难以做得合乎中庸之道。

此章也是承上章以起下章。

［附录］ **《朱子语类·中庸二》卷第六十三**

问：“‘天下国家可均’，此三者莫是智、仁、勇之事否？”

曰：“他虽不曾分，看来也是智、仁、勇之事，只是不合中庸。若合中庸，便尽得智、仁、勇。且如颜子瞻前忽后，亦是未到中庸处。”

公晦问：“‘天下国家可均也，爵禄可辞也，白刃可蹈也’，谓资质之近于智而力能勉者，皆足以能之。若中庸，则四边都无所依着，净净洁洁，不容分毫力。”

曰：“中庸便是三者之间，非是别有个道理。只于三者做得那恰好处，便是中庸。不然，只可谓之三事。”

徐孟宝问：“中庸如何是不可能？”

曰：“只是说中庸之难行也。急些子便是过，慢些子便不及。且如天下国家虽难均，舍得便均得（今按‘舍’字恐误）；爵禄虽难辞，会得便辞得；蹈白刃亦然。只有中庸却便如此不得，所以难也。”

十、子路问强

［原文］

子路①问强。子曰：“南方之强与？北方之强与②？抑而强与③？宽柔以教，不报无道④，南方之强也；君子居之⑤。衽金革，死而不厌⑥，北方之强也；而强者居之⑦。故君子和而不流⑧，强哉矫⑨！中立而不倚⑩，强哉矫！国有道，不变塞⑪焉，强哉矫！国无道，至死不变⑫，强哉矫！”

［注释］

①子路：孔子得意弟子仲由的字。子路姓仲，名由，字子路。孔子说：“由也喭（yàn）。”“喭”就是刚直勇猛，遇事粗鲁。孔子还说：“由也好勇过我。”子路平时是以勇敢自负的。　②南方之强与？北方之强与：是南方人所崇尚的强呢，还是北方人所崇尚的强呢？与（yú），在古代汉语中用得较多的疑问语气词。其语气没有“乎”那样强烈。疑问语气词常用的还有“邪”。“与”“邪”在上古语音很接近，实为一个词。先秦古籍如《论语》《孟子》《穀梁传》《公羊传》等用“与”而不用“邪”；有的古籍如《左传》《庄子》《韩非子》等多用“邪”，而少用或不用“与”。另外，“与”与“欤”，“邪”和“耶”是古今字。先有“与”，为了同“与（yǔ）”的“给予”“帮助”等实词意义相区别，后人另造了“欤”表示语气。先有

“邪”，为了同“邪”的“邪恶(xié è)”意义相区别，后人又造了“耶”表示语气。　③抑而强与：还是你自己所应行的刚强呢？抑，连词，表示转折或选择。这里表示选择，相当于“或是”“还是”。“而”在这里是第二人称代词“你”。　④宽柔以教，不报无道：以宽柔的态度来教化不及自己的人，虽然别人对自己强横无理，自己也不报复。　⑤君子居之：南方风气柔弱，所以用忍让胜过别人为强。南方君子以这种态度自处。居，是安的意思。　⑥衽金革，死而不厌：以兵戈甲胄作为枕席，至死都不后悔。衽(rèn)，睡觉用的席子。这里用作动词，作为席子。金，指兵戈。革，指甲胄。　⑦强者居之：北方的风气刚劲，所以用果敢之力胜过别人为强。北方的强者以这种态度自处。　⑧和而不流：君子随和而不同流合污。　⑨强哉矫(jiǎo)：这样的强，才是强壮、勇武，无人可比。矫，强壮勇武、矫健。　⑩中立而不倚：保持中立而不偏不倚。　⑪不变塞：虽已富贵，也不改变当初穷困时的操守。塞，不通、未达。　⑫国无道，至死不变：国家政治昏暗时，虽已穷困，也不肯曲学阿世，至死都不改变自己的主张。

［译文］

子路问怎样叫做“强”，孔子说：“你问的是南方人崇尚的强呢，还是北方人崇尚的强呢？还是你自己所应行的强呢？以宽柔的态度来教化不及自己的人，虽然别人对自己强横无理，自己也不报复，这是南方人的强，君子以这种态度自处。以兵戈甲胄作为枕席，至死都不后悔，这是北方人的强，强者以这种态度自处。(二者均有所偏，)所以有德的君子随和而不同流合污，这样的强才是强壮、勇武，无人可比！保持中立而不偏不倚，这样的强才是强壮、勇武，无人可比！国家政治清明时，自己虽已富贵，也不改变当初穷困时的操守，这样的强才是强壮、勇武，无人可比！国家政治昏暗时，自己虽已穷困，也不肯曲学阿世，至死都不改变自己的主张，这样的强才是强壮、勇武，无人可比！”

[说解] 南方之强，有君子之风，但并不是真正的强，因为偏于柔弱，一味忍让，虽似有德之人，对人宽柔，犯而不较，但实际上并不是真正的强。这样的强，有时不能坚持原则，偏离正道。

北方之强，虽然有强者之风，“衽金革，死而不厌”，但实际上并不是真正的强。这样的强，常常做得过分。子路是以勇武自负的，孔子批评他说：“暴虎冯河，死而无悔者，吾不与也。必也临事而惧，好谋而成者也。”（《论语·述而》第十一章）孔子还教育子路加强学习，说：“好勇不好学，其蔽也乱；好刚不好学，其蔽也狂。”（《阳货》第八章）

真正的强，是要由修养而致的。人的气质大多有所偏，必须通过正心、诚意、修身来变化气质，才能成为强者。真正的强者，会随环境的不同而有恰当的表现，看起来也许不够强，实际是真正的强，是任何力量都推不倒的。曾子对弟子子襄说：“子好勇乎？吾尝闻大勇于夫子矣：自反而不缩，虽褐宽博，吾不惴焉；自反而缩，虽千万人吾往矣。”（曾子对子襄说：“你喜欢勇敢吗？我曾听夫子讲过什么是大勇：反躬自问，正义不在我手里，即使对方是地位卑贱的人，我也不去恐吓他——显示自己是强者；反躬自问，正义在我这里，即使对方有千万人，我也迎上前去。”）

“和而不流”以下四句，正是无过无不及的中庸之道的表现。朱熹的《中庸或问》说：“凡人和而无节，则必至于流；中立而无依，则必至于倚；国有道而富贵，或不能不改其平素；国无道而贫贱，或不能不久处乎穷约。非持守之力有以胜人者，其孰能反之？”

[附录] **《朱子语类》卷第六十三《中庸二》**

问：“‘南北方之强’，是以风土言；‘君子、强者居之’，是以气质言；‘和而不流’以下，是学问做出来？”

曰:“是。风俗易变,惟是通衢所在。盖有四方人杂往来于中,自然易得变迁。若僻在一隅,则只见得这一窟风俗如此,最难变。如西北之强劲正如此。”

问:“‘宽柔以教,不报无道。’恐是风气资禀所致。以此‘北方之强’,是所谓不及乎强者,未得为理义之强,何为‘君子居之’?”

曰:“虽未是理义之强,然近理也。人能‘宽柔以教,不报无道’,亦是个好人,故为君子之事。”

问:“中立而不倚。”

曰:“凡人中立而无所依,则必至于倚着,不东则西。惟强壮有力者,乃能中立,不待所依,而自无所倚。如有病的人,气弱不能自持。他若中立,必有一物凭依,乃能不倚;不然,则倾倒而偃仆矣。此正说强处。强之为言,力有以胜人之谓也。”

问:“‘国有道,不变塞焉;国无道,至死不变。’”

曰:“国有道,则有达之理,故不变其未达之所守。若国无道,则有不幸而死之理,故不变其平生之所守。不变其未达之所守易,不变其平生之所守难。”

十一、素隐行怪

[原文]

子曰:“素隐行怪①,后世有述②焉,吾弗为之矣。君子遵道而行,半涂而废,吾弗能已③矣。君子依乎中庸,遁世不见知而不悔④,唯圣者能之。”

[注释]

①素隐行怪:探求隐僻的事理,做怪异的事情。素,朱熹说:“当作‘索’,盖字之误也。”索,求也。　②述:传述。　③吾弗能已:我不能停止。已,止也。　④遁世不见知而不悔:虽隐遁不为人知,也不后

悔。遁,隐遁。

[译文] 孔子说:“探求隐僻的事理,做怪异的事情,即使后世能够有所传述,我也不会去做。君子遵循正道而行,走到半路(即使遇到困难、感到力量不足,)似乎需要停下来,我也不会停下来。君子依从中庸之道,隐居世间不被人了解也不后悔,这只有圣人能够做到。”

[说解] 在这一章,孔子批评了两种不良现象,提出了君子应行的正道。

第一,探求隐僻的事理,发表奇谈怪论,做一些怪异的事情,耸人听闻,容易为世人所知,也许能留名后世。如果是有意为之,那就是欺世盗名,不是有德的君子所应做的。由此可见儒学的常道性格。一般的宗教,多带有一些神秘特异的气氛,所以很容易吸引人。而儒学,不脱离人的日常行事,只要求人复其本有的善性(良知),指出“下学”即可“上达”,而与天道相遥契。一个人只要反躬自省,诚心修身养性,就可领悟其中奥秘。儒学是从平易中见高明,从庸常中显深远。儒学好比是大地,而神奇诡异,都是“平地起土堆”(不管多神奇,只是广袤大地上的一个小土堆而已——陆象山语)。这些土堆不只是不必要,而且有害于道。因为那些神奇诡异会使人的精神歧出,不去走正心、诚意、修身的正道,而是求助于外在的力量得到超脱。

第二,能“遵道而行”的人,是已经知道一个人应遵行中庸之道,这样的人堪称君子,但半途而废,就说明他力量的不足。朱熹注说:“此其智足以及之,而行有不逮。”力量不足不是说“体力”“智力”不足,而是说“心力”不足。生命不纯,有私心杂念,所以内在之诚不能充分实现,阻力重重,难以贯彻始终,不得不半途而废。孔子则说他自己不能停止，因为他是至诚者，生命纯一不杂。朱熹注说："盖至诚无息，自有所不能止也。"其实，一般人若能"择乎中庸"，"拳拳服膺而弗失之"，也不会半途而废。《中庸》后文说的"致曲"（第二十三章），就是这个意思。

最后，孔子指出了君子应遵循之道。"君子依乎中庸，遁世而不见知而不悔。"这是中国的传统美德。在《易经·乾文言》里就说："不易世，不成名，遁世无闷，不见是而无闷。"（不为世俗所转移，不求成名，避世隐居而没有苦闷，世人不看见他的正确而没有苦闷。）这就是"潜龙勿用"中"龙"的态度。孔子也说："用之则行，舍之则藏。"（用我，我就去干；不用我，我就隐藏起来，见《论语·述而》第十一章。）《论语》的第一章就引用孔子的话说："人不知而不愠，不亦君子乎！"君子的生命是德性的流行，消解名利思想，自由自在。所以当下就可以自足，而无求于外。但道若不行，不被人了解，自己不见用，也可以知命而安。这就是圣人的人格表现。只有内心纯是天理，无一毫人欲之私，才可以达到如此境界。

孔子最后说："唯圣者能之。"意思是"君子依乎中庸，遁世不见知而不悔"，自己还没有做到，只有圣人才能够做到。这是孔子的自谦，孔子从未认为自己是圣人。他说："若圣与仁，则吾岂敢！"（《论语·述而》第三十四章）其实，"遁世不见知而不悔"，正是出自孔子自己的体验。

《中庸》引孔子的话来解释首章的意思，到此章为止。

［附录］ **《朱子语类》卷第六十三《中庸二》**

问："'素隐'，《集注》云：'深求隐僻之理。'如汉儒灾异之类，是否？"

曰："汉儒灾异犹自有说得是处。如战国推五德之事，后汉谶纬之书，便是隐僻。‘素隐行怪’不能择（不会选择），‘半涂而废’不能执（不能坚守）。‘依乎中庸’能择也；‘不见知而不悔’能执也。”

问：“‘遵道而行，半涂而废’，何以为‘知及之而仁不能守’？”

曰：“只为他知处不曾亲切，故守得不曾安稳，所以半涂而废。若大知之人，一下知了，千了万当。所谓‘吾弗能已’者，只是见到了自住不得耳。”又曰：“‘依乎中庸，遁世不见知而不悔’，此两句结上文两节意。‘依乎中庸’便是‘吾弗为’之意；‘遁世不见知而不悔’，便是‘吾弗能已’之意。”

十二、君子之道费而隐

［原文］

君子之道，费而隐①。夫妇之愚，可以与知焉②；及其至③也，虽圣人亦有所不知焉④。夫妇之不肖，可以能行⑤焉；及其至也，虽圣人亦有所不能焉⑥。天地之大也，人犹有所憾⑦。故君子语大，天下莫能载⑧焉；语小，天下莫能破⑨焉。《诗》云⑩：“鸢飞戾天⑪，鱼跃于渊。”言其上下察⑫也。君子之道，造端⑬乎夫妇，及其至也，察乎天地⑭。

［注释］

①君子之道，费而隐：君子之道，广大而本体精微难明。费，用财多。用在抽象事理上，可作“广大”解。　②夫妇之愚，可以与知焉：虽普通夫妇，头脑愚笨，也能够有所了解。与（yù），参与。　③至：极致，最高境界。　④虽圣人亦有所不知焉：（道的最高境界）即使是圣人也不能尽知。　⑤夫妇之不肖，可以能行：普通夫妇虽然不贤德，也能实践。　⑥虽圣人亦有所不能焉：（道的最高境界）即使是圣人也不

能达到。　⑦天地之大也，人犹有所憾：天地是极其广大的，但人们还是感到有一些遗憾不足的地方。　⑧天下莫能载：天地间没有东西可以承载它。　⑨天下莫能破：天地间没有东西可以攻破它。　⑩《诗》云：指《诗经·大雅·旱麓》。旱麓，旱山山脚。　⑪鸢飞戾天：老鹰高飞到天上。鸢（yuān），鹞鹰、老鹰。戾（lì），到达。　⑫上下察：彻上彻下，都是道在流行昭著。察，昭著。　⑬造端：开始。　⑭及其至也，察乎天地：至于它的最高境界，就显明昭著于天地上下（天地间，到处都显明地有道体流行）。

［译文］

君子之道广大而本体又精微难明。普通夫妇虽然头脑愚笨，但对“道”也能够有所了解；至于道的最高境界，即使是圣人也不能尽知。普通夫妇虽然不贤德，也能够实践道；至于道的最高境界，即使是圣人也不能做到。天地是极其广大的，人们还是感到有一些遗憾不足的地方。所以君子说到大，天地间没有东西可以承载它（容不下它）；说到小，天地间没有东西可以攻破它。《诗经·大雅·旱麓》说：“鹞鹰飞呀飞上天，鱼儿跃呀跃在渊。”讲的就是“道”彻上彻下都是在流行昭著。君子之道，发端于普通夫妇，至于它的最高境界，显明昭著于天地上下。（天地间，到处都显明地有道体在流行。）

［说解］

因为朱熹认为《中庸》是子思所作，所以他认为这一章是子思的话，在阐明首章“道不可须臾离”的意思。以下八章有时又引用孔子的话阐明这个意思。

“君子之道，费而隐”，是说道体至为广大，充塞于天地间，无所不在；而道又隐微奥秘，难以了解。朱熹认为“广大”指道之用，“隐微”指道之体。即道之大用可见，因为道之用就显现在生活之中，人间事物到处都是道体流行；而道之本体难以了解，因为道体无影无形，不可测度。说道体广大，就是没有文化的普通夫妇也能了解,因为伦常日用中离不开道,如父慈子孝、男婚女嫁、生儿育女等,都是人道之常,人们都知道,而且都依道而行。可是精微的道体,即使是圣人也不能全都了解。所以,自古以来,世界大思想家对“道”就有不同的理解。

儒家认为“道”不是外在的,而在人本身。天赋予人的善性——“仁”就是道。天地运行、生生化育也体现了“仁”,所以人之道遥契天之道,从“道”看,天人是合一的。这也正如《中庸》开头所说:“天命之谓性,率性之谓道。”(参看《中庸》第一章)

本章的中心是说“道之不可须臾离”。“道”遍及一切的存在,天地间的一切莫不有道的昭著,但人们日用而不知。宋朝的胡宏(号五峰)说:“道充乎身,塞乎天地,而拘于躯者不见其大;存乎饮食男女之事,而溺于流者不知其精。”(《知言》卷一)又说:“夫妇之道,人丑之者,以淫欲为事也;圣人安之者,以保合为义也。接而知有礼焉,交而知有道焉,惟敬者为能守而不失也。”(《知言》卷一)他说得很深刻,事实的确如此。若能有觉悟,就能明白“道”就在饮食男女之事中。有了这种觉悟,就能修身,敬道遵道而行。

这种觉悟,只是就饮食男女夫妇之道来了解道,这是人道。但天道“於穆不已”,浩浩无穷,不是我们的有限生命所能尽知的。所以,君子也有所不知不行。但君子不满足于已知的东西,要求能尽知,能尽行。正像孔子说颜回:“惜乎！吾见其进也,未见其止也。”(《论语・子罕》第二十一章)所以,“君子语大,天下莫能载焉;语小,天下莫能破焉”。即君子所说的理想,是广大无涯的,无论世界如何完美,也不能满足君子的愿望。“语小”之“小”,是指道体的精微(不是指物质的最小单位),道体精微纯一,而又至显至察,又有什么力量能攻破它呢?

本章引用的《诗经·大雅·旱麓》，原来是一首祭歌。在旱山山脚，祭天祭地，求福求禄。“鸢飞戾天，鱼跃于渊”，写出了大自然生机勃勃的生命力，鼓舞人们向前。《中庸》引用这两句诗，已离原意，意在使人感到整个天地都是天道生德的流行：活活泼泼，既是形容道体的创造性；生机勃勃，也是形容人们体验到道时充满生意的心境。而其实，在心中所呈现的生机勃勃，就是天道生德的流行，体现了天道之“仁”。北宋程颢对此体会最深，他说：“此一节子思吃紧为人处，活泼泼地，读者其致思焉。”

既然道充塞于天地，则君子在伦常日用中所表现的道（人道），若能充类至尽、纯一无杂，就与天地之道合。可知君子之道的实践，不只是人道，也是天道。人在实践人道时，也忘不了祭天。在此伦常日用中表现的道，实是一切事物所共由之道。

[附录]

《朱子语类》卷第六十三《中庸二》

费，道之用也；隐，道之体也。用则理之见于日用，无不可见也。体则隐于其内，形而上者之事，固有非视听之所及者。

问：“或说形而下者为费，形而上者为隐，如何？”

曰：“形而下者甚广，其形而上者实行乎其间，而无物不具，无处不有，故曰费。费，言其用之广也。就其中其形而上者，有非视听所及，故曰隐。隐，言其体微妙也。”

或问：“圣人不知不能。”

曰：“至者，非极至之‘至’。盖道无不包，若尽论之，圣人岂能纤细尽知！伊川（程颐）之说是。

“圣人不能知不能行者，非至妙处圣人不能知不能行。天地间固有不紧要的事，圣人不能尽知。紧要的，则圣人能知之，能行之。若至妙处不能知，不能行，粗处却能之，非圣人，乃凡人也。故曰‘天地之大也，人犹有所憾’。”

问:"'君子之道四,丘未能一。'此是大伦大法所在,何故亦作圣人不能?"

先生曰:"道无所不在,无穷无尽,圣人亦做不尽,天地亦做不尽。此是此章紧要意思。"

问:"'语小,天下莫能破',是极其小而言之。今以一发之微,尚有可破为二者。所谓'莫能破',则足见其小。《注》中谓'其小无内',亦是说其至小无去处了。"

曰:"然。'莫能破',只是至小无可下手处,破他不得。"

问:"'至大无外,至小无内'二句,是古语,是自做?"

曰:"《楚辞》云:'其小无内,其大无垠。'"

问:"鸢有鸢之性,鱼有鱼之性,其飞其跃,天机自完,便是天理流行发见之妙处。故子思姑举此一二,以明道之无所不在否?"

曰:"是。"

问:"'鸢飞鱼跃'《集注》一段。"(《集注》:"子思引此诗,以明化育流行,上下昭著,莫非此理之用,所谓费也。然其所以然者,则非见闻所及,所谓隐也。故程子曰:'此一节子思吃紧为人处,活泼泼地,读者其致思焉。'")

曰:"'鸢飞鱼跃'费也。必有一个甚么物使得它如此,此便是隐。在人则动静语默,无非此理,从这里收一收,(谓心)这个便在。"

问:"'上下察'是此理流行,上下昭著。下面'察乎天地',是察见天地之理,或是与上句'察'字同意?"

曰:"与上句'察'字同意,言其昭著遍满于天地之间。"

问:"'上下察'与'察乎天地',两个'察'同异?"

曰:"只一般,此非'观察'之'察',乃昭著之意,如'文理密察''天地明察'之'察'。经中'察'字,义多如此。"

十三、道不远人

［原文］

子曰："道不远人①，人之为道而远人，不可以为道②。《诗》云：'伐柯，伐柯，其则不远③。'执柯以伐柯，睨④而视之，犹以为远。故君子以人治人，改而止⑤。忠恕违道不远⑥，施诸己而不愿，亦勿施于人⑦。君子之道四，丘未能一焉⑧。所求乎子以事父⑨，未能也；所求乎臣以事君，未能也；所求乎弟以事兄，未能也；所求乎朋友先施之⑩，未能也。庸德之行⑪，庸言之谨，有所不足，不敢不勉；有余不敢尽⑫。言顾行，行顾言，君子胡不慥慥尔⑬！"

［注释］

①道不远人：道不远离人事。"率性之谓道"，性乃天赋，人人具备，所以道不是远离人事而外在的、独自存在的东西。　②人之为道而远人，不可以为道：人如果修道而远离人事，那就不是道。有些人认为伦常日用之道太平常，道应该高远，所以就往高处用力，把道说得玄之又玄，甚至与宗教迷信合流。真是"道在迩而求诸远"。　③伐柯，伐柯，其则不远：这是《诗经·豳风·伐柯》中的句子。"柯"是斧柄。"则"是样式。两句诗是说：用斧子砍伐木材来做斧柄，究竟砍什么样的木材才合适呢？斧柄的样式并不远，就握在伐木人的手里。　④睨(nì)：斜着眼睛看，握在手里的斧柄和正在砍伐的斧柄仍有距离。

⑤以人治人，改而止：依人的本性来教化人，如果其人能改正，能恢复其本性，就可以停下来，不必再教化了。朱熹注说："若以人治人，则所以为人之道，各在当人之身，初无彼此之别。故君子之治人也，即以其人之道，还治其人之身。其人能改，即止不治。"　⑥忠恕违道不远：忠恕之德，离道并不远。因为忠恕出自人性，发自本心。违，相离。曾子曾说过："夫子之道，忠恕而已矣。"(《论语·里仁》第十五章)　⑦施诸己

而不愿，亦勿施于人：施加在自己身上而不愿意的，也就不要施加在别人身上。子贡曾对孔子说："我不欲人之加诸我也，吾亦欲无加诸人。"(《论语·公冶长》第十二章)在此之前，子贡曾向老师请教："有一言而可以终身行之者乎?"孔子告诉他："其恕乎！己所不欲，勿施于人。"(《论语·卫灵公》第二十四章)子贡大概对老师的教导心领神会，建立了行恕道的决心。 ⑧丘未能一焉：孔丘我一件也没能做到。丘是孔子自称。 ⑨所求乎子以事父：以要求儿子事奉父亲的态度来事奉自己的父亲。乎，介词，同"于"。 ⑩所求乎朋友先施之：以要求朋友对自己的态度先去对待朋友。 ⑪庸德之行：平常道德的实践。庸，平常。行(xíng)，行为、实践。 ⑫有余不敢尽：虽然有余力，也不敢做尽，以免过分。 ⑬胡不慥慥尔：(君子)怎么能不笃厚诚实呢?胡，疑问代词。何，为什么、怎么。慥(zào)，笃厚诚实的样子。

[译文] 孔子说："道不远离人事，人如果修道而远离人事，那个'道'就不是'道'。《诗经·豳风·伐柯》说：'用斧子砍伐木材用来做斧柄，它的样式离你并不远。'手握斧柄来砍制斧柄，斜着眼睛看，仍以为差得很远。所以，君子依人的本性来教化人，其人能改正，就可以停下来，不必再教了。忠和恕就离道不远。施加在自己身上而不愿意，就不要再施加在别人身上。君子之道有四个方面，我孔丘一个方面也没有做到。以要求儿子事奉父亲的态度来事奉自己的父亲，没能做到；以要求臣下事奉国君的态度来事奉自己的国君，没能做到；以要求弟弟事奉兄长的态度来事奉自己的兄长，没能做到；以要求朋友对自己的态度先去对待朋友，没能做到。日常道德的实践，日常言谈的恭谨：做得不够的，不敢不加勉力；做得够了仍行有余力，也不敢用尽，以免过分。说话要考虑能否做到；行动要考虑和自己言论是否一致。这样，君子怎么不笃厚诚实呢?"

［说解］　道不远离人事，因为“率性之谓道”，性乃天赋，人人具有。如果一个人没有私心杂念，遵循本性而行，那就合乎道。前一章说的男女居室，就是“率性”而行，就是“道”。所以“君子之道，造端乎夫妇”。

可是人们一听说“道”，就感到高深莫测。其实，道就在人事之中，并不远离人事。人道不是哪位权威人士想出来的，人道之根就在天赋的人性里，并不远离人事。人如果修道而远离人事，那就不是道。有些人认为，人的日用伦常之道太平常，道应该高远，于是就往高远处用力，把道说得玄之又玄，甚至与宗教迷信合流。须知“天道远，人道迩”，而“天道”与“人道”是同一的。想了解天道，必须先了解人道。所以修道之人，应先了解人道，不能“道在迩而求诸远”。

道不远人，即表示广大高明的道就在至切近处，即在人当下的心中。所以治人之道，就在被治人的心中。这样治人者与被治者本没有区别。治人者以忠恕之道教化人，事事反求诸己，施诸己而不愿，就不施于人。而被治者在此时也会受感动而自然呈现其本性。这样，虽说是治人，实际是修己。而在修己的过程中，别人自然会呈现其本性，自然向善，如此我们还要来治人做什么？所以说应“改而止”。

孔子对曾子说：“‘参乎！吾道一以贯之。’曾子曰：‘唯。’子出，门人问曰：‘何谓也？’曾子曰：‘夫子之道，忠恕而已矣。’”（《论语·里仁》第十五章）人能“忠恕”，则“违道不远”。因为“忠恕之道”最基本的要求是：时时想到别人，事事反求诸己。自己不愿意的事，不要加在别人身上。孔子在“反求诸己”上，为我们做出了榜样。他问自己：我要求儿子诚心诚意孝敬我，我自己是否也像要求儿子那样诚心诚意孝敬父母了呢？……他深深感到自己要求别人做的，自己还没能做到。因为孔子这样反求诸己，不断严格要求自己，所以常感到

"有所不足,不敢不勉;有余不敢尽"。值得注意的是:孔子反求诸己的是伦常日用之事,并不是玄之又玄的道理。曾子的"吾日三省吾身",也是这样。

由本章可知,忠恕是中庸之道的具体体现。既然忠恕之道是中庸之道的具体体现,那为什么孔子既已提出忠恕,又强调中庸呢?当代新儒家徐复观先生认为:"就一个人的动机方面来说,就精神方面来说,则讲忠恕;尽心之谓忠,这是精神,推己之谓恕,依然是精神。就结果方面来说,就行为方面来说,则讲中庸。不偏与平常,皆须通过庸德庸言而见。忠恕与中庸,本是一事;随立教时的重点所在,因而有'从言之异路'(按说话时的不同情况)。"(《中国人性论史》,第114页)

[附录] **《朱子语类》卷第六十三《中庸二》**

问:"'道不远人,人之为道而远人,不可以为道',莫是一章之纲目否?"

曰:"是如此。所以下面三节,又只是解此三句。'人之为道而远人',如'为仁由己'之'为';'不可以为道',如'克己复礼为仁'之'为'。

"'君子以人治人,改而止。'未改之前,却是失人道;既改,便是复得人道了,更何用治他?如水本东流,失其道而西流;从西边遮障得,归来东边便了。"

问:"'君子以人治人,改而止。'其人有过,既改之后,或为善不已,或止而不进,皆在其人,非君子之所能预否?"

曰:"非然也。能改即是善矣,便何待别求善也?天下只是一个善恶,不善即恶,不恶即善。如何说既改其恶,更用别讨个善?只改底便是善了。这须看他上文,它紧要处,全在'道不远人'一句。言人人有此道,只是人自远其道,非道远人也。人人本自有许多道理,只是不曾依得这道理,却做从不是道理处去。今欲治之,不是别讨个道理治他,只是将他元自有底道理,还以治其人。如人之孝,他本有此孝,他却不曾行得这孝,却乱行从不孝处去。君子治之,非是别讨个孝去治他,只是与他说:'你这个不是。你本有此孝,却如何错行从不孝处去?'其人能改,即是孝矣。不是将他人底道理去治他,又不是分我底道理与他。他本有此道理,我但因其自有者还以治之而已。及我自治其身,亦不是将他人的道理来治我,亦只是将我自思量得底道理,自治我之身而已。所以说:'执柯伐柯,其则不远。'执柯以伐柯,不用更别去讨法则,只那手中所执者,便是则。"

又曰:"'所求乎子以事父,未能也。'每常人责子,必欲其孝于我,然不知我之所以事父者果孝否。以我责子之心,而反推己之所以事父,此便是则也。"

蜚卿问:"忠恕即道也,而曰'违道不远',何耶?"

曰:"道是自然底。人能忠恕,则去道不远。'施诸己而不愿,亦勿施于人',此与'己所不欲,勿施于人'一般,未是自然。所以'违道不远',正是学者事。'我不欲人之加诸我也,吾亦欲无加诸人',此是成德事。"

问:"'施诸己而不愿,亦勿施于人',此只是恕,何故子思将作忠恕说?"

曰:"忠恕两个离不得。方忠时,未见得恕;及至恕时,忠行乎其间。'施诸己而不愿,亦勿施于人',非忠者不能也。故曰:'无忠做恕不出来。'"

十四、君子素其位而行

［原文］

君子素①其位而行,不愿乎其外。素富贵,行乎富贵②;素贫贱,行乎贫贱;素夷狄,行乎夷狄③;

素患难，行乎患难。君子无入而不自得④焉！

在上位不陵⑤下，在下位不援⑥上；正己而不求于人⑦，则无怨；上不怨天，下不尤人⑧，故君子居易以俟命⑨，小人行险以侥幸⑩。子曰："射有似乎君子，失诸正鹄，反求诸其身⑪。"

［注释］

①素：现在。朱熹注说："素，犹见（现）在也。言君子但因见在所居之位，而为其所当为，无慕乎其外之心也。"（《中庸章句》注）　②素富贵，行乎富贵：现在富贵了，就按富贵的身份去做应做的事。　③素夷狄，行乎夷狄：现在处于夷狄，就按夷狄的风土人情去做事。　④无入而不自得：无论到哪里，也无论处于何种境地，都安然自得。　⑤陵：欺侮。通"凌"。　⑥援：攀援，巴结。　⑦正己而不求于人：端正自己而不苛求别人。　⑧上不怨天，下不尤人：上不埋怨天，下不责怪别人。尤，责怪。　⑨居易以俟命：安于所处的境地，以等待天的赐命。易，平易。　⑩行险以侥幸：不走正道，靠冒险企望意外获得成功或免于不幸。　⑪失诸正鹄，反求诸其身：人在射箭时，未能射中箭靶（失诸正鹄），只能检查自己的姿势，拉弓射箭是否都合要求（不能责怪弓、箭、箭靶、天气和别人）。鹄（gǔ），古代练习射箭所用的箭靶叫"侯"，侯中叫做"鹄"，鹄的正中叫做"正"。

［译文］

君子根据他现在所处的地位，去做他应该做的事，不羡慕本职以外的名利。现在富贵了，就按富贵的身份去做应做的事；现在贫贱了，就按贫贱的身份去做应做的事；现在处于夷狄，就按在夷狄的处境去做事；现在处于患难之中，就按在患难的处境去做事。君子无论到哪里，也不论处于什么境地，都安然自得。

居于上位，不欺凌处在下位的人；处在下位，不去攀援、巴结在上位的人；端正自己，而不苛求别人，就没有怨恨；上不埋怨天，下不责怪别人，所以君子安于所处的境地以等待天的赐命，而小人不走正道，靠冒险企望意外获得成功或免于不幸。孔子说："射箭有些像君子的作风，射箭时未能射中箭靶，就反过来检查自己，不能责怪弓、箭、箭靶、天气和别人。"

[说解]

一个人懂得素其位而行的道理，就不会为名利所纠缠，而成为名誉和金钱的奴隶。"素其位而行"，就是守中庸之道的具体表现。有人认为想守中庸之道，就是遇事不偏不倚，无过无不及，那是对人对事。守中庸之道的出发点，最重要的是"自己"要"素其位而行"。

"素其位而行"，就是根据自己现在所居之位，行其所当行。怎样知道"当行"与"不当行"呢？一个重要标准是：行之而心安的，就是"当行"；行之而心不安的，就是"不当行"。人都有良知，做了好事心安，做了坏事而心不安，是人之常情。本着行之而心安之道而行，就会无处而不安。孔子就很强调心的安与不安（请看《论语·阳货》第二十一章）。

本章举出的素其位而行的四个方面，是取自《论语》。对待富贵与贫贱问题，子贡与孔子有一段对话：子贡问老师："贫而无谄，富而无骄，何如？"孔子说："可也，未若贫而乐，富而好礼者也。"（《学而》第十五章）孔子的态度就是"素富贵，行乎富贵；素贫贱，行乎贫贱"。子贡的态度还不能说是"素其位而行"，在做人上只是勉强合格。"贫而无谄"，只是固穷；"富而无骄"，只是消极的有所不为。二者还都有贫富之心，但能"自守"。而"贫而乐，富而好礼"，则已超脱富贵而"不愿乎其外了"。

关于"素夷狄，行乎夷狄"，《论语》记有："子欲居九夷，曰：'君子居之，何陋之有？'"（《子罕》第十四章）因为孔子"素其位而行"，无论到哪里，也不论处于什么境地，都能安然自得。但孔子居夷狄不会变为夷狄，而是要行道，使夷狄成为懂得忠孝仁义的民族。

孔子一生遇到过许多患难。鲁定公十三年，孔子被匡人围困，孔子说："天之未丧斯文也，匡人其如予何！"（《子罕》第五章）鲁哀公三年（前492年），在宋国遇到司马桓魋，他要杀孔子。孔子说："天生德于予，桓魋其如予何！"（《述而》第二十三章）在生死的关键时刻，孔子想到的是民族文化的存亡和自己肩负的使命，而不是个人的安危。孔子是"居易以俟命"，所以"无入而不自得"。

君子"素其位而行，不愿乎其外"，是不是就消极安命、无所作为了呢？当然不是。要干，还要把工作干好。"素其位而行"不能作为不求进取者的借口。你是教师，要把学生培养好；你是军人，要把国家保卫好；你是农民，要把地种好；你是工程技术人员，就要设计、创造尖端的产品——在不同的岗位都应有创造，这才叫真正的"素其位而行"。强调"素其位"，就是叫你走正道，这需要你无私心杂念，本心呈现。小人受私欲蒙蔽，本心放失，只能用冒险的办法，去得到不应得到的东西。

本章最后引用孔子的话结束上文。孔子是以射箭作比喻，告诫人们要做到"素其位而行"，要时时事事"反求诸其身"。

《孟子·尽心上》第二章，可以帮助我们了解本章的意蕴。原文如下：

> 孟子曰："莫非命也，顺受其正；是故知命者不立乎岩墙之下。尽其道而死者，正命也；桎梏而死者，非正命也。"（孟子说："无一不是命运，如顺理而行，所接受的是正命。所以懂得命运的人，不站在高而危的墙壁之下。尽力行道而死的人，所受的是正命。犯罪而死的人，所受

的不是正命。”)

“莫非命也”,就是人生的一切遭遇,无一不是命运。(难以预料,所以都推给“命运”。)“命”是外在的限制,是人自己不能做主的。既是自己不能做主,怎么能预料自己将面对何种境况呢?但这“莫非命也”,须由“顺受其正”来规定。人固然不能完全决定自己的遭逢境遇,祸福生死,但在自己面对一切可能有的境况时,“自己所以处之之道”,是可以自做主宰的。“顺受”,不是简单地顺从环境,而是顺受自己本心良知所定下之理。在每一种境况中,都可有一合理的处之之道。能本着良心的命令而行,而不肯屈从于私欲以图侥幸,就是“顺”。“顺”不是表示安命、知命、俟命的意思。由“知命者不立乎岩墙之下”,可知人必须尽一己的力量之后,才可以言命,而不是任命运的安排。若是本乎良知之决定而行,则不论结果是浮是沉,是生是死,是吉是凶,都是正命。若是违背天理而行,则不论吉凶祸福,也都是非正命。这样,“命”固然是限制,但因我们必须先求尽其在我,又以本心自定之法则对应之。所以,如能坚持上述两点,人就不会屈从于命运,而显出了人的意志是自由的,呈现了人的价值。

进一步说,如果君子面对一切境况都能顺受其正,尽其道,则一切遭遇,都成为君子成德的场所。从这个角度看,一切的命运,也是成就;一切的限制,都成了无限的价值实现的资本。这样,虽有命,也是无命。“莫非命也”,实际是“莫非义也”“莫非道也”。如此说来,人也可以把“命”看作是天道对自己的召唤。这种召唤是透过人的命运遭遇来表示。人应“顺受其正”,对天命作出积极的回应,成就自己的德行,实现自己的价值。

因为朱熹认为《中庸》是子思所作,所以他说本章是子思的话,而且推定:凡是一章的开头没有"子曰"的,都是子思说的。

十五、君子之道辟如行远必自迩

[原文]

君子之道,辟如①行远必自迩②,辟如登高必自卑。《诗》曰③:"妻子好合,如鼓瑟琴④;兄弟既翕,和乐且耽⑤;宜尔室家,乐尔妻帑⑥。"子曰:"父母其顺⑦矣乎!"

[注释]

①辟如:譬如。 ②行远必自迩:往远处去,必从近处开始。 ③《诗》曰:指《诗经·小雅·常棣》。这首诗写兄弟们共患难、御外侮,以及他们的宴饮之乐、室家之欢。诗中有"兄弟阋于墙,外御其务(侮也)"的名句。本章所引的也是名句。 ④妻子好合,如鼓瑟琴:夫妻之间和睦美好,像琴与瑟那样配合默契。 ⑤兄弟既翕,和乐且耽:兄弟相聚在一起,和睦欢乐,无比高兴。翕(xī),即"合"。耽(dān),沉溺、入迷。 ⑥宜尔室家,乐尔妻帑:要使你的家人和睦融洽,要使你的妻子儿女快乐喜欢。帑(nú),儿女。 ⑦顺:安乐的意思。朱熹注:夫子颂此诗而赞之曰:"人能和于妻子、宜于兄弟如此,则父母其安乐之矣。子思引诗及此语,以明行远自迩,登高自卑之意。"

[译文]

君子之道,正如往远处去,必从近处开始;正如登高,必从低处开始。《诗经·小雅·常棣》说:"夫妻之间和睦美好,像琴与瑟那样配合默契。兄弟相聚在一起,和睦欢乐无比高兴。要使你的家人和睦融洽,要使你的妻子儿女快乐喜欢。"孔子说："（这样）父母也就安心快乐了吧！"

［说解］

君子之道，就好比往远处去必从近处开始，登高山必从低处开始。君子之道是高明广大的，但它是表现在伦常日用之中，即在妻子、兄弟、父母等伦常中实现。其实人生的真实意义，人的真生命，是在伦常中表现的，那是最真挚、最自然的表现。真挚自然之情，发自人的本心，看似平常，但那是一切伟大壮烈行为的根本。其实在这时，也不应有平凡与伟大的分别。即在伦常日用中实践，看似平常，而实是伟大，且是无伟大相的伟大。因为在伦常日用中，表现了真生命，真性情，所以是伟大；而此伟大是表现在伦常日用之中，所以又是平常。伟大而无伟大相，才是真正的伟大。一个人如能经常保持住这个在面对家人父子间呈现的真心常性，就自然会"亲亲、仁民、爱物"，视天下为一家，视中国为一人，心里至诚无私，人格圆满完成。

孔子在论《诗经·小雅·常棣》时说："父母其顺矣乎！"因为诗中说一个人既能和于妻子，友于兄弟，则父母必能安心快乐了。不只如此，一个人若能齐家，自然可以治国、平天下。治国、平天下之道，与修身、齐家并无二致，这就是第三十三章所说的"君子笃恭而天下平"的意思。孟子也说："尧舜之道（治国之道），孝弟而已矣。"（《孟子·告子下》第二章）

从第十二章开始到本章，都是说道在近处，人能反求诸己，从当时的居心中反省，能以忠恕待人，自然无求于外；无入而不自得，自然能孝于父母，友于兄弟。而再高明伟大之事，也不能外于此。

从上几章看，"中"就是不偏不倚，"庸"就是平常。

十六、鬼神之为德

［原文］

子曰："鬼神之为德①，其盛矣乎！视之而弗见，听之而弗闻，体物而不可遗②。使天下之人，齐明盛服③，以承祭祀，洋洋乎如在其上，如在其左右④。《诗》曰⑤：'神之格思，不可度思，矧可射思⑥。'夫微之显，诚之不可掩⑦如此夫！"

［注释］

①鬼神之为德：鬼神的功德。　②体物而不可遗：使物生成而不可缺少。体，动词，使物具有形体。　③齐明盛服：斋戒沐浴，穿着盛装。齐，即"斋"。　④洋洋乎如在其上，如在其左右：洋洋溢溢就在人的上方，就在人的左右。言鬼神之用，遍布于人的上下左右。洋洋，形容众多或丰盛。　⑤《诗》曰：指《诗经·大雅·抑》。《抑》很长，有人说是大臣自警之词，朱熹说是周武王自警之词。第七章有这样的句子："相在尔室，尚不愧于屋漏。无曰不显，莫予云觏。神之格思，不可度思，矧可射思！"（看你一个人在屋里，在黑暗角落里，也不要有愧疚。不要说这里不明显，没有人看见我。神灵的降临啊，是不能揣度的，又何况厌怠不敬呢！）　⑥格：来。　矧（shěn）：况且。射（yì）：通"斁"，厌倦。　思：语气词，无义。　⑦夫微之显，诚之不可掩：鬼神是非常隐微的，却又如此显著，可见精诚之不可掩盖。

［译文］

孔子说："鬼神的功德，是多么盛大啊！看它也看不见，听它也听不到，它是使物体生成而不可缺少的。使天下人都斋戒沐浴，穿着盛装来祭祀它。它洋洋溢溢就在人的上方，就在人的左右。《诗经·大雅·抑》说：'神灵的降临啊，是不能揣度的，又何况厌怠不敬呢！'鬼神是十分隐微的，却又如此显著，可见精诚不可掩盖。"

[说解]　本章借鬼神的作用来比喻诚道的作用。孔子在本章里赞扬了鬼神的功德。这段话,孔子是在什么情况下说的,谁记下来的,都没有记载。

在《论语》里,有几章孔子阐述了自己对鬼神的态度。孔子对鬼神的根本态度是"敬鬼神而远之"(《雍也》第二十二章),又"子不语怪力乱神"(《述而》第二十一章),可以看出孔子对鬼神是存而不论的。这样,就摆脱了古代迷信鬼神的观念。这是中国人文精神的进步表现。

但孔子并没有直接否定鬼神的存在,而且说:"祭如在,祭神如神在。"(《八佾》第十二章)认为人在祭祀时,是要以把鬼神当作真正存在那样的态度来对待的。在祭祀者的诚挚之心中,当然希望所祭的对象是存在的。在这种情况下,我们不必争论鬼神是否真有。在祭祀者以至诚祭其先祖时,心中所愿鬼神之为有,与承认鬼神之为客观、实在的意义并不一样。可以说,祭祀时所肯定为有的鬼神,是与祭者的诚心一体呈现的。其实,离开了诚心,就没有所谓的鬼神。即这是对祭祀者希望被祭者仍然存在的一种诚心的肯定,所谓"心诚则灵",不是一般的迷信鬼神存在的想法。这是《中庸》后文所说"事死如事生,事亡如事存"之义。现在《中庸》言鬼神,盛言鬼神之德,也是在上述诚敬心情的要求下说的,并不是肯定鬼神为客观的实在(当然也不是说鬼神一定不存在)。这是就仁心诚体之不已,遍及一切,对鬼神也要求能有所通而说的。

有人认为这一章及十七、十八、十九各章,与《中庸》的本文无关,是由礼家所掺杂进来的。但前面已经反复说明:《中庸》是由内心之诚以言鬼神的功用,借鬼神的功用,以显诚之不可掩。可知本章和下几章的思想也不是与《中庸》的本文无关。至诚之心无有不及，是遍及天地、日月、四时、鬼神的。若一定不让人说通于鬼神，则仁心为有限，就不是体物不遗的本体、宇宙论意义的本体了。

［附录］

《朱子语类》卷第六十三《中庸二》

或问："'颜子死而不亡'之说，先生即非之矣。然圣人制祭祀之礼以事鬼神者，恐不止谓但有此理，须有实事。"

曰："若是见理明者，自能知之。明道（程颢）所谓'若以为无，古人因甚如此说？若以为有，又恐贤问某寻。'其说甚当。"

问："《中庸》十二章，子思论道之体用，十三章言人之为道不在乎远，当即夫众人之所能知能行，极乎圣人之所不能知不能行。第十四章又言人行道，当随其所居之分，而取足于其身。"

曰："此两章大纲相似。"曰："第十五章又言进道当有序，第十六章方言鬼神之道'费而隐'。盖论君子之道，则即人之所行言之，故但及其费，而隐自存。论鬼神之道，则本人之所不见不闻而言，故先及其隐，而后及于费。"

曰："鬼神之道，便是君子之道，非有二也。"

十七、舜其大孝也与

［原文］

子曰："舜其大孝也与！德为圣人①，尊为天子②，富有四海之内；宗庙飨之③，子孙保之④。故大德，必得其位⑤，必得其禄，必得其名，必得其寿。故天之生物，必因其材而笃焉⑥，故栽者培之，倾者覆之⑦。《诗》曰⑧：‘嘉乐君子，宪宪令德⑨，宜民宜人⑩，受禄于天⑪；保佑命之，自天申之⑫。’故大德者必受命。”

[注释]　①德为圣人：舜在德行上可称为圣人。　②尊为天子：其位是天子之尊。　③宗庙飨之：有宗庙来祭祀他。飨(xiǎng)，祭祀。　④子孙保之：有子孙保其德业。　⑤故大德，必得其位：所以有大德的人，一定会得到应得的地位。　⑥必因其材而笃焉：必根据各自的材质而加重。　⑦栽者培之，倾者覆之：有可种植之材，必加培育；将倾倒之树(已不能救活)，就让它覆亡。　⑧《诗》曰：指《诗经·大雅·假(嘉)乐》。这首诗写周天子能安民用人，受天福禄。　⑨嘉乐君子，宪宪令德：欢喜快乐的君子，拥有盛大光耀的美德。宪宪，盛大光耀。令德，美德。　⑩宜民宜人：安抚民众，任用贤臣。　⑪受禄于天：承受上天所给予的禄位。　⑫自天申之：上天把福禄一再降给他。申，重复。

[译文]　孔子说：“舜可以说是大孝了！舜在德行上，可以称为圣人，其位是天子之尊，在财富上拥有整个天下；宗庙里祭祀他，他的子孙保有他的德业。所以，有大德的人，一定会得到应得的地位，一定会得到应得的俸禄，一定会得到应得的名誉，一定会得到应得的寿命。所以，天生万物，必根据各自的材质而加重，有可种植之材，必加培育；有将倾倒不可救药之树，就让它覆亡。《诗经·大雅·假(嘉)乐》说：‘欢喜快乐的君子，拥有盛大光耀的美德。安抚民众，任用贤臣，承受上天给予的禄位；保佑他，命令他，上天一再把福禄降给他。’所以有大德的人，一定会得到上天的赐命。”

[说解]　本章是说大德者必受命，并以舜为例子来证明。舜大孝，有至德，结果被尊为天子。所以，有德者必有位，有至德者必

会受命为天子。这种想法符合古代人的理想。《孟子》中也谈到这一问题。孟子说:"古之人修其天爵(仁义忠信,乐善不倦),而人爵(公卿大夫等)从之。"(《告子上》第十六章)但孟子的意思只是说,有天爵就会有人爵跟着来,没有像《中庸》这样说"必受命",十分肯定,而且孟子是说"古之人",大概是专指尧、舜等圣王说的,未必是要把"有天爵便有人爵"说成是一个普遍必然的规律。

孔子说的"有德者必有位""大德者必受命",能得到人们的肯定和信服是有理由的。因为有德者行德政,必得民心。"民为贵……得乎丘民(田野之民)为天子。"(《孟子·尽心下》第十四章)孔子的话体现了传统的民本思想,也是人们的理想。古代人希望像舜这样有至德的人为天子,自己好过上不愁衣食的生活。可是在现实上,像孔子那样有德者未必有位,而有位者未必有德。现实情况孔子是非常清楚的,他所以还要说"有德者必有位""大德者必受命",因为那是"道",孔子奔走一生,就是为了行道,实现道。如果没有这样的理想,相信它是不可动摇的真理,他又为了什么去奔走呢?

孔子的话是合乎人们的道德理想的。这种想法后来逐渐发展成为"天人相应说"。天有阴阳,人有善恶;天好生恶杀,所以人君应行仁政。"善有善报,恶有恶报",但"天人相应"与孔子的说法是不同的。据"天人相应说",人做好事是为了得到上天的赏赐,人不敢为非作歹是因为怕上天的惩罚。这就不是纯道德的行为。因为为了求福而行善,是出自私心,怀着私心而行善,是没有道德意义的。

舜的大孝出自本性(良知),没有任何私心杂念。在《孟子·尽心上》第三十五章,弟子桃应问孟子:"舜为天子,父亲瞽瞍杀了人怎么办?"孟子说:"把他逮捕起来就是了。"桃应问:"难道舜不阻止吗?"孟子说:"怎么能阻止呢?皋陶逮捕瞽瞍是有根据的。杀人就应该逮捕。”桃应问:“那么舜又怎么办呢?”(一个大孝子眼看到父亲受法律处分而不闻不问吗?)孟子说:“舜把抛弃天子之位看得像抛弃一双破鞋一样。他会偷偷地背着父亲逃走,沿着海边住下来,一辈子都很快乐,把曾经做过天子的事忘掉。”至德者行善是没有任何私心杂念的。所谓“素其位而行”,舜身为天子,又是儿子,两相比较,“孝”为大,所以他毫不犹豫地做了一个儿子应该做的事。在这个故事中,蕴含着儒家的道德理想。

伦常日用,男女居室,符合“中庸之道”;“有德者必有位”,也符合“中庸之道”。但后者提出天道,是中庸思想的精微处。朱熹在本章之后作注说:“此由庸行之常,推之以极其至,见道之用广也。而其所以然者,则为体微矣。后二章亦此意。”

[附录]

《朱子语类》卷第六十三《中庸二》

问:“因其材而笃焉。”

曰:“是因材而加厚些子。”

问:“舜之大德受命,止是善得福而已。《中庸》却言天之生物栽培、倾覆,何也?”

曰:“只是一理。此亦非是有物使之然。但物之生时,自节节长将去,恰似有物扶持也。及其衰也,则自节节消磨将去,恰似个物推倒它。理自如此。唯我有受福之理,故天既佑之,又申之。董仲舒曰:‘为政而宜于民,固当受禄于天。’虽只是叠将起来说,然玩味之,觉他说得自有意思。”

十八、无忧者其惟文王乎

[原文]

子曰："无忧者，其惟文王乎①！以王季为父，以武王为子；父作之，子述之②。武王缵③大王、王季、文王之绪④，壹戎衣⑤而有天下，身不失天下之显名；尊为天子，富有四海之内；宗庙飨之，子孙保之。武王末受命⑥，周公成文武之德⑦，追王⑧大王、王季，上祀先公⑨以天子之礼。斯礼也，达乎诸侯、大夫及士、庶人。父大夫，子为士；葬以大夫，祭以士。父为士，子为大夫，葬以士，祭以大夫。期之丧⑩，达乎大夫；三年之丧⑪，达乎天子⑫；父母之丧，无贵贱一也。"

[注释]

①无忧者，其惟文王乎：没有忧虑的，只有周文王吧！ ②父作之，子述之：父亲创立了基业，儿子加以继承。父，指文王的父亲王季。子，指武王。作，这里指创业。述，遵循、继承。 ③缵(zuǎn)：继承。④绪：事业，功业。 ⑤壹戎衣：消灭大国殷商。壹，即"殪"，死、杀死。戎，大。衣，即"殷"。 ⑥末受命：晚年受天命为天子。 ⑦成文武之德：完成文王和武王的德业。 ⑧追王(wàng)：追加太王、王季的王号。王，动词。封王号。 ⑨先公：太王以上的祖宗。⑩期之丧：丧期一年的丧礼。旁系亲属的丧礼。期(jī)，一年。 ⑪三年之丧：丧期三年的丧礼。父母之丧礼。 ⑫达乎天子：旁系的一年的丧礼，到大夫为止。而父母的三年的丧礼，则一直上通天子。

[译文]

孔子说："没有忧虑的，只有周文王吧！王季是父亲，武王是儿子。父亲王季创立了基业，(传给文王，)儿子武王又加以继承。武王继承了太王、王季、文王的功业，消灭大国殷商而有天下，自身没有失去在天下的显赫名声，在地位上有天子之尊，在财富上拥有了天下之富，宗庙里祭祀着他，子孙们守住了他的基业。武王在晚年受天命为天子，周公继续完成了文王、武王的德业，追崇太王、王季为帝王，祭祀先祖采用了天子的礼仪。这种礼仪，一直通行到诸侯、大夫以至士和庶民。父亲是大夫，儿子是士，丧葬采用大夫的礼，祭祀采用士的礼。父亲是士，儿子是大夫，丧葬采用士的礼，祭祀采用大夫的礼。丧期一年的丧礼，通行于大夫；丧期三年的丧礼，一直上通天子。父母的丧礼没有贵贱的区别，规格是一样的。”

［说解］

本章是接续前一章，孔子对“大德者必受命”的主张，作了更进一步的说明。孔子是以周朝的兴起为例的。开始是说周文王有至德，“有父作之，有子述之”，所以无忧，最为有福。接着是说周武王。武王继承了先人的功业，灭掉殷朝，安定天下，被“尊为天子，富有四海之内，宗庙飨之，子孙保之”。这就具体说明了“大德者必受命”的道理。最后是说周公。周公定礼乐制度，完成了文王、武王的德业。周公追封先祖为王，并用天子之礼祭祀先祖。正是周公礼法规定的“葬用死者之爵，祭用生者之禄”。这又为法于天下，使天下皆知所以亲其亲。朱子注说：“父母之丧，上下同之，推己及人也。”

在孔子之前的《诗经》里，就有些诗篇是歌颂周文王和武王的。如《大雅·文王》的第二段：

亹亹文王，　　勤勤恳恳的文王，
令闻不已。　　好的声誉真久长。
陈锡哉周，　　施恩布利培植周邦，
侯文王孙子。　那文王的儿孙都沾光。

文王孙子，	文王的儿孙都沾光，
本支百世。	本宗旁枝百代长。
凡周之士，	凡是周邦的人士，
不显亦世。	也都代代有荣光。

[附录]

《朱子语类》卷第六十三《中庸二》

问："丧祭之礼，至周公然后备。夏商而上，想甚简略。"

曰："然。'亲亲长长'，'贵贵尊贤'，夏商而上，大概只是'亲亲长长'之意。到得周来，则添得许多'贵贵'底礼教。'三年之丧，达于天子'，《中庸》之意，只是主为父母而言，未必及其它者。所以下句云：'父母之丧，无贵贱一也。'因言：大凡礼制欲行于今，须有一个简易的道理。若欲尽拘古礼，则繁碎不便于人，自是不可行，不晓他周公当时之意是如何。孔子尝曰：'如用之，则吾从先进。'想亦是厌其繁。"

十九、武王周公其达孝矣乎

[原文]

子曰："武王、周公其达孝①矣乎！夫孝者善继人之志，善述人之事者也。春秋②，修其祖庙，陈其宗器③，设其裳衣④，荐其时食⑤。

"宗庙之礼，所以序昭穆⑥也；序爵⑦，所以辨贵贱也；序事⑧，所以辨贤也；旅酬⑨下为上，所以逮贱也⑩；燕毛⑪，所以序齿⑫也。践其位⑬，行其礼⑭，奏其乐⑮；敬其所尊，爱其所亲⑯；事死如事生，事亡如事存⑰，孝之至也。

“郊社之礼[18]，所以事上帝也；宗庙之礼，所以祀乎其先也。明乎郊社之礼，禘尝[19]之义，治国其如示诸掌乎[20]！”

［注释］

①达孝：天下人都说他孝、至孝。达，通也。　②春秋：指春秋祭祀时。　③陈其宗器：陈列祖宗传留下来的宝器。　④设其裳衣：摆设好祖先留下的衣裳。衣裳，上曰衣，下曰裳。又裙子为裳，古时男女都穿。　⑤荐其时食：供奉上应时的食品。　⑥序昭穆：排列辈分的先后。古代宗庙之制，始祖庙居中，以下皆父为昭，子为穆。昭居左，穆居右。行礼时，子孙的排列，按辈分的先后，以昭穆为序。　⑦序爵：排列爵位的等级。　⑧序事：分配事项。宗庙祭祀有许多事需要合适的人去做，人们以担任一定的工作为荣。　⑨旅酬：互相敬酒。旅，众。酬，敬酒。朱熹注说：“旅酬之礼，宾弟子，兄弟之子，各举觯（zhì，酒器）于其长，而众相酬。”　⑩逮贱：让晚辈有机会参加宗庙祭祀，表示敬意。　⑪燕毛：饮宴时按头发的黑白确定位置。燕，同“宴”。朱熹注说：“祭毕而燕（宴），则以毛发之色别长幼，为座次也。”⑫序齿：表明年龄长幼。齿，年龄。　⑬践其位：（在祭祀中）登上祖先的神位。其，指祖先。　⑭行其礼：行祖先的礼仪。　⑮奏其乐：奏祖先的音乐。　⑯敬其所尊，爱其所亲：敬重祖先所尊敬的人，爱护祖先所亲近的人。以上各句是表示不敢忘记祖先。　⑰事死如事生，事亡如事存：对死去的祖先，就像他们还活着一样对待；对已经不在了的祖先，就像他们还在那里一样对待。　⑱郊社之礼：祭天祭地的礼仪。郊，祭天；社，祭地。　⑲禘尝：禘（dì），只有天子才能举行的大祭，五年举行一次。尝，每年秋天举行的祭礼。　⑳治国其如示诸掌乎：治理国家就如同看手掌上的东西一样。言其容易。这句话是取自《论语·八佾》第十一章：“或问禘之说。子曰：‘不知也。知其说者之于天下也，其如示诸斯乎！’指其掌。”

［译文］

孔子说：“周武王、周公可以说是最孝顺的了。所谓孝，就是善于继承祖先的遗志，善于继承祖先的事业。在春秋两季，修缮好自己的祖庙，陈列好祖宗传留下来的宝器，摆设好祖先留下来的衣裳，供奉上应时的食品。

“宗庙的礼仪，是用来排列辈分先后的；排列爵位的等级，是用来分别身份贵贱的；分配事项，是用来辨别各人才能的；互相敬酒，由晚辈给长辈敬酒，是为了让晚辈有机会参加宗庙祭祀，表示敬意；宴饮时按头发的黑白确定位置，是用来表明年龄长幼的。（在祭祀中）登上祖先的神位，行祖先的礼仪，奏祖先的音乐；敬重祖先所尊敬的人，爱护祖先所亲近的人；对死去的祖先就像他们还活着一样对待，对已经不在了的祖先就像他们还在那里一样对待。这就是孝的最高表现。

“郊祭、社祭的礼仪，是用来祭祀上帝的；宗庙的礼仪，是用来祭祀自己祖先的。懂得了郊祭、社祭的礼仪，禘祭、尝祭的意义，治理国家就如同看手掌上的东西一样容易了。”

［说解］

上一章最后说周公制礼作乐，完成了文王、武王的德业，本章进一步说明了周公制礼作乐的意义。所谓孝，不只是在祖先活着的时候能好好事奉，取得祖先的欢心，这是孝的一方面；孝的另一方面就是“善继人之志，善述人之事”，不能把祖先忘掉。为了继承祖先的遗志、事业，不忘掉祖先，必须有完整的礼乐制度。周公所以被孔子奉为自己的理想人物，主要是因为他为中国建立了一套完整的礼乐制度。

本章第一段是说怎样进行宗庙祭祀。“春秋修其祖庙，陈其宗器，设其裳衣，荐其时食。”

第二段是说宗庙祭祀的一些礼仪制度的意义：“序昭穆”“辨贵贱”“辨贤”“逮贱”，表明宗庙祭祀不只是祭奠祖先，也是为了教育后辈，使现实社会贵贱有别，长幼有序。这样的社会才是完美的，祖先在天之灵也可安心。

接着是说宗庙祭祀给祭祀者的心灵带来的巨大影响。“践其位，行其礼，奏其乐”，祭祀者的虔诚的心灵，就与祖先相通，“祭如在”，好像祖先就在那里。在平时生活中，能“敬其所敬，爱其所亲；事死如事生，事亡如事存”，表现出对祖先的最高的孝敬。

最后一段是说人能不忘其祖先，推而至于祭天地，以表示不敢忘天地之德，要遵天地之道。一个真能懂得这些道理的人，在为政上，不会违背天意，正像尧告诫舜那样：“天之历数在尔躬，允执厥中。四海困穷，天禄永终。”（《论语·尧曰》第一章）这样的人治理国家，一切都能符合中庸之道，国家就会治理好，不会有什么困难。

［附录］

《朱子语类》卷第六十三《中庸二》

旅酬，是客先劝主人，主人复劝客，客又劝次客，次客又劝第三客，以次传去。如客多，则两头劝起。

问：“酬，导饮也？”

曰：“《仪礼》：主人酌宾曰献，宾饮主人，主人又自酌而复饮宾，曰酬。宾受之，奠于席前至旅而后举。”（主人饮两杯，宾只饮一杯。）

问：“如何是导饮？”

曰：“主人酌以献宾，宾酬主人曰酢（zuò）。主人又自饮，而复饮宾曰酬。主人又自饮者，是导宾使饮也。但宾受之，却不饮，奠于席前，至旅时亦不举，又自别举爵，不知如何。”

又问：“行旅酬时，祭事已毕否？”

曰：“其大节目则已了，亦尚有零碎礼数，未竟。”

又问：“想必须在饮福受胙之后？”

曰：“固是。古人酢宾，便是受胙。‘胙’与‘酢’、‘昨’字，古人皆通用。”

问：“燕毛所以序齿也。”

曰：“燕时择一人为上宾，不与众宾齿，余者皆序齿。”

二十、哀公问政

本章是《中庸》中最长的一章。东汉经学家郑玄把它分为七节。本书就按郑玄的意见,分七节来解说。

[原文]

哀公①问政。子曰:“文、武之政,布在方策②。其人存,则其政举;其人亡,则其政息。人道敏政③,地道敏树。夫政也者,蒲卢④也。故为政在人⑤,取人以身⑥,修身以道,修道以仁。仁者,人也,亲亲为大;义者,宜也,尊贤为大。亲亲之杀⑦,尊贤之等,礼所生也。”(在下位,不获于上,民不可得而治矣⑧。)

[注释]

①哀公:鲁哀公姬蒋。公元前494~前468年在位。是春秋时鲁国最后一位国君。孔子周游列国十四年,在鲁哀公十一年从卫国回到鲁国。 ②布在方策:记录在书籍上。方是木板,策是竹简。古时没有纸,文章写在木板或竹简上,书籍都是用木板或竹简编成。 ③人道敏政:人道中,变化快的是政治。敏,快。 ④蒲卢:蒲苇。蒲苇很容易生长,孔子用蒲苇来比喻人道敏政。 ⑤为政在人:政治搞得好坏,就在于当政的人。 ⑥取人以身:选用当政的人,要靠国君自身的修养。即国君能修身,就能得人。身,这里指国君。 ⑦亲亲之杀:亲爱亲族程度上有等级。杀(shài),等差。 ⑧括号内的几句是错简,把下文的话放在这里了。

[译文]

鲁哀公向孔子请教为政之道。孔子说:“周文王、武王的政令,都记录在书籍上。(总的精神是)贤能的人在位,这些政令就能施行,贤能的人不在位,这些政令就会废止。人事中变化快的是政治，地上生长快的是树木。作为政治，就像蒲苇一样生长变化很快。所以，政治搞得好坏，就在于当政的人；选用当政的人，要靠国君自身的修养，修养自身要靠道德，修养道德要靠仁心。仁，就是人自身的本性。据人自身的本性，以亲爱亲族最为重要；义，就是适宜，以尊敬贤能最为重要。亲爱亲族在程度上有等级，尊敬贤能在程度上有差别，就是由礼所产生的。”

[说解]　本节是说为政在于得人，而得人之道在于国君的修身。因为是鲁哀公问政，所以孔子的回答不是泛泛的，而是有针对性的。一国国君想把国家治理好，有许多事可做，但最主要的，不过就两条：一条是国君本身要严格要求自己，加强道德修养；另一条是任用贤能。即使你的制度再好，即使你丝毫不差地按照周文王、武王记录在册的政令去做，如果不得人，也要失败。这就是所谓“其人存，其政举；其人亡，其政息”。人们常常认为一旦掌握了政权，其他事情就好办了，这种想法是非常错误的。孔子在这里提醒我们：“人道敏政”，在人事中变化快的是政治。这是一个伟大的提醒。孔子提出“人道敏政”，不是基于政治上的复杂多变的观察，而是基于政治的实质。政治的基础是人民，人民是活的，政治与人民休戚相关，所以人民对政治最敏感。

孔子对为政的基本主张是：“为政以德”，其效果是“譬如北辰居其所，而众星共之”。说明为政者只要施行德政，人心就自然归服，受到人民的拥护和爱戴。

“为政以德”是中国历代统治者挂在嘴边的一句话，但在中国历史上，真正“为政以德”的很少见。其中有代表性的，要算唐太宗李世民的“贞观之治”了。

627年,唐高祖李渊退位,唐太宗李世民即位。他即位之初,就确定了"专以仁义、诚信为治"的方针。首先,他在日常生活中,不断以儒家规定的道德条目要求自己,非常注意自己的一言一行。他礼贤下士,谦抑自律,清心寡欲,从而在臣民的心目中,确立起了一个圣主明君的形象。其次,他能任用魏征这样的贤臣,虚心接受臣下的意见。他向臣下说,自己不会因"犯颜忤旨,妄有诛责"。如贞观初年,唐太宗下令,把征兵的年龄由21岁提前到18岁,却一连四次被门下省的长官魏征驳回,唐太宗非常生气。但当他听到魏征用"竭泽而渔"来指责这一政策的弊端时,就立即收回了命令。另如贞观四年,唐太宗下令修缮洛阳宫,给事中张玄素上书谏止,认为这一行为与隋炀帝的暴政无异。对此,唐太宗不但没有斥责张玄素无礼,反而给以重赏,并下令停修洛阳宫。类似的例子在贞观年间可谓不胜枚举。皇帝能任用贤人,虚心纳谏,臣下必然竭力效忠皇帝。这是孔子所说的"君使臣以礼,臣事君以忠"(《论语·八佾》)的具体表现。再有,唐太宗亲身参加并领导了推翻隋朝的战争,充分认识了人民力量的伟大,所以在他即位之初,就实行了休养生息的政策,减轻赋税,少事营造。他还教育太子说:"舟所以比人君,水所以比黎庶,水能载舟,亦能覆舟。尔方为人主,可不畏惧!"(《贞观政要·教诫太子诸王》)这样,唐朝社会很快就出现了"唐民奉法,盗贼日稀"的状况,唐太宗也大得人心。《贞观政要·政体》中有这样的记述:"帝志在忧人,锐精为政,崇尚节俭,大布恩德。是时,自京师及河东、河南、陇右,饥馑尤甚,一匹绢才得一斗米。百姓虽东西逐食,未尝嗟怨,莫不自安。至贞观三年,关中丰熟,咸自归乡,竟无一人逃散,其得人心如此。"

但在贞观十年以后,唐太宗逐渐暴露了他刚愎自用、拒劝谏、贪图享受的本性。到贞观后期,唐太宗的所作所为更是与历史上的昏君庸主没有什么两样。他好事征伐，热心营造，大量征夫征税，“民至卖田宅，鬻子女不能供”。

贞观之治证明了德治思想确实是一种有效的治国之道，但在封建社会不能持久。因为在封建社会的专制制度下，皇帝个人独裁，他的权力几乎是无限的，没有一个相应的、有效的监督机制控制皇帝的行为。所以，这就不可能希望皇帝始终如一地施行德政。德政的施行，是一个思想问题，也是一个制度问题。为政者不要忘了孔子的“人道敏政”这句话。

［原文］

“故君子不可以不修身，思修身，不可以不事亲；思事亲，不可以不知人；思知人，不可以不知天。”

［译文］

“所以君子不可以不修养自身，要想修自身，不可以不奉养父母；要想奉养好父母，不可以不知人；要想知人，不可以不懂得天理。”

［说解］

朱熹为这一节作注说：“为政在人，取人以身，故不可以不修身。‘修身以道，修道以仁’，故思修身不可以不事亲。欲尽亲亲之仁，必由尊贤之义，故又当知人。‘亲亲之杀，尊贤之等’，皆天理也，故又当知天。”（《中庸章句》注）

本节难于理解的是后半：“思事亲，不可以不知人；思知人，不可以不知天。”修养道德要培养仁心，孝敬父母必须发自良心（仁心）。仁心不会只局限在孝敬父母上，仁者爱人，仁者必求使一切人一切物皆得其所。上至悠悠千古，下至无尽的未来，都在仁心求感通遍润的范围之中，而无所遗漏，所以此心此理，是绝对普遍的，即是天理。因此，由知人可进至知天，修身、知人、知天是一码事。

朱熹在《中庸章句大全》的引言中说："知天是起头处，能知天则知人事，事亲、修身皆得其理矣。闻见之知，非真知也。只要知得到，信得及。如君之仁、子之孝之类，人所共知而不能尽孝，非真知故也。"

由说解开头引用朱熹的话可知，朱熹由修身开始，层层往上推，一直推到"知天"，说"亲亲之杀，尊贤之等，皆天理也，故又当知天"。"知天"是开头，"修身"不是开头。即先明天理，然后才能进行道德实践。从这里，可以看出《中庸》思想与孟子思想的不同。孟子主张"尽心知性知天"，即不是"知天"在先，而是"尽心"在先。人的本心（良心）充分呈现，即能亲亲、仁民、爱物，就能上与天相通。

［原文］

"天下之达道①五，所以行之者三。曰：君臣也，父子也，夫妇也，昆弟也，朋友之交也，五者，天下之达道也；知、仁、勇三者，天下之达德②也；所以行之者，一也③。或生而知之，或学而知之，或困而知之④，及其知之，一也。或安而行之⑤，或利而行之⑥，或勉强⑦而行之，及其成功，一也。"

子曰："好学近乎知，力行近乎仁，知耻近乎勇。知斯三者，则知所以修身；知所以修身，则知所以治人；知所以治人，则知所以治天下国家矣。"

［注释］

①达道：天下古今通行之道。朱熹注说："达道者，天下古今所共由之路。"　②达德：天下古今通行的德行。朱熹注说："天下古今所同得之理也。"　③所以行之者，一也：推行这些德行的方法是"诚"。朱熹注说："'一'则'诚'而已矣。"《史记》《汉书》引用这句时都无"一"字。有人认为这是后加的衍文。　④困而知之：（有的人）遇到困难

后，才懂得这些道理。　⑤安而行之：自然循理而行，不用勉强。因为知道达道是天下古今共由之路，达德是天下古今通行的德行。　⑥利而行之：认为必须这样做才行得通，才去做。利，通达。　⑦勉强（qiǎng）：力量不足，仍去做。

［译文］

“天下古今通行之道有五种，推行这些道的德行有三种。君臣、父子、夫妇、兄弟、朋友的交往，这五种关系就是天下古今通行之道；智慧、仁爱、勇敢，这三种德行，就是天下古今通行的德行；推行这些德行的方法就是一个字——诚。有的人生来就懂得这些道理，有的人经过学习才懂得这些道理，有的人在困难中懂得了这些道理，到他们懂得了这些道理后，就都一样了。（‘知’相同，‘行’并不一样。）有的人毫不勉强地去实行这些道理；有的人认为必须这样做才行得通，才去实行这些道理；有的人力量不足，仍尽力而为地去实行这些道理。到他们成功的时候，就都是一样的了。”

孔子说：“爱好学习，就接近于智慧；身体力行，就接近于仁爱；知道羞耻，就接近于勇敢。懂得这三种德行，就知道怎样修身，就知道怎样治理别人；知道怎样治理别人，就知道怎样治理天下国家了。”

［说解］

由知人而知天，就可以知道君臣之义、父子之亲、夫妇之别、长幼之序、朋友之信的五伦之道。五伦之道就是天理的具体表现。父子之亲人称“天”伦之乐。所以，五伦之道是天下古今通行之道。要把五伦之道做好，需要智、仁、勇，否则，社会上的正常的人际关系就难以维持。所以，智、仁、勇是天下古今通行的德行。五达道三达德都是道体的呈现。所以推行五达道三达德，即行道。行道必须“诚”，“诚者天之道也”。

“或生而知之”，是不需要学习和实践的，生下来就懂得。

孔子不否定“生而知之”,说“生而知之者,上也;学而知之者,次也……”(《论语·季氏》第九章)但也不特别推崇,只是一种虚设。孔子说自己:“我非生而知之者,好古,敏以求之者也。”(《论语·述而》第二十一章)孔子自始至终强调的是“学”。“学而知之”,不只是书本学习,重要的是实践。你读了多少书,如不能通过实践自觉反省,呈现本心,你是不会懂得五达道三达德的。“困而知之”,遇到困难,受到教育,才醒悟过来,懂得了什么是五达道三达德。人们明道的途径不同,但当懂得了达道达德之后,大家都是一样的。

上面说的是“明道”,明道之后必须“行道”。不行道,明道又有何用?明道而不行,还不如不明。至于行道,也因人而不同。有的“安而行之”,有的“利而行之”,有的“勉强而行之”。但最后结果是一样的,因为他们都是行道的道德高尚的人。例如孔子的得意弟子子路,原来性格粗鄙,头戴公鸡翎,身佩公猪尾,表示自己勇敢。他第一次见到孔子时,曾“陵暴孔子”(《史记·仲尼弟子列传》)。后来经过孔子的诱导,子路认识了错误,归顺于孔子门下,一生追随孔子,成为十大弟子之一。

孔子说的“好学近乎知”三句,朱熹的《中庸章句注》引吕氏的话说:“愚者自是(自以为是)而不求,自私者徇人欲而忘返(回归本心),懦者甘为人下而不辞(甘居下贱)。故好学非智,然足以破愚;力行非仁,然足以忘私;知耻非勇,然足以起懦。”孔子说的是“近乎”。“好学”怎么就“近乎知”了呢?“力行”怎么就“近乎仁”了呢?“知耻”怎么就“近乎勇”了呢?吕氏作了很好的分析。

[原文] “凡为天下国家有九经①,曰:修身也,尊贤也,

亲亲也，敬大臣也，体群臣[②]也，子庶民[③]也，来百工[④]也，柔远人[⑤]也，怀诸侯也。修身，则道立；尊贤，则不惑；亲亲，则诸父[⑥]昆弟不怨；敬大臣，则不眩[⑦]；体群臣，则士之报礼重；子庶民，则百姓劝[⑧]；来百工，则财用足；柔远人，则四方归之；怀诸侯，则天下畏之。

"齐明盛服[⑨]，非礼不动，所以修身也；去谗远色，贱货而贵德，所以劝[⑩]贤也；尊其位，重其禄[⑪]，同其好恶，所以劝亲亲也；官盛任使[⑫]，所以劝大臣也；忠信重禄，所以劝士也；时使薄敛[⑬]，所以劝百姓也；日省月试[⑭]，既禀称事[⑮]，所以劝百工也；送往迎来，嘉善而矜不能[⑯]，所以柔远人也；继绝世，举废国，治乱持危，朝聘以时，厚往而薄来，所以怀诸侯也。凡为天下国家有九经，所以行之者，一也。"

［注释］　①九经：九种治国的不变的纲要。　②体群臣：体贴各位大臣。关心大臣，知道各位大臣的疾苦，加以抚慰。　③子庶民：爱民如子。子，动词。以……为子。　④来百工：招来各种工匠。来，招来。有人说是"敕"，是劝勉的意思。　⑤柔远人：安抚边远的民众。柔，怀柔、安抚。　⑥诸父：伯叔。　⑦不眩（xuàn）：不会迷乱。　⑧劝：努力。　⑨齐明盛服：已见于第十六章。　⑩劝：勉励，劝勉。⑪尊其位，重其禄：（使亲人）有尊贵的地位，优厚的俸禄。　⑫官盛任使：官员众多，任凭使用。朱熹注说："官属众多，足任使令也。盖大臣不当亲细事，故所以优之如此。"　⑬时使薄敛：在适当的时候使用民力，少收赋税。在《论语·学而》第五章，孔子说："道千乘之国，敬事而信，节用而爱人，使民以时。"　⑭日省月试：每日省察，每月考核。⑮既禀称事：按成绩给予报酬。既禀（xì lǐn），指官方发给的粮食。既，赠送、给予禾米。禀，同"廪"，粮食。称（chèn），相称。　⑯嘉善而矜不能：表彰好的，怜悯能力差的。嘉，表彰、赞美。矜（jīn），怜悯。

[译文]

“大凡是治理天下国家,有九种不变的纲领:就是修自身的品德,尊敬贤能,亲爱亲族,敬重大臣,体贴群臣,爱民如子,招来各种工匠,安抚边远民众,关怀各国诸侯。修养自身,本身的道德就会确立;尊敬贤能,就不会对问题疑惑不解;亲爱亲族,就使叔伯和兄弟们不会有怨恨;敬重大臣,就不会头脑发昏;体贴群臣,则士人必以重礼回报你;爱民如子,百姓就会勤劳努力;招来各类工匠,社会的财用就会充足;安抚边远的民众,就会使四方归顺;关怀各国诸侯,就会使天下畏服。

“斋戒沐浴,穿着盛装,非礼不动,这是用以修养自身的;斥退谗言,远离女色,轻视钱财而重视德行,这是用以劝勉贤能的;(使亲人)有尊贵的地位,有优厚的俸禄,与他们的好恶相同,这是用以劝勉亲族的;官员众多,任凭使用,这是用以劝勉大臣的;讲究忠信,提高俸禄,这是用以劝勉想出仕的士人的;在适当的时候使用民力,少收赋税,这是用来劝勉百姓的;每日省察,每月考核,按成绩给予报酬,这是用来劝勉各种工匠的;欢送走了的,迎接要来的,表彰好的,怜悯能力差的,这是用来安抚边远民众的;接续世系断了的诸侯,振兴废黜的古国,治理混乱,扶持危弱,按时举行朝聘的礼仪,给予诸侯的赏赐要丰厚而纳贡尽量要少些,这是用来关怀各国诸侯的。大凡是治理天下国家,有九种不变的纲领,实行起来就靠一个字——诚。”

[说解]

九经是治理天下国家的九项大纲,其中体现了儒家的政治理想。首先强调的是为政者必须严格要求自己——修身。因为“为政在人”,关于这一点在本章开头第一节已经说得很清楚了。这九项大纲尽管头绪繁多,但实行起来,要有一个总的精神贯穿,那就是一个“诚”字。这和前面说的五达道三达德“所以行之者，一也”同样，治理国家和行道都离不开“诚”。如果没有“诚”，尽管事情都做了，那只是走过场，不会有实效。这里说的“诚”，是指内心无欺说的。当人民发现国家的领导者不“诚”时，人民也会以不“诚”回应，人民对国家也就失去了信心。朱熹为“行之者，一也”作注说：“一者，诚也。一有不诚，则是九者皆为虚文矣。”（《中庸章句注》）

［原文］

“凡事豫①则立，不豫则废。言前定，则不跲②；事前定，则不困；行前定，则不疚③；道前定，则不穷。”

［注释］

①豫：准备。　②跲（jiá）：绊倒，栽跟头。　③疚（jiù）：内心痛苦。

［译文］

“凡事预先做好准备就能成功，不做准备就会失败。说话前都想定了，就不会栽跟头（叫别人问住，无言以对）；做事前都安排好，就不会遇到困难；（困难事前都想到了，已做了准备。）行动前做好准备，就不会有内心的痛苦；要走的路事先定好（走正路不走邪道），就永远不会有穷尽。”

［说解］

凡事，指上述的五达道、三达德、治国的九经等。“豫”是事先准备。这段文字表面是说凡事要事先做好准备，才会有良好的效果，但世事如此复杂，五达道、三达德、治国之九经又如此深奥，究竟应该怎样做准备呢？朱熹作注说：“此承上文，言凡事皆须先立乎诚。如下文所指是也。”意思是遇事必先立其诚，然后事方可成功。这样解释比较能贯通上下文。

这就是说，平时注意修身，做到真实诚笃，这样遇事就能以诚对待。没有这样的准备，无论做什么都很难成功。

［原文］

“在下位，不获乎上，民不可得而治矣。获乎上有道，不信乎朋友，不获乎上矣。信乎朋友有道，不顺乎亲，不信乎朋友矣。顺乎亲有道，反诸身不诚，不顺乎亲矣。诚身有道，不明乎善，不诚乎身矣。”

［译文］

“职位卑下而得不到上级的信任，是不能把百姓治理好的。想得到上级的信任有办法，得不到朋友的信任，就不会得到上级的信任。得到朋友的信任有办法，不孝顺父母，就不会得到朋友的信任。孝顺父母有办法，反过来要求自己而不是诚心诚意，就不会孝顺父母。要使自己诚心诚意有办法，不懂得什么是善，就不会使自己诚心诚意。”

［说解］

本节用步步推进的办法，由不获在上者的信任，一直推到修身的根本：明善诚身。“反诸身不诚”，本无孝敬父母的诚心，表面做出孝敬父母的行动，那孝顺父母也是假的。

这一段似乎是取自《孟子·离娄上》第十二章，原文如下：

> 孟子曰：“居下位而不获于上，民不可得而治也。获于上有道，不信于友，弗获于上矣。信于友有道，事亲弗悦，弗信于友矣。悦亲有道，反身不诚，不悦于亲矣。诚身有道，不明乎善，不诚其身矣。是故，诚者天之道也；思诚者，人之道也。至诚而不动者，未之有也；不诚，未有能动者也。”

文章环环紧扣，由外而内，说明一个人想在社会上得到上上下下的信任，要在明乎善之后能“诚其意”。对这个“善”，朱熹注说：“不明乎善，谓不能察于人心天命之本然，而真知至善之所在也。”这个善是指“至善”。什么是“至善”？就是“人心天命之本然”，就是我们所说的良心（良知）。一个人本着良心，焉能不诚？反之，如果一个人“不明乎善”，即没有良心，焉能“诚其身”？

所以“明善”，就是逆觉其本心之善，而此逆觉（明）的本身，就是诚体的呈现，也就是说，逆觉本身就是善。曾子的“吾日三省吾身：为人谋而不忠乎？与朋友交而不信乎？传不习乎？”就是逆觉其本心，就是善。从三省中，看出曾子之“诚”。

［原文］

“诚者，天之道也；诚之者[①]，人之道也。诚者，不勉而中，不思而得，从容中道[②]，圣人也；诚之者，择善而固执者也。

“博学之，审问[③]之，慎思之，明辨之，笃行之。有弗学，学之弗能弗措[④]也；有弗问，问之弗知弗措也；有弗思，思之弗得弗措也；有弗辨，辨之弗明弗措也；有弗行，行之弗笃弗措也。人一能之，己百之；人十能之，己千之。果能此道矣，虽愚必明，虽柔必强。”

［注释］

①诚之者：使之（自己）诚的。　②从容中道：从容不迫而合于道。　③审问：详细地求教。　④弗措：不能放下，不能停止。

［译文］

“诚是天之道，使自己诚是人之道。诚，就是不用勉强而能符合中庸，不用思虑而能求得事理，从容不迫而合于道，这就是圣人。使自己诚的，就是选定‘善’而牢牢地把握住。

“广泛地学习，详细地求问，谨慎地思考，明确地辨别，踏实地去做。有些学问不曾学过的，就去学习，不学会就不能停止；有些问题没有问过，就去向人提问，问了还没有弄懂也不能停止；有些事情没有思考过，就去思考，思考而没有得到答案就不能停止；有些是非没有辨别过，就去辨别，辨别了而没有弄清楚就不能停止;有些事没有做过,就去做,做得不够踏实就不能停止。别人一次能做到的,自己就做一百次;别人十次能做到的,自己就做一千次。果真能够这样做的,即使愚笨的也能变得聪明,即使柔弱的也能变得刚强。”

[说解] 这一节从伦理道德的诚,进而说到天道之诚。前一节引用孟子的话说:“至诚而不动者,未之有也;不诚,未有能动者也。”为什么至诚能动(化)人呢?因为人在实践道德(做好事)时,静下来反省自己,就可体会到自己的真实本性。“尽心知性”,进一步可体会到内在于人的道德之性(良知)是有其超越的根源的,是无穷无尽的,是遥契天道的。同时感受到天地之道,也是一诚道,所以能化。孟子在《尽心上》第十三章以王霸对比,对“至诚化人”作了很好的阐述。他说(译文):“功业显著的霸主国家的百姓,欢喜快乐;王者国家的百姓,心情开阔舒畅。百姓被杀了,也不怨恨;得到好处,也不认为这是谁的功德。每天都向好的方向发展,也不知道谁使他如此。君子经过之处,人们受到感化,留下来的作用,更神秘莫测。他的活动,上下与天地一致,难道这只是小小的补益吗?”

《中庸》视“诚”为天之道,即自然而然之道,自然是诚体流行。而“诚之”的修养功夫,则是人之道,即由“诚之”的功夫,以求恢复天所赋予自己的诚的本体或本性(良心,仁心)。由此可见,《中庸》的“诚”,实与孔子的“仁”相合。“诚”可视为天道,“仁的参赞化育的作用是无穷无尽的”,所以孔子的“仁”也可视为天道。至此,传统思想中高高在上的天道,经过《中庸》的发展,成为完全可以被人通过“诚”与“仁”去体会、去领悟的了。

宋儒周敦颐说:“诚者圣人之本。大哉乾元,万物资始,诚之源也。乾道变化，各正性命，诚斯立焉。纯粹至善者也。故曰：一阴一阳之谓道，继之者善也，成之者性也。元亨诚之通，利贞诚之复，大哉易也，性命之源乎！”（《通书》）他从圣人生命中所透出来的诚，以言乾元天道。言天道，言性，还只是从形式上说；言诚，就是从内容上说。这就揭示出作为天地万物生化根源的天道，其身是真实无妄的真几。只有诚（真实无妄），万物才能生长化育，才能存在。人诚、物诚，才是一真实的存在。人若有真实的道德实感（本心呈现），就必须有形上的契悟。这里我们以陆九渊的形上契悟为例。

陆九渊（号象山）小时就考虑天地的尽头是什么的问题，怎么也想不明白。后来读《淮南子·齐俗训》至“宇宙”二字，注解说：“上下四方为宇，往古来今为宙。”陆九渊读到这里，恍然大悟，说：“原来无穷、宇宙内事，即己分内事。宇宙即吾心（本心），吾心即宇宙。”宇宙事物变化万千，任何聪明人也不能完全了解，为什么说“宇宙即吾心，吾心即宇宙”呢？因为人心为“仁”，宇宙的万千变化也是“仁”的体现。人之为仁必须诚，宇宙的真几也是诚，不诚无物。所以，人心与宇宙是一，宇宙即吾心，吾心即宇宙。

“诚者天之道，诚之者人之道”，这句的意思是说，圣人不用经过思考和努力，其言行就自然合乎中庸之道。而一般人有七情六欲，受其蒙蔽，言行往往偏离中庸之道，所以要“使之诚”。即以后天的工夫，来使本有的善性能纯粹无杂地呈现出来。虽是上智，也不能没有私欲，所以必须修己，以求排除私欲，复其本性。所以求实现其本性的“诚之”的工夫，是一切人都必需的，所以说“诚之者，人之道也”。“诚之”，就是使自己诚实无妄。朱熹说：“诚者，真实无妄之谓，天理之本然也。诚之者，未能真实无妄，而欲其真实无妄之谓，人事之当然也。”

能“不勉而中，不思而得，从容中道”的只有圣人。孔子

“五十而知天命，六十而耳顺，七十而从心所欲不逾矩”。何以圣人能“从心所欲不逾矩”？因为圣人之心没有一般人的私心，而是道心，即天赋人心之本然。道心之所欲，既无私心，又真实无妄。正如《中庸》第一章的全书大纲所说“天命之谓性，率性之谓道”，天之道就在人性（良知）中呈现。这时实在不可能分天之道、人之道，其中只是实现了一个“诚”字。

“诚之者，择善而固执之。”“择善”之“善”，是前面所说的“不明乎善，不诚乎身矣”的“善”。善本在心中，如孟子所说：“恻隐之心，仁也；羞恶之心，义也；恭敬之心，礼也；是非之心，智也。仁、义、礼、智非由外铄我也，我固有之也，弗思耳矣。故曰：‘求则得之，舍则失之。’”（《告子上》第六章）

“善”“性”不在心之外，人要明善而复其本然之性，就要有不懈的修己工夫。所以，《中庸》告诫人要“博学之，审问之，慎思之，明辨之，笃行之”。朱熹注说：“此‘诚之’之目也。”（这是使自己诚实的条目。）《中庸章句大全》引双峰饶氏的话说：“学必博，然后有以聚天下之见闻而周知事物之理。问必审，然后有以订其所学之疑。思必谨，然后有以精研其学问之所得，而自得于心。辨必明，然后有以别其公私义利、是非真妄于毫厘疑似之间，而不至于差谬。择善至此，择之可谓精矣。如是而加以笃行，则日用之间，由念虑之微，以达于事为之著，必能去利而就义，取是而舍非，不使一毫人欲之私，得以夺乎天理之正。而凡学问思辨之所得者，皆有以践其实矣。”这个解释十分确切。

“诚之者，人之道”，怎样“诚之”？孔子列出了细目。但按细目做起来，并不一定得到理想的效果。想取得理想的效果，必须坚持不变，所谓“诚之者，择善而固执者也”。怎样“固执”？就是在博学、审问、慎思、明辨、笃行时，不达目的绝不罢休，绝不半途而废，一定坚持到底。

大家都能坚持,但是否能一齐成功?不一定。因为人的气质不同,会因人而异。特别是天资稍差的人,不努力就会落在后面,有的因此丧失信心。孔子最后教育我们:“人一能之,己百之;人十能之,己千之。”有了这种决心和毅力,“虽愚必明,虽柔必强”。在这里,朱熹引用了吕大临的文章,他解释说:“君子所以学者,为能变化气质而已,德胜气质,则愚者可进于明,柔者可进于强。不能胜之,虽有志于学,亦愚不能明,柔不能立而已矣。盖均善而无恶者,性也,人之所同也。昏明强柔之禀不齐者,才也,人所异也。诚之者,所以反其同而变其异也。夫以不美之质,求变而美,非百倍其功,不足以致之。今以卤莽灭裂之学,或作或辍,以变其不美之质,及不能变,则曰天资不美,非学所能变,是果于自弃,其为不仁甚矣。”朱熹说:“某年十五六时,见吕与叔(大临)解得此段痛快,读之未尝不悚然警厉奋发。人若有向学之志,须是如此做工夫方得。”

曾参是孔子的后期弟子,天资迟钝(鲁),但他能反求诸己,“吾日三省吾身”,慎独守约,最后成为孔子学说的直接继承人。孔子弟子中,才智出众的人不少,为什么成就不如曾参?就是因为他们缺乏曾子那种“择善固执”,不达目的绝不罢休的精神。

有的人认为人性善,就天真地认为人很容易就成为贤人、君子,这是误解。人的本心虽善,但同时也有私心。名、利、物质享受、色情等对私心有很强的吸引力,人的本心很难阻挡。人的本心有时也呈现,想制止人的堕落,但常常是徒劳无益。所以,要克服私欲,而恢复人的本来之善,对一般人来说,是很不容易的。但本心之求为善,不甘堕落,也是非常真实的。孟子在《告子上》第八章里,对这一点分析得很清楚。他以牛山为例,说牛山原本树木茂盛,但因人的砍伐以及新的嫩芽也被牛羊啃食掉,致使牛山变成光秃秃的,好像这座山不能长树木似的。实际上,牛山完全有长树木的能力,只是由于人为的破坏,目前还没有长树罢了。

人的本性也和牛山一样,其本心所具有的仁义之性,是永远不会放失的。恶人好像其本性已经放失,其实那只是本心被烟雾所遮蔽而暂时看不见罢了。这遮蔽本心的烟雾是什么?就是人的私欲的膨胀。如果我们不用心去保养本心,而任私欲去膨胀,它的遮蔽性也就愈大,形成人心的持续的矛盾冲突。我们经常为自己所做的错事感到羞愧痛苦,但同时也知道私欲难以抗拒,身边种种强大的诱惑在吸引自己。日久天长,人心变得麻木疲软了,看上去似乎丧失了良心。实际上和牛山一样,人的善性依然存在,只是埋得更深更深罢了。

恶人有时也能摆脱私欲的干扰于一时。譬如夜间睡觉,早晨刚醒时,他那没有杂质的清明之气,由此激发出来的好恶之情,与一般人也有一点点相似之处,可是一到白天,他的所作所为,因受私欲的影响,那一点点的善心又消亡了。

最后,孟子引用孔子的话:“操则存,舍则亡;出入无时,莫知其乡(向)。”孔子的这句话是就现实生活讲的。在现实生活里,我们的心就像一条泥鳅,你很难抓住它。心是活的,它可以随时跑出去,也可以随时收进来。

第二十章相当长,涉及的事物很多。由哀公问政而言人之修身,由修身而言知天。中间又散开说,言五达道、三达德、治天下国家之九经,然后归本于诚,以诚为一切活动的枢纽。由此可见诚道之大,无所不包。这就是至微者实至显的意思。能从这里(即以诚修身)用功,就可以达成治国平天下的功业。这是对儒家哲学的很完整的陈述。

本章一点出“诚”,就指出诚是天道。而《中庸》的后半部,都是言诚。其中我们要注意,《中庸》所说的“诚”,最先是从修身、事亲、交友的真诚态度上说的。从最切近的修身、事亲、交友的事情上，我们体会到自己的真心诚意的重要。若没有这一点点的真心诚意，就不能修身、事亲，那就等于一切事情都做不成，因为修身、事亲是一切事情的根本。由此可知，这至微至隐又至切近的一念之“诚”，我们是离不开的。人们还可以从当下至近的一念之“诚”，而体会到它实在是至广至大的，整个宇宙的生成变化都是一诚道。没有诚道就没有宇宙。

所以，《中庸》言诚道，不是凭空说的，而开始是从当下之修身、事亲的一念真诚上说的。说明诚道虽极高远，但也是至为切近的，人能反求诸己，就能悟得诚道。这是《中庸》上半部所说的“道不远人”，法则即在“庸德之行，庸言之谨”处。可知《中庸》虽言天道，言宇宙生化，好像是非常玄远，其实是扣紧人的伦常日用活动的，即就人的当下之真心诚意说的。一切高明的理论，实际上本来都含在当前的伦常实践的不敢自欺的诚意上，真可以说是“极高明而道中庸”。

朱熹在本章最后作注说：“此引孔子之言，以继大舜、文、武、周公之绪，明其所得之一致。举而措之，亦犹是尔。盖包费隐，兼小大，以终十二章之意。章内语诚始详，而所谓诚者，实此篇（《中庸篇》）之枢纽也。”

《孔子家语》中也记有此章，较此详细。在第三节“及其成功，一也”之下，多了一句哀公的话：“公曰：‘子之言美矣，至矣。寡人实固，不足以成之也。’”《中庸》里没有哀公的话，却留有“子曰”。朱熹认为这是“盖子思删其繁文，以附于篇，而所删有不尽者。今当为衍文。”

又《孔子家语》中没有“博学之，审问之……”一段，朱熹认为这是“彼有缺文，抑此或子思所补也与”，即认为这段话不是孔子的话，是子思补上的。从说解来看，子思补得很恰当。

[附录]

《朱子语类》卷第六十四《中庸三》

问："'修道以仁'，继之以'仁者人也'，何为下面又添说义、礼？"

曰："仁便有义，如阳便有阴。亲亲、尊贤，皆仁之事。亲之，尊之，其中自有个差等，这便是义与礼。亲亲，在父子如此，在宗族如彼，所谓'杀'也；尊贤，有当事之者，有当友之者，所谓'等'也。"

问："仁亦是道，如何却说'修道以仁'？"

曰："道是泛说，仁是切要的。"

问："思修身，不可不事亲；思事亲不可不知人；思知人，不可不知天？"

曰："此处却是倒看，根本在修身。然修身得力处，却是知天。知天，是知至、物格，知得个自然道理。学若不知天，便记得此，又忘彼；得其一，失其二。未知天，见事头绪多。既知天了，这里便都定，这事也定，那事也定。

"'思事亲，不可不知人。'若不好底人与他处，岂不为亲之累？知天，是知天道。

"知天是起头处。能知天，则知人、事亲、修身，皆得其理矣。闻见之知与德性之知，皆知也。只是要知得到，信得及。如君之仁，子之孝之类，人所共知而多不能尽者，非真知故也。"

问："知、仁、勇。"

曰："理会得底是知，行得底是仁，著力去做底是勇。仁则力行工夫多，知则致知工夫多。'好学近乎知，力行近乎仁'，意自可见。'知耻'，如'舜，人也，我亦人也。舜为法于天下，可传于后世，我犹未免为乡人也，是则可忧也。'(《孟子·离娄上》第二十八章)既耻为乡人，进学安得不勇！为学自是要勇，方行得彻，不屈慑。若才行不彻，便是半涂而废。所以《中庸》说：'知、仁、勇三者。'勇本是没紧要事物。然仁知了，不是勇，便行不到头。"

问："'为天下有九经'，若论天下事，固不止此九件，此但举其可以常行而不易者否？"

曰："此亦大概如此说，然其大者亦不出此。"

又问："养士亦是一大者，不言何也？"

曰："此只是大概说。若如此穷(问)，有甚了期？若论养士，如'忠信重禄'，'尊贤'，'子庶民'，则教民之意固已具其中矣。"

问："'来百工则财用足'。"

曰："既有个国家，则百工所为皆少不得，都要用。若百工聚，则事事皆有，岂不足以足财用乎？"

问："'反诸身不诚'。"

曰："'反诸身'，是反求于心；'不诚'是不曾实有此心。如事亲以孝，须是实有这孝之心。若外面假为孝之事，里面却无孝之心，便是不诚矣。

"'诚者，天之道。'诚是实理，自然不假修为者也。'诚之者，人之道'，是实其实理，则是勉而为之者也。孟子言'万物皆备于我'(《尽心上》第四章)便是'诚'；'反身而诚'(《尽心上》第四章)便是'诚之'。'反身'，只是反求诸己。诚，只是万事具足，无所亏欠。"

问："'诚者天之道，诚之者人之道'。"

曰："诚是天理之实然，更无纤毫作为。圣人之生，其禀受浑然，气质清明纯粹，全是此理，更不待修为，而自然与天为一。若其余，则须是'博学、审问、慎思、明辨、笃行'。如此不已，直待得仁义礼智与夫忠孝之道，日用本分事无非实理，然后为诚。有一毫见得与天理不相合，便于诚有一毫未至。"

问："诚者，真实无妄之谓，天之道也。"

曰："此言天理至实而无妄，指理而言也。"

问："诚之者，未能真实无妄，而欲其真实无妄之谓，人之道也。"

曰："此言在人当有真实无妄之知行，乃能实此理之无妄，指人事而言也。盖在天，固有真实之理，在人当有真实之功，圣人不思不勉，而从容中道，无非实理之流行，则圣人与天如一，即天之道也。未至于圣人，必择善，然后能实明是善，必固执，然后实得是善，此人事当然，即人之道也。"

问："'博学之'至'明辨之'，是致知之事，'笃行'则力行之事否？"

曰："然。"

又问："'有弗学'至'行之弗笃弗措也'，皆是勇之事否？"

曰:“此一段却只是虚说,只是应上面‘博学之’五句反说起。如云不学则已,学之而有弗能,定不休。如云‘有不战,战必胜矣’之类也。‘弗措’也未是勇事。到得后面说‘人一己百,人十己千’,方正是说勇处。‘虽愚必明’,是致知之效;‘虽柔必强’,是力行之效。”

或问:“人一己百,人十己千。”

曰:“此是言下工夫,人做得一分,自己做百分。”

汉卿问:“‘哀公问政’章。”

曰:“旧时只零碎解。某自初读时,只觉首段尾与次段首意相接。如云‘政也者,蒲卢也。故为政在人,取人以身;修身以道,修道以仁’。(次段)便说‘仁者人也,亲亲为大。义者,宜也,尊贤为大’。都接续说去,遂作一段看,始觉贯穿。后因看《家语》,乃知是本来只一段也。《中庸》三十三章,其次第甚密,古人著述便是不可及。此只是将别人语言斗凑成篇,本末次第终始总合,如此缜密!”

问:“《中庸》第二十章,初看时觉得涣散,收合不得。熟读先生《章句》,方始见血脉贯通处。”

曰:“前辈多是逐段解去。某初读时,但见‘思修身’段后,便继以‘天下之达道五’;‘知此三者’段后,便继以‘为天下国家有九经’,似乎相接续。自此推去,疑只是一章。后又读《家语》,方知是孔子一时间所说。”

广云:“岂独此章?今次读《章句》,乃知一篇首尾相贯,只是说一个中庸的道理。”

曰:“固是。它古人解做得这样物事,四散收拾将来。及并合众,则便有个次序如此,其次序又直如此缜密!”

二十一、自诚明谓之性

[原文]

自诚明，谓之性①；自明诚，谓之教②。诚则明矣，明则诚矣③。

[注释]

①自诚明，谓之性：郑玄注："自，由也。由至诚而有明德，是圣人之性者也。"即由诚而明的，是圣人从容中道的表现，是自然而不待勉强的意思。　②自明诚，谓之教：从明而诚的，就是教。朱熹注："先明乎善而后能实其善者，贤人之学，由教而入者也。"教，即学而知之。③诚则明矣，明则诚矣：诚者就没有不明的，而明也可以至于诚。

[译文]

由诚心达到明（明德），叫做"天性"；由明（明德）达到诚心，叫做"教化"。诚心就会明（明德），明（明德）就会诚心。

[说解]

"自诚明，谓之性"和第一章的"天命之谓性"的意思不一样，二者虽然都是在说什么是"性"，但"天命之谓性"是说性的根源，指出性是出于天的。而"自诚明，谓之性"是说圣人不思而得、不勉而中的境界。前章已经指出："诚者，不勉而中，不思而得，从容中道，圣人也。"朱熹作注说："德无不实，而明无不照者，圣人之德，所性而有者也。"意思是由诚而明，好像天生自然如此，是圣人的境界。孟子用了许多比喻来赞扬圣人之道至大。他说："日月有明，容光必照。"（《孟子·尽心上》二十四章）他把圣人之明比作日月。太阳和月亮的光亮，即使一个小小的缝隙也能照进去。从"容光"，看出圣人之道的伟大。圣人不是经过学习之后才分清是非善恶的，因为他心诚，没有私心杂念，凡事都凭良心（本心），所以不用费力就能分清是非善恶,什么事都能"从心所欲不逾矩"。

一般人"心诚"受私欲的干扰,本有的善性就难以表现出来。所以,必须先明善,才能诚其身。如前章所说,必须博学、审问、慎思、明辨、笃行。"自明诚,谓之教",就是由学问思辨,使心能知善明理,而归于诚、复其性,这是教化之功。

"诚则明矣,明则诚矣",是说本性与功夫的相即不离。心诚则能明善,明善必然归于诚。所以,诚与明本来是一体。对一般人来说,想做到"诚心明善,明善诚心",须有一个固执的功夫和人一己百、人十己千的毅力,否则便不可能战胜心里的私欲,使本心复明,成为一个诚实的人。

在本章最后,朱熹作注说:"子思承上章夫子天道人道之意而立言也。自此以下12章,皆子思之言,以反复推明此章之意。"(《中庸章句》注)可见本章的20个字,是下面12章的纲领,也是《中庸》一书的中心思想。

二十二、至诚尽性

[原文]

唯天下至诚,为能尽其性①;能尽其性,则能尽人之性;能尽人之性,则能尽物之性;能尽物之性,则可以赞②天地之化育;可以赞天地之化育,则可以与天地参③矣。

[注释]

①唯天下至诚,为能尽其性:只有天下最为诚心的人,才能够完全发挥自己的本性。这里说"天下",说"至诚",又说"尽其性",天底下什么人才能这样?恐怕只有圣人了。圣人之心纯然无杂,所以说是"至

诚”。朱熹注说：“天下至诚，谓圣人之德之实，天下莫能加也。”　②赞：帮助，辅佐。　③与天地参：与天地并立而为三。

［译文］　**只有天下最为诚心的人，才能够完全发挥自己的本性；能够完全发挥自己的本性，就能够完全发挥别人的本性；能够完全发挥别人的本性，就能够完全发挥万物的本性；能够完全发挥万物的本性，就可以帮助天地演化和养育万物；可以帮助天地演化和养育万物，就可以与天地并立而为三了。**

［说解］　《中庸》思想的中心，简单一点说，就是“至诚尽性”。“至诚尽性”有什么意义？“至诚尽性”不仅有理论上的意义，而且有道德实践的意义。

一个人能达到至诚的境界，就会使本性充分呈现。至诚之人，就不是作为一个人而存在，而是作为天地间的一分子存在。作为一个人存在，生、老、病、死，过完一生就完了。作为一个人存在，在他狭隘的境界里，把万物看成是与自己对立的，“人为万物之灵长”，人应该主宰万物，让万物为自己服务，于是就随意破坏万物，破坏大自然，结果带来严重的后果。到了20世纪后半期，人们才开始注意环境问题，认识到人与自然应该和谐相处。其实我们祖先早就把人与自然、人与万物的本然的关系理解得很透彻了。两千多年前的《中庸》，就建立了“天人合一”的理论。

人只是天地间的一分子，和山、川、草、木一样都是天生的。一座山，一条河，一棵树，看起来似乎都是自己在那里存在，实际上它们在天地间都不是孤立的，都在发挥着它们应有的作用，即“各尽其性”。

人的确与万物不同。人有思想，人是能动的，但人的性与万物一样，也是天赋的。如果人有至诚之心，充分呈现其本性，认识自己只是天地间的一分子，要从容中道，必求一切人、一切物皆能实现其本性。即至诚者之尽性，是使一切人、一切物之能尽其性为内容、为条件的。一切圣哲，都有悲悯之心，希望一切皆得其所。我们从本心的呈现处，可以体会到天道之实。只有圣哲，才有至诚之德。

尽人之性，就是使一切人都能充分实现其本有的仁义善性，而与万物一体。也就是说，使一切人都体现天道而成圣人。尽物之性，就是使一切物都实现其应有的价值，都能尽其性而不受伤害；一切物都能得到善用而不遭破坏和浪费。这样的境界是否可以实现呢？我们说，在现实生活里，这是一个永远不能实现的理想。一个人想要成圣已是千难万难，又怎么能使一切人都成圣人呢？人不断努力，希望人、物各得其所，但天地如此之大，万物如此之多，人只藐然一身，又怎么能做尽一切事？我们的思想不能被现实限制住，应该认清真理，相信真理，坚持真理。一个人应该修身，成为一个道德高尚的人，这是没有错的；修身的目的是“至诚尽性”，这也是没有错的。但人不能说能穷尽其性。在心求尽性的过程中，性的内容意义就一步一步地被彰显出来，而这个过程是无穷无尽的。求道者的一生，可以说是求至诚尽性的过程。在这个过程中，人会感到他是在以有限的生命来体现无限的天道的。

从外延的量上看，人是有限的，不能做尽他所应做的事；但在他的本心的明觉呈现时，他的心是与万物为一体的。正像孟子所说，可以“尽心，知性，知天”。一个人在本心呈现时，向上超越，这心虽不离开有限的形躯，但并不为形躯所限制。在此刻，是没有有限无限、足与不足的分别的。因为若与万物为一体，则一切分别都泯除了，只有一诚道之流行，流行于何处，就在该处完成其价值。这样，“至诚尽性”的理想，也可以说当下就能达到。只要人能呈现其本心，那就是天道的呈现，顿时就实现无限的价值，而无所谓不足。

所以，“至诚尽性”可以说是永不可及，也可以说是当下就能实现。这两重意思是可以并存而不互相冲突的。人一面可能感到天道浩浩无穷，人虽竭其心，仍不能充分实现天道；一面也可以在当下的每一道德行为上完成无限的价值。

人又怎么可以赞天地之化育呢？其实至诚尽性的活动本身，就是天地之化育。“只此心便是天”“只此便是天地之化”（程颢语）。这就是所谓“天人合一”。从历史事实看，天下有道时，政通人和，万物发育；反之，天下无道时，不仅百姓遭罪，万物也遭殃。万物的生长发育，实受天、地、人三方面的影响。

［附录］

《朱子语类》卷第六十四《中庸三》

或问：“如何是‘唯天下至诚’？”

曰：“‘唯天下至诚’，言其心中实是天下至诚，非止一家一国而已。……此是说圣人。”

问：“‘至诚尽性，尽人，尽物。’如何是‘尽’？”

曰：“性便是仁义礼智。‘尽’云者，无所往而不尽也。尽于此不尽于彼，非尽也；尽于外，不尽于内，非尽也；尽得这一件，那一件不尽，不谓之尽；尽得头，不尽得尾，不谓之尽。如性中之仁，施之一（自己）家，而不能施之宗族；施之宗族，不能施之乡党；施之乡党，不能施之国家天下，皆是不尽。至于尽礼，尽义，尽智，亦如此。至于尽人，则凡或仁或鄙，或夭或寿，皆有以处之，使之各得其所。至于尽物，则鸟兽虫鱼，草木动植，皆有以处之，使之各得其宜。尽性，尽人，尽物，大概如此。”

问：“赞天地之化育。”

曰：“人在天地中间，虽只是一理，然天人所为，各自有分。人做得底，却有天做不得底。如天能生物，而耕种必用人；水能润物，而灌溉必用人；火能烧物，而薪焚必用人。裁成辅相，须是人做，非赞助而何？

“圣人‘赞天地之化育’。盖天下事有不恰好处，被圣人做得都好。丹朱不肖，尧则以天下与人。洪水泛滥，舜寻得禹而民得安居。桀纣暴虐,汤武起而诛之。”

二十三、其次致曲

[原文] 其次致曲①,曲能有诚②;诚则形③,形则著④,著则明⑤,明则动⑥,动则变⑦,变则化⑧;唯天下至诚为能化⑨。

[注释] ① 其次致曲:其次(圣人之次,贤人),在某一部分上用功(也能逐步达到诚)。致,推致、逐步达到。曲,是一偏。人的气质不同,而偏于一个方面(如好勇、好义、好礼等)。在历史上有贡献的人物,都是“致曲”。 ② 曲能有诚:在致曲时,诚也会呈现。 ③ 诚则形:有诚则会有所表现。形,表现。 ④ 形则著:有所表现,就会显著而为人知。 ⑤ 著则明:显著而为人知,就会发出有德者的光辉。明,光辉。 ⑥ 明则动:有德性的光辉,就能影响外界。 ⑦ 动则变:能影响外界,就会使外界有所改变。 ⑧ 变则化:能使外界有所改变,就会有所转化。 ⑨ 唯天下至诚为能化:只有至诚者有化成外物的功效。从“致曲”到“能化”,是圣人以下的人修养以复其性的功夫的进展过程。到“能化”,就和“至诚者”一样了。

[译文] 其次是在某一部分上用功,在某一部分上用功,诚也会呈现;有诚就会有所表现,有所表现就会显著而为人知;显著而为人知,就会发出有德者的光辉;发出有德者的光辉,就能影响外界;能影响外界,就会使外界有所改变;能使外界有所改变,就会有所转化;只有至诚者才能有化成外物的功效。

[说解]　“曲”是不完全的意思，在这里指不是全德。不是全德，当然不可能是至诚。在品德上有所偏，是否就不可能达到至诚了呢？如果是这样，修身就丧失了方向。不，人有所偏，同样可达到至诚。就由你所偏的一方去用功，同样可达到至诚的境界。

大贤以下，或偏于仁，或偏于智，或偏于勇，而不具备全德。还有些人，品德更差一些，只能说是近于仁、近于智或近于勇，这些都是偏曲。就气质说，人们也不一样，有清有浊，有柔有刚，有智有愚，这些也是偏曲。人就应该认识自己之所偏，由所偏处用功。如子路好勇，气质刚强，孔子就由勇处来指点他。孔子赞扬子路的优点：“片言可以折狱者，其由也与?”(《论语·颜渊》第十二章)但也不断指出他的“好勇”的缺点。孔子说：“道不行，乘桴浮于海，从我者其由与?”子路闻之喜。子曰：“由也好勇过我，无所取材。”(《公冶长》第七章)有时孔子对子路的批评很严厉，如《述而》第十一章，孔子说：“暴虎冯河死而不悔者，吾不与也。必也临事而惧，好谋而成者也。”其实孔子是很喜欢子路的，多处赞扬了子路的高尚品德和工作能力，也多处指出子路只凭好勇的缺点，教育他加强学习，“君子义以为上”(《阳货》第二十三章)，后来子路终于成为孔子十大弟子之一。

“曲能有诚”，一个普通人，就自己所偏的一方去用功，本心之诚就会呈现。本心之诚一旦呈现，就要尽力去行仁、做好事，所以说“诚则形”。有具体的德行表现于外，就会成为社会上的一个亮点，就会显著而有光明。有光明，人们必然被你的德行所感动，从而感化人于无形。能感化人于无形，就是至诚者的德化的功效。由诚而有明、著、形、动、变、化六个步骤，这全部过程以“化”为终极。诚者的生命健行不息，能够如天地一样，起着化育的作用。

[附录] **《朱子语类》卷第六十四《中庸三》**

问:"'致曲'是就偏曲处致力否?"

曰:"如程子说'或孝或弟,或仁或义',所偏发处,推致之各造其极也。"

问:"如此,恐将来只就所偏处成就?"

曰:"不然。或仁或义,或孝或弟,更互而发,便就此做致曲工夫。"

元德问:"'其次致曲,曲能有诚'。"

曰:"凡事皆当推致其理,所谓'致曲'也。如事父母,便来这里推致其孝;事君,便推致其忠;交朋友,便推致其信。凡事推致,便能有诚。曲不是全体,只是一曲。人能一一推之,以致乎其极,则能贯通乎全体矣。"

仲思问:"动非明,则无所之;明非动,则无所用。"

曰:"徒明不行,则明无所用,空明而已。徒行不明,则行无所向,冥行而已。"

"明则动,动则变,变则化。动与变化,皆主乎外而言之。"

二十四、至诚之道可以前知

[原文] 至诚之道,可以前知①;国家将兴,必有祯祥②,国家将亡,必有妖孽③;见乎蓍龟④,动乎四体⑤。祸福将至,善,必先知之;不善,必先知之。故至诚如神⑥。

[注释] ①前知:预先知道。 ②祯祥:吉祥的事物。祯(zhēn),吉祥。 ③妖孽:妖怪。 ④蓍龟:古代占卜用蓍龟。蓍(shī),多年生草本植物,叶有锯齿,全草入药。我国古代用它的茎占卜。通称蚰蜒草或锯齿

草。龟,古人以龟为灵物,灼龟甲来占卜,谓卜为龟。甲骨文就是商朝的统治者在用龟甲和兽骨占卜后,在甲骨上刻记所占事项及事后应验的卜辞或有关记载。 ⑤四体:由人的手足动作举止来观察吉凶祸福。东汉郑玄认为"四体"指龟的四足。今天我们说的"四体不勤"指人的手足。 ⑥至诚如神:至诚者就像神明一样。

[译文] 至诚之道,可以在事先有所预知;国家将要兴起,就一定有吉祥的事物出现;国家将要灭亡,就一定有妖孽出现;表现在蓍龟占卜上面,体现在人们手足的动作举止上。有祸福将要到来,是好事,一定能预先知道;不是好事,一定能预先知道。所以,至诚者就像神明一样。

[说解] "至诚之道,可以前知。"本来想预先知道吉凶祸福,古代是靠占卜,而《中庸》把它落在至诚者的知几上。占卜者能预知吉凶,只是根据卦象的猜测;《中庸》认为至诚者也能预知吉凶,这叫做"知几"。什么是"几"? 周敦颐说:"动而未形,有无之间者,几也。"(《通书》)事物将形而未形时,是"几";心念要动而未动时,也是"几"。所以,"几"是很幽深难测的。而至诚者则可知"几",他可以见微知著,知天下之兴衰。

"国家将兴,必有祯祥,国家将亡,必有妖孽。"这是古人对国家兴亡规律的一个总结。古人信天、信神,在国家兴亡这样的大事上,认为上天或神明必能以祯祥或妖孽暗示于人。一般人难以察觉,而至诚者是能够察觉的。这种说法有些迷信色彩,但是国家的兴亡是有规律可循的,事前也能够察觉。如果在上者一心为国,废寝忘食,一国人民遵纪守法,积极向上,这时社会上必会出现过去没有的好现象,这样的国家必会兴旺。反之,在上者暴虐无道,一国人民违法乱纪,从上到下,只顾个人私利,不管他人和国家,这时社会上必会祸乱不断,这样的国家必然走向衰败。这个道理很多人都能了解,而《中庸》说:“国家将兴,必有祯祥,国家将亡,必有妖孽。”以证实至诚者能事先察觉,作出“至诚如神”的结论。

有人认为《中庸》说的“国家将兴,必有祯祥,国家将亡,必有妖孽”是根据孔子说的“凤鸟不至,河不出图,吾已矣夫”(《论语·子罕》第九章)。孔子这句话,据《孔子世家》说,是在西狩获麟后说的。“凤鸟”是古代传说中的一种神鸟,据说在舜时和周文王时出现过。“河出图”,是传说上古伏羲时代,黄河中有龙马背上驮着“八卦图”出现过。“凤鸟至”“河出图”是两个伟大的时代,孔子的话是感叹这两个伟大的时代再也不会出现了。这种感叹,表现出孔子实行大道、挽救历史时代的热忱之高。正因为热忱高,所以失望才深,他觉得时间已不属于他了。孔子并不迷信,孔子是“敬鬼神而远之”的。

[附录]

《朱子语类》卷第六十四《中庸三》

问:“至诚之道,可以前知?”

曰:“在我无一毫私伪,故常虚明,自能见得。如祯祥、妖孽与蓍龟所告,四体所动,皆是此理已形见,但人不能见耳。圣人至诚无私伪,所以自能见得。且如蓍龟所告之吉凶甚明,但非至诚人却不能见也。”

二十五、诚者自成也

［原文］

诚者，自成也①；而道，自道也②。诚者，物之终始③；不诚，无物④。是故君子诚之为贵⑤。诚者，非自成己而已也；所以成物也⑥。成己，仁也；成物，知也⑦。性之德也⑧，合外内之道也⑨，故时措之宜⑩也。

［注释］

①诚者，自成也：诚，是自己修养成的。朱熹注："诚是物之所以自成。"　②而道，自道也：道，是自己应当走的路。朱熹注："道者，人之所当自行也。"　③诚者，物之终始：诚道生成万物，物的终始都贯穿着诚。　④不诚，无物：不诚，就没有万物。反过来看，现在万物存在，说明天、地、人都存在诚。　⑤君子诚之为贵：君子要以使自己诚为贵。　⑥诚者，非自成己而已也，所以成物也：诚，不只是成就自己而已，也要成就万物，尽物之性。　⑦成己，仁也；成物，知也：成就自己，是仁德；成就万物，是智慧。　⑧性之德也：（仁与知）是性中本有的德行。　⑨合外内之道也：仁的成己属于内，知的成物属于外，而这都是本性所有的德行，使人能合外内与万物为一体。　⑩时措之宜：德性随时而合宜地表现。

［译文］

诚，是自己所修养成的；道，是自己应当走的路。诚道生成万物，物的终始，从生成到消亡，都贯穿着诚；不诚就没有万物。所以君子要以使自己诚为贵。诚，不只是成就自己而已，也要成就万物，尽物之性。成就自己，是仁德；成就万物，是智慧；仁与知是性中本有的德行。仁的成己属于内，知的成物属于外，而这都是人的本性中原有之德，使人能合内外与万物为一体。所以，能成己成物，无所不通，举措没有不合时宜的。

[说解] "诚者,自成也;而道,自道也。"意思是说,诚是自己修养成的,一个人诚不诚全在自己,而不是有一个超越外在的主宰在成就人。道也不是有一个超越外在的主宰为我们铺设了一条道(如孝、悌、忠、信)要我们去遵循,道在人的心里。这样,把"诚"与"道"都归于人自身本有,就显出了人的自由,显出了人的主体性。但人性又来自何处?来自天,"天命之谓性"。如此说来,人的内在的"性"与"道"又是超越的、普遍的。人人都有此性,都有此道。人所自成之"诚"、自行之道,实在是普遍、绝对的天道落在个体上的表现。在这里,主观与客观、超越与内在是合一的。人可以自由地立意,如果是至诚者立的意,同时也是普遍的、人人都应立的意,因为至诚者立的意,没有个人色彩,人们都"应该"这样立意。但如果立意出于私心,别人会随意妄为,他所立的意,当然不是普遍的法则。有的领导者把自己立的意当作普遍法则来推行,而人们不顾自身的真实意愿就接受,立意正确还好,如果不正确,那将要犯错误,因为领导者不是至诚者。

"诚者,物之终始;不诚,无物。"朱熹注说:"故人之心,一有不实,则虽有所为,亦如无有。"如孝敬父母,必须有孝敬父母的诚心,这样的孝敬才是真实的。因为真实,所以在父母和子女的心里都感到充实。如心不诚,即无孝敬父母之心,即使有孝敬父母的行为,也是假的。正像孔子对子游说的:"今之孝者,是谓能养。至于犬马皆能有养;不敬,何以别乎?"又对子夏说:"色难。有事弟子服其劳,有酒食先生馔,曾是以为孝乎?"(以上两句见《论语·为政》第七、八章)如果拿掉了诚,人的行动就毫无意义,所以说:"不诚,无物。"

由于不诚,一切存在都将是无价值无意义的。所以,一个君子,一定要把使自己成为一个诚实的人放在首要地位。所谓使自己诚,不是要你向外人学习,而是要你恢复自己本有的诚的本性。

虽然诚是自成，道是自道，但这由主体所实现、所决定的诚与道，也就是天之诚、天之道。因为“天命之谓性，率性之谓道”。所以诚一旦在自己心中呈现时，就会要求成就自己以外的一切人，一切物，这在前一章论“至诚尽性”时已经讲了。所以，当人实现其性时，当然不只是要成己，也要成物。

成物，使物各得其所，只有诚心还不够，还需要对外物的实际情况有所了解。所以，知识在成物要求下是必须的。一个君子不能只顾提高自己的品德，而干什么都不行，把一个国家交给他（这是成物的好机会）更不知所措。这样，你品德再高又有什么用？一个有修养的君子，不仅道德品质要高，知识水平也要高。这就需要学习。《论语》里面的第一句话就是“学而时习之”。孔子在品德上是圣人，在知识上也是圣人。他删诗书，定礼乐，写春秋，为中国文化奠定了基础。在政治上，他曾做过鲁国的大司寇，摄行相事，与闻国政，仅仅三个月，就“粥（yù 卖）羔豚者弗饰贾（价），男女行者别于涂（途），涂（途）不拾遗。四方之客到乎邑者，不求有司，皆如归”。子贡说孔子仁且智，所以是圣人。必须仁且智，才能成己成物，就人的性体说，才实现圆满。

能成己成物，即无所不通，而举措无有不宜，所以说“时措之宜也”。

［附录］

《朱子语类》卷第六十四《中庸三》

问：“诚者，自成也；而道，自道也。”

曰：“诚者，是个自然成就底道理，不是人去做作安排底物事。道自道者，道却是个无情底道理，却须是人自去行始得。这两句只是一样，而义各不同。何以见之？下面便分说了。”

又曰：“诚者，自成。如这个草树，所以有许多根株、枝叶、条干者，便是它实有。所以有许多根株、枝叶、条干,这个便是自成,是你自实有底。如人便有耳目鼻口手足百骸,都是你自实有底道理。虽是自然底道理,然却须你自去做,始得。"

问:"诚者,物之终始;不诚,无物。"

曰:"做万物看亦得,就事物上看亦得。物以诚为体,故不诚则无此物。终始,是彻头彻尾底意。"

问:"诚者,非自成己而已也;所以成物也。成己,仁也;成物,知也。"

曰:"诚虽所以成己,然在我真实无伪,自能及物。自成己言之,尽己而无一毫之私伪,故曰仁;自成物言之,因物成就而各得其当,故曰知。此正与'学不厌,知也;教不倦,仁也'相反。然圣人之言活,当各随其所指而言,则四通八达矣。仁,如'克己复礼'皆是;知,如应变曲当皆是。"

问:"'成己,仁也;成物,知也。'成物如何说是'知'?"

曰:"须是'知'运用,方成得物。"

问:"'时措之宜',是颜稷闭户缨冠之义否?"

曰:"亦有此意。须是仁知具,内外合,然后有个'时措之宜'。"又云:"如平康无事时,是一般处置;仓卒缓急时,又有一样处置。"

二十六、至诚无息

[原文]

故至诚无息①,不息则久②。久则征③,征则悠远,悠远则博厚,博厚则高明。博厚所以载物④也,高明所以覆物⑤也,悠久所以成物⑥也。博厚配地,高明配天,悠久无疆⑦。如此者,不见而章⑧,不动而变，无为而成。

天地之道，可一言而尽也："其为物不贰⑨，则其生物不测⑩。"天地之道，博也，厚也，高也，明也，悠也，久也。今夫天，斯昭昭⑪之多；及其无穷也，日月星辰系焉，万物覆焉。今夫地，一撮土之多；及其广厚，载华岳⑫而不重，振⑬河海而不泄，万物载焉。今夫山，一卷石⑭之多；及其广大，草木生之，禽兽居之，宝藏兴焉。今夫水，一勺之多；及其不测，鼋⑮鼍⑯蛟龙龟鳖生焉，货财殖焉。

《诗》云⑰："维天之命，於穆不已⑱。"盖曰天之所以为天也。"於乎不显，文王之德之纯⑲。"盖曰文王之所以为文也。纯亦不已⑳。

［注释］

①至诚无息：至诚者的心，纯然无杂，其德行自然不会止息。 ②久：持续而不会间断。 ③征：应验。朱熹注："验于外也。" ④载物：承载万物。 ⑤覆物：覆盖万物。 ⑥成物：成就万物。 ⑦悠久无疆：悠久没有穷尽。 ⑧不见而章：不故意求表现而自然彰明。见，同"现"。 ⑨其为物不贰：天地之道本身是诚一不二的。"其"指天道。为物，作为物，也指天道。有人把"为物"理解为造就万物，与文章语气不合。 ⑩则其生物不测：它（天道）生成万物不可测量。 ⑪昭昭：小小的光亮。朱熹注："昭昭犹耿耿，小明也。" ⑫华岳（yuè）：即华山，是五岳中的西岳。 ⑬振：收。 ⑭一卷石：一块像拳头大小的石头。卷，即"拳"。 ⑮鼋（yuán）：大鳖。 ⑯鼍（tuó）：一种鳄鱼。 ⑰《诗》云：指《诗经·周颂·维天之命》。这首诗是赞美周文王的。诗很短，共八句。诗首先赞颂了天道、天命，很有哲学意味。 ⑱维天之命，於穆不已：天命的流行，深远而又永不停息。维，发语词。於，叹词。穆，深远。 ⑲不显：非常光明显赫。不，即"丕"，大也。 ⑳纯亦不已：（文王的德行）纯然无杂，而无止境。

［译文］ 至诚者的心，纯然无杂，其德行自然不会止息；不止息就会持续而不间断。持续不间断就能够应验，应验就能够悠久长远，悠久长远就能够博大深厚，博大深厚就能够崇高光明。博大深厚是用来承载万物的，崇高光明是用来覆盖万物的，悠久长远是用来成就万物的。博大深厚与地相配，崇高光明与天相配，悠久长远没有边际。就像这样，不故意求表现而自然彰明，不行动而产生变化，无所作为而能有成就。

天地之道可以用一句话就说尽了："天地之道本身是诚一不二的，它生成万物不可测量。"天地之道是博大的，深厚的，崇高的，光明的，悠远的，长久的。说到眼前的天，至多只有一点点光亮，至于它的无穷，日月星辰都挂在它上面，万物都被它覆盖。说到眼前的地，至多只是一撮土，至于它的广大深厚，承载着西岳华山而不以为重，容纳着江河湖海而不泄漏，万物都被它承载。说到眼前的山，至多只是一块像拳头大小的石头，至于它的广大，草木在上面生长，禽兽在上面居住，宝藏在上面开发。说到眼前的水，至多只有一勺，至于它的深不可测，大鼋、鳄鱼、蛟龙、鱼鳖在里面生存，财货在里面繁殖增长。

《诗经·周颂·维天之命》说："天命的流行，深远而又永不停息。"大概讲的就是天之所以为天的道理。又说："啊！多么光明显赫，文王的德行，多么纯粹！"大概讲的就是文王所以为文王的道理，德行纯然无杂而无止境。

［说解］ 本章是说至诚者与天地合德，从圣人生命的具体表现来阐明天道之诚的内容意义。

至诚者成己，也一定要成物，尽己之性要以尽人之性、尽物之性为内容。所以，至诚者的实践，是不能有所止息的。如果有止息，就是因为有私欲夹杂其中了，这就在道德上有了缺欠，就不是一个至诚者。德性纯一无杂的至诚者，是不会停止自己的道德实践的。孔子曾对弟子公西华说："若圣与仁，则吾岂敢！抑为之不厌，诲人不倦，则可谓云而已矣。"（《论语·述而》第三十四章）孔子是至诚不息的榜样。孔子所以能够坚持不懈，一个重要原因，就是他能够经常反省自己。他说："默而识之，学而不厌，诲人不倦，何有于我哉？"（我做到了哪些呢？见《述而》第二章。）孔子能经常自省，所以道德实践能"久"，"久"就是经常如此，不会因故暂停。正如孔子所说："君子无终食之间违仁，造次必于是，颠沛必于是。"（君子连吃饭的工夫也不离开仁，在最紧迫的时候也一定按仁的要求去做，在颠沛流离的时候也一定按仁的要求去做。见《论语·里仁》第五章。）

能如此久行其德，自然会有应验于外，而其德会及于四方，悠远而无穷尽。这正像孟子所说："德之流行，速于置邮而传令。"（德行的流行，比驿站传递政令还要快。见《孟子·公孙丑上》第一章。）圣人之心，真诚恻怛，自然能感动人。而对诚者之感人，是没有止息的。如孔子之感人，几千年不衰。

"悠远则博厚，博厚则高明"，朱熹对这句话作注说："悠远，则其积也广博而深厚。博厚，故其发也高大而光明。"即践德既久，则积于中者深厚；而积于中者深厚，其发于外者必高明。

对人之德与天地之德是相同的。圣人的博厚，就像地的承载一切，圣人的高明，就像天的覆盖一切，圣德的悠久，影响的深远，是没有穷尽的——这不正是可以与天之道相配吗？人能达到这种地步，就能够"不见而章，不动而变，无为而成"。这和天地的自然生物成物是一样的。

接着就由至诚者之德转到天地之道。由圣人德行的悠久、博厚、高明,就可体会天地之道的内容。这就是说,由圣人的德性生命的表现中,可使人具体地体会到天道的不息不已和创造一切、生成一切的意义。由圣人的表现,而使天道成为可以理解的东西。人面对圣人的纯粹无杂、真挚恻怛的实践时,必由衷地赞叹,而认为天道的生化,也就是这样。

本来天道是高深莫测的,但由于圣人的纯一不已的道德实践,就把天道的奥秘给宣泄出来了。圣人并不是用言语来宣泄的,而是用纯一不杂的德行来具体表现的。他不是向人提供关于天道的知识,而是直接以其诚挚的生命来感召人。他也不是有意教人,只是自尽其心,而自然有无限的作用,如同天地之自然生物。由于有圣人把天道具体化,使天道成为可知。下面就接着谈天道的内容。

天地之道不贰,只是一个诚而已,所以可以一言而尽。“为物不贰”是说天道(这个东西)本身是不贰的。在这里,朱熹作注说:“不贰,所以诚也;诚故不息,而生物之多,有莫知其所以然者。”这是从人的生命的不贰而有不息之德性之实,可见生物不测之天道是纯一不贰的。(本着“天命之谓性,率性之谓道”,此道即人道,也是天道。)下面接着举天、地、山、水为例。就天、地、山、水的有限的一处说,天只是昭昭之明,地只是一撮之土,山只是一块小石头,水只是一勺之量而已。但及其积之不已,就可蓄生万物。从天、地、山、水的积之不已而蓄生万物,承载万物,我们就可以体会到,使如此广大的宇宙流行不息的天道,是不已不止的。

本章最后引用了《诗经·周颂·维天之命》的诗句。朱熹在《诗集传》中为此诗作注说:“赋也。天命即天道也。不已,言无穷也。纯,不杂也。此亦祭文王之诗,言天道无穷,而文王之德纯一不杂,与天无间,以赞文王之德之盛也。”这个解释虽好,但在今天看来,它还没有把诗的深刻含意说透。当代新儒家牟宗三先生对这两句诗作了深刻的分析。他说:“天道高高在上,有超越的意义。天道贯注于人身时,又内在于人而为人之性,这时天道又是内在的。因此,我们可以用康德喜用的字眼,说天道一方面是超越的,另一方面又是内在的。”

为什么要赞扬周文王的德性呢?牟宗三先生说:“为什么要大大昭彰文王的德性呢?因为文王真正能够表现自己光明的德性生命。他的生命之光永恒不灭,他的德性精纯不杂;所以他永远不会堕落。难怪《中庸》对‘维天之命,於穆不已’加一精警的赞语,说:‘此天之所以为天也。’又对‘文王之德之纯’加一类似的赞语,说:‘盖曰文王之所以为文也,纯亦不已。’这两句赞语中的‘所以’,都是表明‘本质’的意思。‘天之所以为天’,就是天的本质,换句话说,便是天的德(本质义之德,非德性义之德)。同样,‘文王之所以为文’,等于文王之德,‘文’字本身便是一个美称了。由此可知,《中庸》对天德与文王之德,都有很高的赞美。天之德和文王之德有什么关系呢?显然,天命、天道贯注到个体身上时,只要这个体以敬的作用来保住天命,那么天命下贯所成的个体的性,可以永远呈现光明,文王便是一个典型的例子。《诗经》这几句在赞美文王时,首先赞美天道、天命,那是很有哲学意味的。”(均见《中国哲学的特质》第四讲)

“天命不已”,而德之纯也是不已。不已就是无限,而天地之间并不能有两个无限,(天地间不能有两个道,孔子说“吾道一”。)天命之不已与德之纯之不已,是同一个不已。说到底,就是一个“诚”字。这是从人之德性生命之纯处,体会到圣人之道与天道并无二致,圣人是天道的具体化。这一方面使人的主观面的实践客观化,使人的精神有所归宿;一方面使客观面的天道主观化,而有具体的彰显。

［附录］ **《朱子语类》卷第六十四《中庸三》**

问："'久则征'，'征'是征验发见于外否？"

曰："除是久，然后有征验。只是一日两日工夫，如何有征验？"

问："悠久、博厚、高明。"

曰："此是言圣人功业，自'征则悠远'，至'博厚、高明、无疆'，皆是功业著见如此。故郑氏云：'圣人之德，著于四方。'又'致曲'章'明则动'，诸说多就性分上理会。惟伊川（程颐）云：'明则动，是诚能动人也。'"

问："'至诚无息'一章，自是圣人与天为一处，广大渊微，学者至此，不免有望洋之叹。"

曰："亦不须如此，岂可便道自家终不到那田地！只是分别义理令分明，旋做将去。"

或问："天昭昭之多。"

曰："昭昭，小明也。管中所见之天也是天，恁地大底也是天。"

问："'天斯昭昭'，是指其一处而言；'及其无穷'，是举全体而言。向来将谓天地山川，皆因积累而大。"

曰："举此全体而言，则其气象功效，自是如此。天地山川非由积累而后大，读《中庸》者，不可以辞害意耳。"

问："纯亦不已。"

曰："纯便不已。若有间断，便是驳杂。"

二十七、大哉圣人之道

［原文］

大哉！圣人之道！洋洋①乎，发育万物，峻②极于天。优优③大哉！礼仪④三百，威仪⑤三千，待其人而后行。故曰："苟不至德，至道不凝焉⑥。"故君子尊德性⑦而道问学⑧，致广大而尽精微⑨，极高明而道中庸⑩。温故而知新，敦厚以崇礼⑪。是故，居上不骄，为下不倍⑫。国有道，其言足以兴；国无道，其默足以容。《诗》曰⑬："既明且哲，以保其身⑭。"其此之谓与！

［注释］　①洋洋：充满。　②峻：高大。　③优优：宽裕，和适。　④礼仪：指婚、冠、丧、祭等大礼。　⑤威仪：有关进退、升降、俯仰、揖让之类的小礼。　⑥苟不至德，至道不凝焉：若不是至德之人，最高的真理是不会在他身上表现的。凝，结聚。　⑦尊德性：恭敬奉持德性。　⑧道问学：致力于学问。　⑨致广大而尽精微：（使道德学问）达到广博而又极其精深微妙。　⑩极高明而道中庸：达到极高明的境界，而行中庸之道。　⑪敦厚以崇礼：存心忠厚而崇尚礼节。　⑫倍：背叛。　⑬《诗》曰：指《诗经·大雅·烝民》。这首诗是歌颂仲山甫之德的。诗中最有名的是开头四句："天生烝民，有物有则。民之秉彝，好是懿德。"　⑭既明且哲，以保其身：既明事理又多智慧，足以保其自身。

［译文］　伟大啊！圣人之道！充满天地之间，使万物生长发育，高高耸立，直到天上。宽和无所不包而又伟大啊！大的礼仪制度有三百条，小礼节有三千条，等待着圣人出现后去施行。所以说："若不是至德之人，最高的真理是不会在他身上表现的。"所以，君子恭敬地奉持德行，致力于学问，使道德和学问达到广博而又极其精深，达到极高明的境界而行中庸之道，温习旧的知识由此能够有新的体会、新的发现，存心敦厚而崇尚礼节。所以，处在上位而不骄傲，处在下位也不背礼。国家政治清明，他的主张足以兴国；国家政治昏暗，他的沉默足以安身。《诗经·大雅·烝民》篇说："既明事理又多智慧，足以保其自身。"就是讲的这个意思吧！

[说解] 前一章已经讲了,“天命不已”,而德之纯也是不已。不已就是无限,而天地间不能有两个无限,(天地间不能两个道,孔子说“吾道一”。)天命之不已与德之纯之不已,是同一个不已,说到底就是一个“诚”字。实际上,圣人的道德实践,就是天地之道的具体化,所以本章高度赞美了圣人之道,说:“洋洋乎发育万物,峻极于天。”圣人的真诚恻怛,就能感通润物,兴发人的生命,鼓舞人的意志,这就是天道生物的具体呈现。天道与圣人之诚体现为“仁”。“仁”就是生道,这个“生”,不是生物生长的“生”,是价值意义的“生”。受圣人之德化的人,生命都得以善化,表现出价值理想。而仁心是无不到的,也像天道的遍及一切。北宋的儒家张载说:“天体物不遗,犹仁体事无不在也。礼仪三百,威仪三千,无一物而非仁也。”仁心、仁性在求尽其心,没有一事一物不在仁心的关怀之中。所以有礼仪三百威仪三千的设立,是为了要使一切人、事都有其恰当的表现。

一般人受私欲蒙蔽,不走正道,在他身上体现不出天道。所以说:“苟不至德,至道不凝焉。”这里所说的“至道”,应该是指“天道”。就是说,如果不是至德的圣人,天道是不会体现在他身上的。

“故君子尊德性而道问学”五句,是告诉君子怎样走向“至德”,是君子“入德之方”。“尊德性而道问学”,人之德就是天之德,所以必须“尊”。有德者不仅成己,也要成物,所以必须“道问学”。“尊德性”是“仁”,“道问学”是“智”。“致广大而尽精微”,在进德修业上,要努力做到既是广博深厚,又极其精深微妙,巨细不遗,一点细微处也不遗漏。“极高明而道中庸”,上达天德,故极高明,在日常生活中也不偏离正道,而行中庸之道。“温故而知新”,能保守传统之善,即“温故”;但也随着时代的不同,而有因革损益,所以能“知新”。“敦厚以崇礼”，仁者爱人，既严格要求自己，也知道尊重别人。所以，仁者存心敦厚而崇尚礼节。一个人能这样做，在政治上也一定是“居上不骄，为下不倍。国有道，其言足以兴；国无道，其默足以容”。这正像孔子赞美比自己早一百年的卫国宁武子，说他：“邦有道，则知；邦无道，则愚。其知可及也，其愚不可及也。”（《论语·公冶长》第二十一章）这里孔子强调的是宁武子在国无道的时候那股傻劲。因为他傻，才能容于世。许多“智者”遭到迫害，有的甚至付出生命，而宁武子安然无恙。从表现看他是“傻”，从后果看他是“智”。他的“智”不是一般的“智”，而是“大智”。“大智”之“愚”是不可及的。宁武子可以说是黑暗社会的一位君子吧！

本章最后引用了《诗经·大雅·烝民》诗句来赞美君子的“既明且哲，以保其身”。朱熹对这两句解释说：“所谓明哲者，只是晓天下事理，顺理而行，自然灾害不及其身。今人以邪心读《诗》，谓明哲是见几知微，先去占便宜。”（《中庸章句大全》）“尊德性而道问学”的君子，不仅“明”而且“哲”。那些耍小聪明、为人处事只想占些便宜的人，够不上“明哲”，他们不了解天下事理，当然也不会顺理而行。

朱熹认为“尊德性而道问学”一句是本章的纲领，下面说的是功夫。朱熹作注说：“尊德性，所以存心而极乎道体之大也；道问学，所以致知而尽乎道体之细也。二者修德凝道之大端也。不以一毫私意自蔽，不以一毫私欲自累，涵泳乎其所已知，敦笃乎其所已能，此皆存心之属也。析理则不使有毫厘之差，处事则不使有过不及之谬。理义则日知其所未知，节文则日谨其所未谨，此皆致知之属也。盖非存心无以致知，而存心者又不可以不致知。故此五句大小相资，首尾相应。圣贤所示入德之言，莫详于此，学者宜尽心焉。”（《中庸章句》注）

［附录］ **《朱子语类》卷第六十四《中庸三》**

或问："圣人之道，发育万物，峻极于天。"

曰："即春生夏长，秋收冬藏，便是圣人之道。不成须要圣人使他发育，方是圣人之道。'峻极于天'，只是充塞天地的意思。"

问："'致广大'，《章句》以为'不以一毫私意自蔽'，'极高明'，是'不以一毫私欲自累'。岂以上面已说'尊德性'是'所以存心而极乎道体之大'，故于此略言之与？"

曰："也只得如此说。此心本广大，若有一毫私意蔽之，便狭小了；此心本高明，若以一毫私欲累之，便卑污了。若能不以一毫私意自蔽，则其心开阔，都无此疆彼界的意思，自然能'致广大'；惟不以一毫私欲自累，则其心峻洁，决无污下昏冥的意思，自然能'极高明'。"因举张子言曰："阳明胜，则德性用；阴浊胜，则物欲行。"

问："'温故而知新，敦厚以崇礼'，'而'与'以'字义如何？"

曰："温故而知新，'而'者，顺词也。敦厚者，又须当崇礼始得，'以'者，反说上去也。世固有一种人天资纯厚，而不曾去学礼而不知礼者。"

问："'尊德性，而道问学'，行意在先；'择善而固执'，知意又在先，如何？"

曰："此便是互相为用处。'大哉！圣人之道！洋洋乎发育万物，峻极于天。'是言道体之大处。'礼仪三百，威仪三千'，是言道之细处。只章首便分两节来，故下文五句又相因。'尊德性'至'敦厚'，此上一截，便是浑沦处；'道问学'至'崇礼'，此下一截，便是详密处。道体之大处直是难守，细处又难穷究。若有上面一截而无下面一截，只管道是我浑沦，更不务致知，如此则茫然无觉。若有下面一截而无上面一截，只管要纤细皆知，更不去行，如此则又空无所寄。如有一般人实是敦厚淳朴，然或箕踞不以为非，便是不崇礼。若只去理会礼文而不敦厚，则又无以居之。所以'忠信之人可以学礼'，便是'敦厚以崇礼'。"

二十八、愚而好自用

［原文］

子曰："愚而好自用[①]，贱而好自专；生乎今之世，反古之道[②]；如此者，灾及其身者也。"

非天子不议礼，不制度，不考文[③]。今天下，车同轨[④]，书同文[⑤]，行同伦[⑥]。虽有其位，苟无其德，不敢作礼乐焉；虽有其德，苟无其位，亦不敢作礼乐焉。

子曰："吾说夏礼[⑦]，杞不足征也[⑧]；吾学殷礼，有宋存焉[⑨]；吾学周礼，今用之[⑩]，吾从周[⑪]。"

［注释］

①自用：依仗自己的力量行事，即好逞能。　②反古之道：可以有两种解释：第一，"反"作恢复讲，反古之道即复古之道。第二，"反"作"违反"讲，反古之道即违反古道。两种解释意思相反。从后文的"今天下，车同轨，书同文"看，第一种解释把"反古之道"解释为"复古之道"，符合原意。　③非天子不议礼，不制度，不考文：据东汉郑玄的说法，这三句仍然是孔子的话，而朱熹认为是子思的话。从文章的脉络看，朱熹的说法较合理。"不议礼"，不拟议礼制。"不制度"，不去制定度量衡。"不考文"，不考定文字形体。　④车同轨：车之两轮间的距离均相同。　⑤书同文：书写的文字相同。　⑥行同伦：所行的礼节仪文相同。伦，次序之礼。　⑦吾说夏礼：我讲说夏朝的礼法。　⑧杞不足征：杞国不足以作证。杞国是夏朝的后裔。　⑨有宋存焉：还有宋国存在，可供参考。周武王灭殷后，把纣的哥哥微子封于今河南商丘一带，成为宋国。　⑩今用之：现在仍在沿用着。　⑪吾从周：我遵从周朝的（礼仪制度）。

［译文］

孔子说："愚笨的人喜欢自己逞能，低贱的人喜欢独断专行;生在今世,却要返回到古时候;像这样的人,灾祸要降临到他的头上。”

不是天子,就不拟议礼制,不去制定度量衡,不考定文字形体。现在天下车辆的轨迹相同,书写的文字相同,所行的礼节仪文相同。即使在天子的位置,如果没有应有的德行,也是不敢制作礼乐制度的;即使有应有的德行,如果不在天子的位置,也是不敢制作礼乐制度的。

孔子说:“我讲说夏朝的礼法,夏朝的后裔杞国,不足以作证;我学习殷朝的礼法,有殷朝的后裔宋国还在;我学习周礼,现在仍在沿用着(自周公制礼作乐起已有三百多年),我遵从周朝的礼仪制度。”

[说解] 本章是接着前一章谈“为下不倍”。

“愚而好自用”一节,是说“知新”的必要。生活在周朝,却想施行夏朝或殷朝的礼法,是不合时宜的。“反古之道”的“道”是指礼仪制度。孔子最后说“吾从周”,表明自己是反对复古的。

下一节谈一个国家,仪礼、制度、考文是最重要的事情,不是人人可为,必须是天子才能做。又说,有德有位者方可作礼乐,由此可见礼乐的重要。礼是华夏文明由远古演变至春秋时期积累的文化慧果,是稳定现时的政治制度、维持社会秩序和人伦秩序、抚慰人心的重要工具。孔子在政治上主张德治,而德治落实下来就是礼治。

“子曰:‘吾说夏礼’”一节,是采自《论语·八佾》第九章。原文是:“夏礼,吾能言之,杞不足征也;殷礼,吾能言之,宋不足征也。文献不足故也。足,则吾能征之矣。”《论语》原文和《中庸》引文的主要不同有两点:一是“宋不足征也”,《中庸》

改为“有宋存焉”。《论语》的“宋不足征”是说春秋时宋国的礼仪制度已与殷朝大不相同，古代的文献也都找不到了，是一种批判的态度。而《中庸》说“有宋存焉”，似乎是说宋国在某些方面依然在行殷朝的礼法制度。实际上，春秋时宋国“已不足征”，到了战国晚期，就更“不足征了”。《中庸》所以这样改，有人解释说：“《史记》言子思居宋作《中庸》，或因此而为宋讳。”二是《中庸》最后加了一句：“学周礼，今用之，吾从周。”这句是采自《八佾》第十四章，原文是：“子曰：‘周监于二代，郁郁乎文哉！吾从周。’”（周朝的礼仪制度，是借鉴于夏、商两代建立起来的，多么丰富多彩啊！我遵从周朝的礼仪制度。）这句表明孔子与本章开头的愚者、贱者不同，反对复古，赞成周公制作的礼法制度。

朱熹为这句作注说：“孔子既不得位，则从周而已。”好像孔子的“从周”是不得已，因为自己不在位，尽管对现行的周礼有些地方不满意，因不在位，也无法进行改革。甚至说孔子可以当王，当王后，孔子是会制作礼乐的。我想孔子是圣者，是素其位而行的，不会有非分的想法。从《论语》看，孔子对周公十分崇敬，把周公作为自己的理想，对周公制作礼乐十分赞赏。他在晚年曾慨叹说：“甚矣吾衰也！久矣吾不复梦见周公！”孔子在精力旺盛时，一心想在政治上有所作为，想实现周公时代的理想政治。梦是心头想，日有所思则夜有所梦，所以那时理想的周公有时在梦中出现。孔子 68 岁，周游列国回来，两手空空，在政治上已不可能有所作为了，所以也不再梦见周公了，于是发出本章的慨叹。有感慨，说明心不甘，表明孔子虽然身体衰老，但行道的理想仍活在心里。

所以，我认为朱熹等人的解释有些牵强。

本章说“今天下，车同轨，书同文，行同伦”数句，有人认为这都是秦朝统一中国后才有的现象，所以据此断言《中庸》是秦以后的作品。但据陈槃的《中庸今释别记》说，在秦以前，就已是“车同轨，书同文”了。战国是一个伟大的变革时代（参看本书《序言》第二部分），只因这几句话，就认为《中庸》是秦以后的作品，理由是不够充分的。

［附录］

《朱子语类》卷第六十四《中庸三》

问：“《中庸》：‘非天子不议礼，不制度，不考文。’《注》云：‘文’，书名也。何以谓之‘书名’？”

曰：“如‘大’字唤作‘大’字，‘上’字唤作‘上’字，‘下’字唤作‘下’字，此之谓书名，是那个字底名。”

又问数处小节。

曰：“不必泥此等处。道理不在这样处，便纵饶有道理，宁有几何！如看此两段，须先识取圣人功用之大，气象规模广大处。‘非天子不议礼，不制度，不考文。’只看此数句，是甚么样气象！若使有王者受命而得天下，改正朔，易服色，殊徽号，天下事一齐被他改换一番，其切近处，则自他一念之微，而无毫厘之差，其功用之大，则天地万物一齐被他剪截裁成过，截然而不可犯。须先看取这样大意思，方有益。而今区区执泥于一二没紧要字之间，果有何益！”

又曰：“‘考文’者，古者人不甚识字，字易得差，所以每岁一番，使大行人之属巡行天下，考过这字是正与不正。这般事有十来件，每岁如此考过，都匝了，则三岁天子又自巡狩一番。须看它这般做作处。”

二十九、王天下有三重焉

［原文］

王天下有三重①焉，其寡过矣乎！上焉者②，虽善无征③，无征不信，不信民弗从。下焉者④，虽善不尊⑤，不尊不信，不信民弗从。故君子之道，本诸身⑥，征诸庶民⑦，考诸三王而不缪⑧，建诸天地而不悖⑨，质诸鬼神而无疑⑩，百世以俟圣人而不惑⑪。质诸鬼神而无疑，知天也；百世以俟圣人而不惑，知人也。是故，君子动而世为天下道，行而世为天下法，言而世为天下则；远之则有望，近之则不厌⑫。《诗》曰⑬："在彼无恶⑭，在此无射⑮；庶几夙夜⑯，以永终誉⑰。"君子未有不如此⑱，而蚤⑲有誉于天下者也。

［注释］

①王天下有三重：作为帝王统治天下，有三项重要的事情。王（wàng），动词，称王。三重（zhòng），即仪礼、制度、考文。　②上焉者：上，这里是就时间说，指前代（如夏、商）帝王。　③虽善无征：虽然做得很好，但已无可考。　④下焉者：下，这里是就地位说，指在下位。　⑤虽善不尊：虽然做得很好，但没有尊贵的地位，如孔子。　⑥君子之道，本诸身：在位的君子的办法是：根据自己的想法。君子，这里指在位的君子，即帝王。　⑦征诸庶民：到民众那里去验证。　⑧不缪（miù）：没有错误。缪，通"谬"。　⑨建诸天地而不悖：建立于天地之间，而不违背天地之理。　⑩质诸鬼神而不疑：（用占卜等手段）去问鬼神，而无可疑之象。　⑪百世以俟圣人而不惑：后世有圣人起来也不会有不同意的。　⑫远之则有望，近之则不厌：远离他（君子）就会有所仰慕，接近他也不会有所厌烦。　⑬《诗》曰：指《诗经·周颂·振鹭》。这是一首赞扬宾客的诗，共八句。　⑭在彼无

恶:在那里,没有人憎恶他(即“远之则有望”)。 ⑮在此无射(yì):在这没有人厌烦他(即“近之则不厌”)。射,厌烦。《诗经》作“斁”。 ⑯庶几夙夜:日日夜夜都在努力。夙(sù)夜,早晚。 ⑰以永终誉:来永远保持其美誉。 ⑱此:指“本诸身”以下六件事。 ⑲蚤:即“早”。

[译文] 作为帝王统治天下,有三项重要的事情(就是前一章说的仪礼、制度、考文),如能做到,就会减少过失了。前代帝王虽然做得很好,但已无可考,无可考就不能令人信服,不能令人信服,民众就不会听从。在下位的(如孔子)虽然做得很好,但没有尊贵的地位,没有尊贵的地位,就不能令人信服,不能令人信服,民众就不会听从。所以,在位君子的办法是:根据自己的想法,到民众那里去验证,再考证夏、商、周三代帝王而没有错误,建立于天地之间而不违背天地之理,(用占卜等办法)去问鬼神而无可疑之象,后世有圣人起来也不会有不同意的。去问鬼神而无可疑之象,这就是知道天意了;圣人起来也不会有不同意的。这就是知道人心了。所以君子的举动世代都为天下人所遵从,行为世代都为天下人所效法,言语世代都为天下人所奉行。远离他(君子)就会有所仰慕,接近他也不会感到厌烦。《诗经·周颂·振鹭》说:“在那里没有人憎恶他,在这里没有人厌烦他。他日日夜夜都在努力,以永远保持其美誉。”在位的君子如能做到这些,一定会很早就在天下获得美誉。

[说解] 第二十七、二十八、二十九章,三章都是谈“人道”。

本章是接着二十七章谈“居上不骄”。认为统治天下的帝王把仪礼、制度、考文三件重要的事情做好了,就可以减少过失。怎样才能把这三件事做好呢?前提是既要有德,又要有位(和前一章一样)。有位者要把这三件事做好,就要“本诸身,征诸庶民,考诸三王而不缪,建诸天地而不悖,质诸鬼神而不疑,百世以俟圣人而不惑”。总体说来,就是要“知天”“知人”。重要的是为政者要“本诸身”。“道”不是外在的,是内在于人心。如能以诚心反求诸己,道德心即可呈现,“施诸己而不愿,亦勿施于人”的忠恕之道即可呈现。

自己的想法民众是否接受?所以还要“征诸庶民”。因为无论是仪礼,无论是制度或考文,最后都要落在庶民身上。如果庶民反对,三件事也难做到。不过,人同此心,心同此理,只要自己的想法出自良知,而无私心杂念,民众自会接受。庶民有意见,你也会虚心接受,不致强迫庶民就范。当然,想把三件重要的事情做好,少犯错误,还要进一步“知天”“知人”。这样,你的主张就会站得住,行得通。“君子动而世为天下道,行而世为天下法,言而世为天下则。”这样,你的高尚品德就会受到人们的仰慕,而且很快将誉满天下。

本章引用了《诗经·周颂·振鹭》的诗句。全诗共八句,如下:

振鹭于飞,	舞着鹭羽像飞翔,
于彼西雍。	在那西郊大学堂。
我客戾止,	我的客人光临了,
亦有斯容。	他的容貌多漂亮。
在彼无恶,	那里无人憎恶他,
在此无斁。	这里无人厌烦他。
庶几夙夜,	日日夜夜都努力,
以永终誉。	永远保持其美誉。

这是一首欢迎宾客的诗,客人是一位品德高尚的君子。有人说周朝大祭时,商的后人微子(封于宋)来周朝助祭。在当时,天子大祭时,诸侯要来助祭。这首诗是用来赞扬微子

的。微子被孔子称为殷的"三仁"之一(《论语·微子》第一章)。这首诗的后半,正与本章的意思相吻合。

[附录] **《朱子语类》卷第六十四《中庸三》**

问:"'王天下有三重'章。"

曰:"此章明白,无可商量。但三重说者多耳。"

铢曰:"吕氏以三重为议礼、制度、考文,无可疑。"

曰:"但'下焉者'人亦多疑,公看得如何?"

铢曰:"只据文义,'上焉者'指周公以前,如夏、商之礼已不可考;'下焉者'指孔子虽有德而无位,又不当作,亦自明白。诸说以'下焉者'为霸者之事,不知霸者之事安得言善!"

曰:"如此说却是。"

问:"'建诸天地而不悖'以上下文例之,此天地似乎是形气之天地。盖建诸天地之间,而其道不悖于我也。"

曰:"此天地只是道耳。谓吾建于此而与道不相悖也。"

问:"'质诸鬼神而无疑',只是'龟从,筮从','与鬼神合其吉凶'否?"

曰:"亦是。然不专在此,只是合鬼神之理。"

问:"'君子之道本诸身',《章句》中云'其道即议礼、制度、考文之事',如何?"

曰:"君子指在上之人。上章言'虽有德,苟无其位,不敢作礼乐',就那身上说,只做得那般事者。"

三十、仲尼祖述尧舜

[原文] 仲尼祖述①尧舜,宪章②文武;上律天时,下袭

水土[③]。辟[④]如天地之无不持载，无不覆帱[⑤]；辟如四时之错行，如日月之代明[⑥]。万物并育而不相害[⑦]，道并行而不相悖[⑧]。小德川流，大德敦化[⑨]。此天地之所以为大也。

［注释］ ①祖述：师法前人，加以陈说。 ②宪章：取法。宪，效法。章，显、表白。 ③上律天时，下袭水土：上，取法于天道；下，取法于地道。袭，因袭，也是取法的意思。 ④辟：通“譬”，比喻。 ⑤覆帱（dào）：覆盖。帱，覆盖。 ⑥代明：交替地放光明。 ⑦万物并育而不相害：朱熹注：“天覆地载，万物皆得以并育（一齐生长发育）于其间而不相害。”害，妨害、侵害。 ⑧道并行而不相悖：朱熹注：“四时（交替）日月代明而不相悖。”悖（bèi），违背、相反。 ⑨小德川流，大德敦化：小德行如江河川流不息，大德行在努力地化育万物。

［译文］ 孔子师法尧舜，而对他们的德行加以述说，取法于周文王、武王，而对他们的德行加以阐明；上取法于天道，下取法于地道。如同天地一样，无所不载，无所不覆；如同春、夏、秋、冬四季交错运行，如同日月交替地放光明。天覆地载，万物都得以同时生长其间而不相侵害；四时错行，日月代明而不互相违背。小德行川流不息，大德行在努力地化育万物，这就是天地之所以伟大的原因。

［说解］ 本章是赞扬孔子德行的伟大，其德行可配天地。全章可分三部分。

第一部分首先是赞扬孔子“祖述尧舜，宪章文武”。这在《论语》和《中庸》中都有表述。特别是《论语》，在《泰伯》连续用了四章来赞扬古代圣王。如第十九章：“子曰：‘大哉！尧之为君也！巍巍乎，唯天为大，唯尧则之。”尧怎样“则天”呢？在《尧曰》第一章说：“尧曰：‘咨！尔舜！天之历数在尔躬，允执其中。四海困穷,天禄永终。'舜亦以命禹。"尧舜的"则天"就是"允执其中",即诚实地坚持那中正之道。

对文武之道,孔子是认真学习的。孔子在卫国时,卫国大夫公孙朝问子贡:"仲尼的学问是从哪里学来的?"子贡回答说:"文武之道未坠于地,在人。贤者识其大者,不贤者识其小者,莫不有文武之道焉。夫子焉不学?"(《子张》第二十二章)当鲁哀公向孔子问政时,孔子回答说:"文武之政,布在方策。"(《中庸》第二十章)孔子向前代圣王学习的是"唯天为大,唯尧则之"和坚持中庸之道的精神。所以,孔子做到了"上律天时,下袭水土",即孔子之德合于天地之道。

第二部分是用比喻来赞扬孔子之德。"辟如天地之无不持载,无不覆帱",是赞扬孔子的德行与天地一样,博厚而高明。"辟如四时之错行,如日月之代明",是赞扬孔子的所有举措,皆无不宜,圣人有"时中"之德。

最后部分,对孔子的德行作了极高的评价,说:"此天地之所以为大也。"孔子德行之崇高、伟大,可配天地。"万物并行而不相害,道并行而不相悖。小德川流,大德敦化。此天地之所以为大也。"朱熹对最后这一部分作了细致的解说:"天覆地载,万物并育于其间而不相害。四时日月,错行代明而不相悖。所以不害不悖者,小德之川流;所以并育并行者,大德之敦化。小德者,全体之分;大德者,万殊之本。川流者,如川之流,脉络分明,而往不息也。敦化者,敦厚其化,根本盛大而出无穷也。此言天地之道,以见上文取譬之意也。"

[附录] **《朱子语类》卷第六十四《中庸三》**

问:"小德,大德。"

曰:"如中和,中便是'大德敦化',和便是'小德川流'。自古亘今,都只是这一个道理。'天高地下,万物散殊,而礼制行矣;流而不息，合同而化，而乐兴焉。’圣人作出许多文章制度礼乐，颠来倒去，都是这一个道理做出来。以至圣人之所以为圣，贤人之所以为贤，皆只是这一个道理。人若是理会得那源头，只是一个物事，许多头项都有归著，如天下雨，一点一点都著在地上。”

问：“‘此天地之所以为大也。’是说圣人如天地之大否？”

曰：“此是巧说，圣贤之言不如此。此章言‘仲尼祖述尧舜，宪章文武，上律天时，下袭水土’，是言圣人功夫。‘譬如天地之无不持载，无不覆帱；辟如四时之错行，如日月之代明’，是言圣人之德如天地。‘万物并育而不相害，道并行而不相悖。小德川流，大德敦化’，是言天地之大如此。言天地，则见圣人。”

三十一、唯天下至圣

［原文］

唯天下至圣，为能聪明睿知①，足以有临②也；宽裕温柔，足以有容③也；发强刚毅④，足以有执⑤也；齐庄中正⑥，足以有敬也；文理密察⑦，足以有别也。溥博渊泉，而时出之⑧，溥博如天，渊泉如渊。见⑨而民莫不敬，言而民莫不信，行而民莫不说⑩。是以声名洋溢⑪乎中国，施及蛮貊⑫，舟车所至，人力所通，天之所覆，地之所载，日月所照，霜露所队⑬，凡有血气者，莫不尊亲⑭，故曰配天⑮。

［注释］

①睿知：通达明智。睿（ruì），通达、明智。知，同“智”。　②临：统管，治理。有临：即以上临下，统率百姓。　③有容：圣人性格宽裕温柔，能容物。（小人心胸狭隘，不能容物。）　④发强刚毅：奋发坚

强，刚健果敢。 ⑤足以有执：足以主持正义。有执，拿得起来放得下。 ⑥齐庄中正：整洁庄严，无所偏倚。齐，同“斋”。 ⑦文理密察：言圣人的文章有文采，有条理，细密而明察，足以明辨是非。朱熹注：“文，文章也；理，条理也；密，详细也；察，明辨也。” ⑧溥博渊泉，而时出之：圣人之心广大深远，随时表现其德行，而成教化。 ⑨见：即“现”。 ⑩说：即“悦”。 ⑪洋溢：充满，广泛传播。 ⑫施及蛮貊（mò）：传扬到边远的蛮貊之地。蛮貊，指边远的少数民族。 ⑬队：即“坠”。 ⑭凡有血气者，莫不尊亲：凡是有血气的人，没有不尊敬他、亲近他的。（全都尊敬他、亲近他。） ⑮配天：（其德）与天相匹配。

［译文］ 只有天下最圣明的人，才能够聪明、通达、明智，足以君临天下；宽容大度，温柔和顺，足以包容一切；奋发坚强，刚健果敢，足以主持正义；整洁庄严，无所偏倚，足以恭敬待人；文章有文采，有条理，细密而明察，足以明辨是非。圣人之心广大深远，随时表现其德行，而成教化。圣人之心的广大，就像天一样；圣人之心的深远，就像深渊一样（难以测知）。表现出来，民众没有不尊敬的；说出来，民众没有不信服的；做起来，民众没有不高兴的。所以其声誉在中国（国家的中心地区）广泛传播，而且传扬到边远的蛮貊之地。凡是车船所到的地方，人迹所通行的地方，天所覆盖的地方，地所承载的地方，日月所照耀的地方，霜露所落下的地方，凡是有血气的人，没有不尊敬他、亲近他的。所以说，圣人之德可与天相匹配。

［说解］ 本章是接着前一章赞扬圣人之德可与天道相匹配。上一章是赞扬圣人的大德，以说明圣人之所以为圣人，并证明天地之所以为天地。本章言圣人之德，是具体的就其德行内容说的，是说“小德川流”。小德来自大德。大德是“体”，小德是

“用”。小德是从圣人的渊深清明的内心自然流出来的，像清澈的河水一样，不停地流淌。

圣人聪明睿智是表明圣人是生而知之，其智慧无人能比，足以君临天下。以下四句，朱熹作注说：“其下四者，乃仁义礼知之德。”就是说，“宽裕温柔，足以有容”是仁；“发强刚毅，足以有执”是义；“齐庄中正，足以有敬”是礼；“文理密察，足以有别”是知。而这些美德，都是从圣人的“溥博如天，渊泉如渊”的本心中自然流出来的。在这里，我不禁想起了孔子自述的自己精神境界提升的过程：“吾十有五而志于学，三十而立，四十而不惑，五十而知天命，六十而耳顺，七十而从心所欲不逾矩。”“三十而立”之后，做到了“齐庄中正，足以有敬”；“四十而不惑”之后，做到了“文理密察，足以有别”；“五十而知天命”之后，做到了“发强刚毅，足以有执”；“六十而耳顺”之后，做到了“宽裕温柔，足以有容（好赖话都能听进去）”；“七十而从心所欲不逾矩”表明其大德的圆满，足以配天地了。圣人的仁义礼知之德的表现是“小德川流”，是“用”，而圣人与天道相通的“上律天时，下袭水土”是“大德教化”，是“体”。因为有深广之“体”，自然发出了中节之“用”。

圣人的德行既然如此深广，对外界人与物的感化，自然会有无穷的力量。人们在圣人的感化下，而充分发扬其“明德”，对圣人无比地尊敬和亲爱。圣人的生命，像春天的阳光，像及时雨一样，照耀滋润万物，使一切人都欢欣鼓舞。所以，圣人的德化普及于一切人，声名广泛地播于全国，而且传扬于边远未开化的蛮貊之地，就像天道惠及万物一样。所以，圣人之德，可以与天道匹配。通过对圣人之德的赞颂，可以加深我们对“与天地参”的意义的理解。

［附录］ **《朱子语类》卷第六十四《中庸三》**

问："'至诚'、'至圣'如何分？"

曰："'至圣'、'至诚'只是以表里言。'至圣'，是其德以见乎外者，故人见之，但见其'溥博如天，渊泉如渊，见而民莫不敬，言而民莫不信'，至'凡有血气者莫不尊亲'，此其见于外者如此。'至诚'，则是那里面骨子。经纶大经，立大本，知化育，此三句便是骨子；那个聪明睿知却是这里发出去。至诚处，非圣人不自知；'至圣'，则外人只见得到这处。"

或曰："至诚至圣，亦可以体用言否？"

曰："体用也不相似，只是说得表里。"

安卿问："'仁义礼智'之'智'与聪明睿知，想是两样。礼智是自然之性能辨是非者，睿知是说圣人聪明之德无所不能者。"

曰："便只是这一个物事。礼智是通上下而言，睿知是充扩得较大。炉中底便是那礼智，如睿知，则是那照天烛地底。'聪明睿知，足有临也'，某初晓那'临'字不得，后思之，大概是有过人处，方服得人。且如临十人，须是强得那十人方得；至于百人、千人、万人皆然。若临天下，便须强得天下方得。'睿'只训'通'，对'知'而言。知是体，睿是深通处。"

问："'文理密察'，龟山解云'理于义'也。"

曰："便是怕如此，说这一句了未得，又添一句，都不可晓。此是圣人于至纤至细处无不谨审。且如一物，初破作两片，又破作四片，若未恰好，又破作八片，只管详密。文是文章，如物之文缕；理是条理。每事详密审察，故曰'足以有别'。"

问："'至圣'章言'如天如渊'，'至诚'章'其天其渊'，不同何也？"

曰："此意当以表里观这：'至圣'一章说发见处；'至诚'一章说存主处。圣以德言，诚则所以为德也。以德而言，则外人观其表，但见其如天如渊；诚所以为德，故自家里面却真个是其天其渊。惟其如天如渊，故'日月所照，霜露所坠，凡有血气者，莫不知尊而亲之'，谓自其表而观之则易也。惟其天其渊，故非'聪明睿知达天德者'不足以知之，谓自其里面而观之则难也。”

问：“‘溥博渊泉’。”

曰：“溥，周遍；博，宏大；渊，深沉；泉，便有个发达不已的意。”

三十二、唯天下至诚

［原文］

唯天下至诚，为能经纶①天下之大经②，立天下之大本③，知天地之化育。夫焉有所倚④？肫肫其仁⑤，渊渊其渊⑥，浩浩其天⑦。苟不固聪明圣知⑧达天德者，其孰能知之？

［注释］

①经纶：治理。原意是：整理丝缕，理出丝绪叫经，编丝成绳为纶。②大经：人伦纲常。又有人以为是治天下国家的九经（见《中庸》第二十章）。　③大本：即首章的“中也者，天下之大本”，指天命之性。“立天下之大本”就是彰显性与天道的意义。　④焉有所倚：哪里有别的依靠呢？　⑤肫肫其仁：他的仁心诚恳笃实。　⑥渊渊其渊：深得像深渊一样。　⑦浩浩其天：广大得像天一样。　⑧知：同“智”。

［译文］

只有天下至诚之人，才能够治理天下的人伦纲常，树立天下的大本，了解天地的变化繁育之理。他哪里有别的依靠呢！只是他的仁心诚厚笃实，他的智慧深得像深渊一样，他的心胸广大，像天一样，浩瀚无垠。如果不是本来就有聪明圣智通于天德的人，有谁能够懂得这些呢？

［说解］

“唯天下至诚，为能尽其性（没有私欲），能尽其性，则能尽人之性,能尽人之性,则能尽物之性。”因为我之性与人、物之性相同,所以自己能尽性,则能明了人、物之性。这样,在为人处事上,就会“己所不欲,勿施于人”,就会“处之无不当”。这是第二十二章所阐述的道理所在。

本章是在前一章(第三十一章)讲述至圣之德之后,谈至诚之道。朱熹在概括本章主旨时说:“承上章而言大德之敦化,亦天道也。前章言至圣之德,此章言至诚之道。然至诚之道,非至圣不能知;至圣之德,非至诚不能为;则亦非二物矣。此篇言圣人、天道之极致,至此而无以加矣。”至圣、至诚既是一物,那么这个“物”是什么呢?请看本章原文:“唯天下至诚,为能经纶天下之大经,立天下之大本。”朱熹作注说:“经纶是用,立本是体。大本即中也,大经即庸也。经纶大经,立大本,即是尽此中庸之道。”(《中庸章句大全》)圣人是以中庸之道治理天下的伦理纲常,立定人事的根本。这个“立”字不是本无今有“创立”的意思,是“彰显”的意思。因为“大本”是本来就有的,人们是在不知不觉中按着大本去行事的,例如自有人类,人就知道孝敬父母,但不知道人伦纲常的道理。是圣人,以其聪明睿智,至诚之心,把人伦纲常彰显出来,使人的生活有所遵循。

“知天地之化育”的“知”,也不是认知的“知”,应该是“主宰”的意思。如果只是“知道”“天地之化育”,那圣人与常人又有什么区别呢?圣人是“主宰”着“天地之化育”的。在第二十七章就曾赞颂圣人:“大哉!圣人之道!洋洋乎,发育万物,峻极于天。”

圣人能够发扬其大德:“经纶天下之大经,立天下之大本,知天地之化育。”圣人有如此伟大的成就,是否有所依靠呢?《中庸》说:“夫焉有所倚?”圣人没有外在的依靠,圣人就是凭着本身的至诚之德。《中庸》的作者对于至诚的圣人,作了一个生动美妙的描绘:“肫肫其仁,渊渊其渊,浩浩其天。”“肫肫”是诚恳笃实的样子。至诚之人有诚意,有“肫肫”的样子,其心胸自有如渊的深度,而且有深度才可有广度。如此,天下至诚者的生命,外表看来既是诚恳笃实,而且有渊一样的深度,有像天一样的浩瀚无垠的广度。生命如此诚笃深广,自然可与天打成一片,浑然无间了。如果生命不能保持聪明睿智,而能够上达天德,又岂能与天打成一片,从而主宰天道化育?

“苟不固聪明圣知达天德者,其孰能知之?”最后这个“之”是指什么?朱熹引东汉郑玄的解释是:“郑氏曰:‘惟圣人能知圣人也。’”但在后面概括本章主旨时他又说:“至诚之道,非圣人不能知。”两相比较,还是指“至诚之道”符合本义。只有践德成圣的人才能知天,知至诚之道。人很容易把天地生物看成是一种自然现象,而不能看到其中有不息不已、真实无妄的诚体生道在创生着。所以,本章最后说:“苟不固聪明圣知达天德者,其孰能知之?”

[附录] **《朱子语类》卷第六十四《中庸三》**

魏材仲问:“‘惟天下至诚为能经纶’以下。”

曰:“从上文来,经纶合是用,立本合是体。”

问:“‘知天地之化’是与天地合否?”

曰:“然。”

问:“经纶皆治丝之事。经者,理其绪而分之;纶者,比其类而合之。如何?”

曰:“犹治丝者,先须逐条理其头绪而分之,所谓经也;然后比其类而合之,如打绦者必取所分之绪,比类而合为一,所谓纶也。天地化育,如春夏秋冬,日月寒暑,无一息之差。知化者,真知其必然。所谓‘知’者,言此至诚无伪,有以默契也。‘肫肫其仁’者,人伦之间若无些仁厚意,则父子兄弟皆不相管涉矣。此三句(即‘经纶天下’以下三句)从下说上。”(这三句从下往上说,应该是“知天地之化育,立天下之大本,经纶天下之大经”。朱熹在这里把“知天地之化育”的“知”讲成“认知”。与“主宰”比较,还是讲成“主宰”好,这样“与天地参”就好理解了。本来“主持”“执掌”是“知”的主要讲法之一。例如古代就有“知县”“知事”等官名。执掌朝政也叫“知政”。)

或问:“夫焉有所倚。”

曰:“自家都是实理,无些欠缺。经纶自经纶,立本自立本,知化育自知化育,不用倚靠他物事然后能如此。所谓‘为仁由己,而由人乎哉?’(《论语·颜渊》第一章)之意,他这道更无些空缺。”

林正卿问:“焉有所倚。”

曰:“堂堂然流出来,焉有倚靠?”

问:“‘惟天下至诚为能经纶天下之大经’一章,郑氏注云:‘惟圣人乃能知圣人。’恐上面圣人是人,下面圣人只是圣人这道耳。”

曰:“亦是人也。惟有其人,而后至诚之道乃始实见耳。”

三十三、衣锦尚䌹

本章内容较长,所以分成三节说解。

[原文]

《诗》曰①“衣锦尚䌹”②,恶其文之著也③。故君子之道,闇然而日章④;小人之道,的然而日亡⑤。君子之道,淡而不厌⑥,简而文⑦,温而理⑧。知远之近,知风之自,知微之显⑨,可与入德矣。

[注释]

①《诗》曰:《诗经》中没有“衣锦尚䌹”这句诗,有人说是逸诗。但《卫风·硕人》中有“衣锦褧(jiǒng)衣”,“褧”同“䌹”。可能是传写中出

现的错误,把“褧衣”写成“尚絅”,意思是一样的。褧,麻布单衣。②衣锦尚絅(jiǒng):穿锦衣时,外加罩衫。絅,单衣。 ③恶其文之著也:不想让文采显露太甚。 ④闇然而日章:不显露却一天比一天彰明。闇(àn)然,昏暗。 ⑤的然而日亡:显露却一天一天走向消亡。的然,明亮。 ⑥淡而不厌:平淡而不使人厌烦。 ⑦简而文:简朴而有文采。 ⑧温而理:温和而又有条理。 ⑨“知远之近”三句:知道去远处是从近处开始,知道风是从何处而来,知道心里的细微之处也要显露于外。这三句不像其他排句,句法并不一样,“之”字的讲法有差异。朱熹作注说:“远之近,见于彼者由于此也;风之自,著乎外者本乎内也;微之显,有诸内者形于外也。”“远之近”的“之”是动词,往也。“风之自”和“微之显”的“之”是连词,联结主语和谓语,使主谓结构转变为定中关系的名词性词组,作了“知”的宾语。

[译文] 《诗经》上说“穿锦衣时外加罩衫”,是不想让文采显露太甚。所以,君子之道,不显露却一天比一天彰明;小人之道,显露却一天一天走向消亡。君子之道,平淡而不使人厌烦,简朴而有文采,温和而又有条理。一个人知道去远处是从近处开始,知道风是从何处而来,知道心里的细微之处也要显露于外,就可以同他进入道德境界了。

[说解] 前篇的最后,朱熹总结说:“此篇言圣人、天道之极致,至此而无以加矣。”既然圣人、天道之理已说尽,这全书的最后一篇又说些什么呢?应该是重中之重吧!朱熹说:“本章复自下学立心之始言之,而下文又推之以至其极也。”意思是:本篇是谈学习。本篇告诉我们在开始学习圣人和天道真理的时候,首先要立定正确的思想,即找好“立足点”。《中庸》告诉我们应该怎样学习呢?是熟读,背诵,讲解?这些都是必要的,但不是最重要的。最重要的是要有反躬内省、慎独、守约的工

夫。只有反躬内省、慎独、守约，澄清一己之生命，才能上达高明，而知圣知天。反躬内省、慎独、守约是儒家的真功夫。在孔门弟子中，曾参做得最好。他的“吾日三省吾身”给我们做出了反躬内省、慎独、守约的榜样。所以，他继承了孔子的思想，其他著名弟子就略逊一筹。

本节的“衣锦尚絅”诗句，在《诗经·卫风·硕人》里是赞美卫庄公的夫人庄姜的美丽的，说：“硕人其颀，衣锦褧衣。”（那美人呀高高个儿，绉纱的外衣披在锦衣上。）《中庸》引用它，是表明君子之德的。君子不让自己的才德显露于外，君子的进德修业都是为了充实和完善自己。这就是孔子提倡的“为己之学”。孔子说：“古之学者为己，今之学者为人。”（《论语·宪问》第二十四章）“为己之学”是关于学习的指导思想。这里的“为己”，不是为了个人私利，是为了充实和完善自己。而今之学者“为人”也不是为他人着想的意思，是说学习是为了修饰自己，以便向别人炫耀。《论语》中许多章节都贯穿着“为己之学”的思想。如提倡“人不知而不愠”（《学而》第一章）、“不患人之不己知”（《学而》第十六章、《宪问》第三十章）等。朱熹为“为己之学”作注说：“圣贤论学者用心得失之际，其说多矣，然未有如此言之切而要者。”（《论语集注》）

君子从不炫耀自己，所以其德行初看起来是黯然无光彩的，但“诚于中”虽然不想显露，也必然要“形于外”。君子为学不是独善其身，他看到社会、国家有自己应该做的事，绝不会袖手旁观，他会尽力去做的。他的言行会成为人们的榜样。这样，君子不想显露其才德，也必然要显露于外。小人不注意实学，即使学了，也是为了装潢门面。这样，学得越多，恐怕越骄傲自满，目中无人。正像颜之推的《颜氏家训·勉学》所说：“夫学者，所以求益尔。今见人读数十卷书，便自高大，凌忽长者，轻慢同列。人疾之如仇敌，恶之如鸱枭。如此以学自损，不如无学也。古之学者为己，以补不足也；今之学者为人，但能说之也。古之学者为人，行道以利世也；今学者为己，修身以求进也。”所以《中庸》赞美君子：“故君子之道淡而不厌，简而文，温而理。”一个人想“入德”，必须懂得“知远之近，知风之自，知微之显”，也就是要从人们不容易发现的细微处用心。所以，下文接着谈“君子慎独”。

［原文］

《诗》云①：“潜虽伏矣，亦孔之昭②。”故君子内省不疚③，无恶于志④。君子之所不可及者，其唯人之所不见乎！

《诗》云⑤：“相在尔室，尚不愧于屋漏⑥。”故君子不动而敬，不言而信。

［注释］

①诗云：指《诗经·小雅·正月》。这是一首诗人忧国忧民愤恨小人当道的诗。　②潜虽伏矣，亦孔之昭：它虽潜伏在水底，仍是十分明显。孔，很、甚。　③内省不疚：内心反省而不会感到愧疚。疚（jiù），内心痛苦。　④无恶于志：没有厌弃自己的志向。　⑤《诗》云：指《诗经·大雅·抑》。这是一首大臣自警之诗。该诗强调了自我修养，认为大臣应该表里如一，仪表可法，执法谨慎，说话小心，独处不愧，对人有礼；也表露了对当时政治和在位小人的不满；指出不听善言，就有亡国之忧。　⑥相在尔室，尚不愧于屋漏：看你独自在屋内，虽然在屋的最暗处，也仍然无愧于心。相，看。屋漏，屋内的西北角，最暗的地方。

［译文］

《诗经·小雅·正月》说：“它虽然潜伏在水底，仍是十分明显。”所以君子内心反省，也不会感到愧疚，也不会厌弃自己的志向。君子之所以没有人能赶得上，就是在人看不到的地方能够谨慎小心。

《诗经·大雅·抑》说：“看你独自在屋内，虽然在屋里的最暗处，也仍然无愧于心。”所以君子不去干什么，也能受到尊敬；不用说什么，也能令人信服。

［说解］

本节是接续上一节谈“莫见乎隐，莫显乎微”。

一个人的内心世界，虽然埋藏得很深很深，就像鱼儿潜伏在水底一样，但仍是要表现于外，而会被人发现。所以，君子必须做到内心自我反省，无愧于心，自己所立之志也不动摇。这就需要在慎独上下功夫。君子之所以能超越众人，就是在别人看不见的地方，能够严格要求自己。儒家的功夫与其他宗教不同，就在于反求诸己，慎独守约。曾参的“吾日三省吾身”，给我们做出了榜样。曾参本是孔子的晚期弟子，他所以能够深刻理解孔子的思想，继承孔子的学说，就在于他能够反求诸己，守约慎独。

本节引用《诗经·大雅·抑》，是说君子无时无地不在戒慎恐惧。（不是胆小怕事，而是担心背离中庸之道，应该付出生命时，君子会勇敢地付出生命。）君子能“不动而敬，不言而信”，就表明他的工夫之深。所以，下面又引诗说慎独之效。

［原文］

《诗》曰①：“奏假无言，时靡有争②。”是故君子不赏而民劝③，不怒而民威于𫓧钺④。

《诗》曰⑤：“不显惟德，百辟其刑之⑥。”是故君子笃恭而天下平⑦。

《诗》云⑧：“予怀明德，不大声以色⑨。”子曰：“声色之于以化民，末也⑩。”《诗》曰⑪：“德辅如毛⑫。”毛犹有伦⑬。“上天之载，无声无臭⑭。”至矣⑮。

［注释］

①《诗》曰：指《诗经·商颂·烈祖》，是祭商的始祖成汤的诗。

②奏假无言，时靡有争：如果能进至无言的境界，则别人自然为其所化

而不争。奏，进；假，即“格”，至也。　③劝：勉力，向善。　④𫓧钺：刀斧。𫓧（fū），斧子。钺（yuè），古代兵器，状如大斧。　⑤《诗》曰：指《诗经·周颂·烈文》，是献给助祭诸侯的乐歌。周天子大祭时，各国诸侯要来助祭。诗的最后几句是勉励周王的。　⑥不显惟德，百辟其刑之：（周王的）崇高的德行充分显露，各方诸侯都去效法他。不显，即“丕显”，大显。辟（bì），天子、诸侯君主的通称，这里指诸侯。百辟即各方诸侯。刑，即“型”，效法，以他为模范。　⑦君子笃恭而天下平：君子只要诚笃恭敬，天下就自然太平。这里的“君子”指在位的国君。一国的国君既有位又有德，政治自会清明稳定，天下也就太平了。⑧《诗》云：指《诗经·大雅·皇矣》，是描写周朝兴起的诗，主要是歌颂王季和文王之德。　⑨予怀明德，不大声以色：我怀念先王圣明的德行，从不疾言厉色。　⑩末也：末节，并不重要。　⑪《诗》曰：指《诗经·大雅·烝民》，是赞美仲山甫的诗。仲山甫（有的书作仲山父）是鲁献公（春秋前第七代鲁君）的次子，周宣王时为周卿士，封樊侯。《大雅·烝民》中有“保兹天子，生仲山甫”的句子。　⑫德𬨎如毛：德行轻如鸿毛。𬨎（yóu）：是一种轻车，这里是“轻”的意思。《烝民》第六节说：“人亦有言，德𬨎如毛。”但是轻如鸿毛的德行，人们很少能举起它（“民鲜克举之”），只有仲山甫能举起它（“维仲山甫举之”）。　⑬毛犹有伦：鸿毛还有可类比的东西，即鸿毛还是有形象的。　⑭上天之载，无声无臭：这两句诗出自《诗经·大雅·文王》，意思是：上天化育了万物，没有声响，没有气味。　⑮至矣：是说上面引用的《大雅·文王》的诗句，是对天、地、圣人的德性形容得最好的。

［译文］

《诗经·商颂·烈祖》说：“如果能进至无言的境界，则别人自然为其所化而不争。”所以君子不用奖赏，民众就自觉努力；不用动怒，民众就畏惧你的威风，比畏惧刀斧还厉害。

《诗经·周颂·烈文》说：“周王的崇高的德行充分显露，各方诸侯都去效法他。”所以君子只要诚笃恭敬，天下就自然太平。

《诗经·大雅·皇矣》说:“我怀念先王圣明的德行,他从不疾言厉色。”孔子说:“疾言厉色对于感化民众是属于细枝末节,并不重要。”《诗经·大雅·烝民》说:“德行轻如鸿毛。”鸿毛还有可类比的东西,有形有象,而“上天化育万物,没有声响,没有气味”。这两句诗是对天、地、圣人的德行形容得最好的,无以复加了。

[说解]

君子在别人看不见只有自己一个人的时候,能够严格要求自己,必然要产生社会效果。有内省慎独工夫的君子,用不着为教育民众而操心费力,他的人格的力量,能够“不动而敬,不言而信”,人们自然会受其感化。君子愈真诚,其感化人的效果愈大,所以“不赏而民劝,不怒而威于鈇钺”。

这里的君子是指在位的国君说的。一国的国君既有位又有德,政治自会清明稳定,天下也就太平了。一个领导者,摆事实,讲道理,大声疾呼,要求群众如何如何,效果并不一定好。重要的是领导者要提高自己的品德修养,就是要“修身”,修身的关键是必须“内省慎独”。不能表面一套,背后一套。一个领导者做到了表里如一,在别人看不见的地方能够严格要求自己,才能“齐家、治国、平天下”。人的内省慎独,同于天之德。天在化育着万物,其德大矣,高矣,却在“无声无臭”中。所以本章最后说:“上天之载,无声无臭。”这也是全书的结语,其中渗透着一个“诚”字。

前几章是阐述圣德与天道,给人们树立了榜样。本章是告诉人们怎样下学立心,那就是内省慎独。内省慎独是儒家的基本工夫,离开了内省慎独,人的德行将是表面文章。为什么有些先进人物不能持久,就是因为他们缺乏内省慎独的工夫。本章对内省慎独深入阐述之后，指出其妙处："上天之载，无声无臭。"本书第一章就说："道也者，不可须臾离也；可离，非道也。是故，君子戒慎乎其所不睹，恐惧乎其所不闻。莫见乎隐，莫显乎微，故君子慎其独也。"本章是最后一章，很好地回应了第一章的义旨。

朱熹在本章（也是全书）的最后作注说："子思因前章极致之言，反求其本，复自下学为己谨独之事，推而言之，以驯致乎笃恭而天下平之盛。又赞其妙至于无声无臭而后已焉。盖举一篇之要而约言之，其反复丁宁示人之意，至深切矣！学者其可不尽心乎？"

［附录］

《朱子语类》卷第六十四《中庸三》

问："'衣锦尚䌹'章，首段虽是再叙初学入德之要，然也只是说个存养致知的工夫，但到此说得来尤密。思量来，'衣锦尚䌹'之意，大段好。如今学者不长进，都缘不知此理，须是'暗然而日章'。"

曰："《中庸》后面愈说得向里来，凡八引《诗》，一步退似一步，都用那般'不言、不动、不显、不大'底字，直说到'无声无臭'则至矣。"

贺孙问："到此方还得他本体。"

曰："然。"

问："《中庸》首章只言戒惧慎独，存养省察两节工夫而已。篇末'尚褧'一章，复发此两条。然学者须是立心之初，真个有为己笃实之心，又能知得'远之近，风之自，微之显'，方肯做下面慎独存养工夫。不审'知远之近，风之自，微之显'，已有穷理意思否？"

曰："也须是知得道理如此，方肯去慎独，方肯去持养，故'可与入德矣'。但首章是自里面说出外，盖自天命之性，说到'天地位，万物育'处。末章却自外面一节收敛入一节，直约到里面'无声无息'处，此与首章实相表里也。"

子武说："衣锦章。"

曰："只是收敛向内，工夫渐密，便自见得近之可远，'风之自，微之显’。君子之道，固是不暴著于外。然曰‘恶其文之著’，亦不是无文也，自有文在里。淡则可厌，简则不文，温则不理。而今却不厌而文且理，只缘有锦在里。若上面著布衣，里面著布袄，便是内外黑窣窣。明道谓：‘《中庸》始言一理，中散为万事，末复合为一理。’虽曰‘合为一理’，然自然有万事在。如云‘不动而敬，不言而信’，也是自有敬信在。极而至于‘无声无臭’，然自有‘上天之载’在。盖是其中自有，不是都无也。”

问：“不大声以色。”

曰：“‘不大声以色’，只是说至德自无声色。今人说笃恭了，便不用刑政，不用礼乐，岂有此理！古人未尝不用礼乐刑政，但自有德以感人，不专靠他刑政尔。”

问：“卒章引《诗》‘不大声以色’，云‘声色之于化民，末也’。又推至‘德輶如毛’，而曰‘毛犹有伦’直至‘无声无臭’然后为‘至矣！’此意如何？”

曰：“此章到‘笃恭而天下平’，已是极至结局处。所谓‘不显维德’者，幽深玄远，无可得而形容。虽‘不大声以色’，‘德輶如毛’，皆不足以形容。直是‘无声无臭’到无迹之可寻，然后已。他人孰不恭敬，又不能平天下。圣人笃恭，天下便平，都不可测了。”

问：“末章自‘衣锦尚絅’说至‘无声无臭’，是从外做向内；首章自‘天命之谓性’说至‘天地位，万物育’，是从内做向外？”

曰：“不特此也。‘惟天下聪明睿知’说到‘溥博渊泉’，是从内说向外；‘惟天下至诚经纶天下之大经’，至‘肫肫其仁’，‘聪明圣智达天德’，是从外说向内。圣人发明内外本末，大小巨细，无不周遍，学者当随事用力也。”

公晦问：“‘无声无臭’，与老子所谓‘玄之又玄’，庄子所谓‘冥冥默默’之意如何分别？”

先生不答。良久，曰：“此自分明，可仔细看。”

公晦问：“《中庸》末章说及本体微妙处，与老子所谓‘玄之又玄’，庄子所谓‘冥冥默默’之意同，不知老庄是否？”

先生不答。良久，曰：“此自分明，可且自看。某从前趁口答将去，诸公便更不思量。”临归，又请教。曰：“开阔中又著细密，宽缓中又著谨严，这是人自去做，夜来所说‘无声无臭’，亦不离这个。自‘不显维德’引至这上，岂特老庄说得恁地？佛家也说得相似，只是他个虚大。凡看文字，要急迫亦不得。有疑处，且渐渐思量。若一下便理会得，如何会见得意思出！”

孝经注译

宫晓卫　注译

前　言

《孝经》中说:“人之行,莫大于孝。”于是有了前人常说的:“孝为百行之首。”

“身体发肤,受之父母”,一个人依托父母来到这个世界上,同时又要依靠父母的养育才能成长自立。长大后,作为对父母养育之恩的回报,孝敬、赡养父母乃顺理成章之事。“谁言寸草心,报得三春晖”,既为人子,对父母行孝道应是不言而喻的,因此古人对“孝”就有最直接的解释:“善事父母为孝。”

人类文明不管进化到何种程度,出生、长大、衰老这个过程乃是必由之路。从这个意义上讲,“孝”就是一个永恒的主题。

中国传统伦理观念中“孝”的观念的产生,当是随着传统家族制度的父家长专制的形成而确立的,时间可推溯到夏商周三代,随着个体家庭和私有制的产生,小农经济的出现,逐渐形成了一家之长在生活、生产上的权威。由子女尊敬、侍奉家长的义务观演化而成的“孝”的思想,早已深深根植于中国传统文化的土壤之中。从中国古代民间习称的诸如“万恶淫为首,百行孝为先”“二件事读书种田,一等人忠臣孝子”等,不难感受到其中对“孝”的推重。两千多年来,“孝”不仅影响着中国历朝历代人们的思想,同时也成为支配人们行动的准则和评判人之德行的标准。这种思想观念的形成,主要得力于儒家学说的倡导,而最早且集中论“孝”的儒家典籍,是《孝经》。

《孝经》是儒家经典著作中专门谈“孝”的一部著作。与“十三经”中其他十二经不同的是,其他各经是因后人的推崇才划入了“经”的行列,《孝经》却是从成书之初就以“经”来命名的。《孝经》的这一特点,盖因书中所说:“夫孝,天之经也。”后来班固在《汉书·艺文志》中就是根据书中的这句话推论道："夫孝，天之经，地之义，民之行也，举大者言，故曰《孝经》。"认定孝是评判人之行为和治理天下的大经大法，是《孝经》得名的由来。

一、《孝经》的作者和成书时间。关于《孝经》的作者，历史上曾有多种说法，一说是孔子所作，像汉代的郑玄在其《六艺论》里称："孔子以六艺题目不同，指意殊别，恐道离散，后世莫知根源，故作《孝经》以总会之。"版本流传最广的《十三经注疏》本《孝经》，宋人邢昺的"序"所言尤为凿实：

> 夫《孝经》者，孔子所述作也……适值周室衰微，王纲失坠，君臣僭乱，礼乐崩颓。居上位者赏罚不行，居下位者褒贬无作。孔子遂乃定礼乐，删《诗》《书》，赞《易》道，以明道德仁义之源；修《春秋》，以正君臣父子之法。又虑虽知其法，未知其行，遂说《孝经》一十八章，以明君臣父子之行所寄。

这种认识，到明清间仍有认同者，如明人江邦玉在《传经始末》中说："《孝经》是孔夫子与曾子问答之后自家做的。因说话间有'孝者，天地之经'一句，故'六经'不名'经'，此独名《孝经》。"

一说是由曾参集录的。西汉司马迁在《史记》中记载，孔子认为曾参懂得"孝道"，所以教给他很多"孝"的道理，曾参作《孝经》。此外，传说中还有曾参门人编录和汉儒伪作等说法。

东汉班固在《汉书·艺文志》中曾就《孝经》的形成说："《孝经》者，孔子为曾子陈孝道也。"但他没指明究竟是谁使其成书的。从书中的人称看，《孝经》既不应是孔子，也不应是曾参所作。书中第一章《开宗明义》说："仲尼居，曾子侍。"曾参是孔子的学生，孔子不会称他"曾子"，同样，这样的写法也不适合于曾参。比较稳妥的说法，《孝经》是由曾参的门人编撰的。像宋代朱熹在《孝经刊误》中指出，《孝经》是"夫子曾子问答之言，而曾氏门人所记"。清人简朝亮在《孝经集注述疏》里分析过："古者称师曰子。《孝经》首云'仲尼居，曾子侍'，以此知曾子门人记之也。"这是合乎情理的解释。但不论怎么说，《孝经》所反映的是孔子和曾参的思想，是发祥于齐鲁大地的儒家文化典籍，这一点应是没什么异议的。

至于《孝经》成书的时间，从作于先秦的《吕氏春秋》中几次引述过

《孝经》的文字，可知书是产生于《吕氏春秋》之前的先秦典籍，因此，对前述《孝经》作者中的汉儒一说就不必辩驳了。

《孝经》在儒家典籍“十三经”中的地位不是最突出的。通常说的“四书五经”，《孝经》尚不能跻身其中。但在汉代，国家提倡孝治，《孝经》被认为包含着“人伦之大本，穷理之要道”而与《论语》并提，贵族子弟先授《论语》《孝经》，并“使天下诵《孝经》”（《经义考》），《孝经》受到了空前的重视，与《诗》《书》《礼》《易》《春秋》《论语》合称“七经”，从此确立了其在儒家经典中的位置。虽然其文字在“十三经”中字数最少，但在中国两千多年的历史长河中，其影响是任何人都不能忽视的。

二、《孝经》的影响。《孝经》是一部阐述“孝道”的书。其内容包括尊敬和赡养父母，忠于君主，教化民众，对父母、君主的过错进行劝谏，致丧过世的父母，按礼祭祀先祖，和睦兄弟，等等。其核心是在“善事父母”，以达到在家行孝，出门尽忠。《孝经》强调人要感赐于自己身体的父母之恩，所以对父母能尽孝道，乃是人之品德的根本。但书中又特别注意了“孝”可出门尽忠的功用，亦即其社会功用，倡言孝可以为政治国。诸如：“君子之事亲孝，故忠可移于君；事兄悌，故顺可移于长；居家理，故治可移于官。”事亲孝就能事君忠，由修身治家可推及治国为政，于是“孝”不仅成为一切道德的根本和个人行为及治理家庭的准绳，也是行政治国的基本指导原则。书中指出，以孝治天下，就能避免犯上作乱，使上下无怨，天下和平，从而达到社会秩序的安定和睦。这一点，正是为统治者极其欣赏和渴求实现的。既然“孝”能够作为政治统治的有效手段，自汉代以来的历代统治者，大都对《孝经》表示了异乎寻常的关注。除了公开提倡，不少帝王还亲自参与对《孝经》的注疏。梁武帝有《孝经义疏》、梁简文帝有《孝经疏》、后魏孝明帝有《孝经义》、唐玄宗有《孝经注》、清顺治皇帝有《孝经注》、雍正皇帝有《孝经集注》，等等，使《孝经》成为儒家经典中历代皇帝注释最多的一“经”。

由于历代统治者的提倡，在中国古代社会，人们依据《孝经》的阐述而把“孝”的作用吹捧得几乎无所不能，明代杨起元所作《孝经序》的开篇

几句,是很有代表性的一段:

孝道之大,备著于《经》矣。贯三才,通神明,光四海。至贵之行,配天之德,圣人之至教也。以之事君则忠,以之事长则顺,以之事天地则仁。天子之所以保天下,诸侯之所以保其国,卿大夫、士之所以守宗庙、保禄位,庶人之所以保四体、养父母,未有离孝者也。万善未易全也,惟孝则全;百福未易备也,惟孝则备;令名未易享也,惟孝则享。至于还淳返朴,致和召顺,归荡平而跻浑噩,调雨旸而集灵贶,未有不由斯道者矣。

孝的作用既然如此广大,历史上人们不但纷纷读《孝经》、注《孝经》,阐释其思想,剔抉其微言大义,而且更有人仿效《孝经》体例和意旨,作《女孝经》和《忠经》,以期更有效地指导人们的具体孝行;亦有人撰《孝经集灵》,辑录历代孝行传闻故事和神明感应的灵异之事,以印证"孝"的功能不诬。

从汉代开始,孝作为证明一个人品德的重要标准而被正式写入了正史。《汉书》《后汉书》的人物传记中已每每述及他们的孝行。从《晋书》始,正史里又单列"孝子传"一栏,专记一代著名孝子的孝行,以示对孝的褒奖和宣扬。"平生果系孝悌廉让,自然做官时不贪不欺、尽忠竭节。"明代崇祯帝的这番话,反映了统治者对"孝"的普遍认识,所以,孝也成为历代评价人物、选用官吏的一项重要内容。所谓"举孝廉",表明"孝"已是进入官场的阶梯。

此外,出于《孝经》中说的"五刑之属三千,而罪莫大于不孝",孝与不孝,在中国历史上又被纳入了法律条文,汉代法律里就有"不孝者,斩首枭之"的律条。在古代社会,因不孝被视为大逆不道而处以极刑的,可谓比比皆是。同样,因认为父母受辱不为雪仇也是不孝,为报父母之仇杀死仇人的人又会得到法律的宽容甚或当政者的表彰。在史籍和古代文学作品中,这类故事实在是太多了。

凡此种种,反映了《孝经》在中国历史上的深刻影响。由提倡孝道所形成的中华民族尊老爱幼的伦理观念和老有所养的传统美德,作为其影响的积极因素,至今仍保持着鲜活的生命力。

当然，出于对孝行的宣扬，过度地强调了惟父母、君主之命是从的愚忠愚孝，乃至“非先王之法服不敢服，非先王之法言不敢道，非先王之德行不敢行”等因循守旧的观念，又是导致中国国民性过于看重过去的事情，常常以过去的经验作为个人行为的标准的理论根源之一。它扼制了后人的独立性和创造性意识，忽视了子孙晚辈的独立人格，压抑了他们自由的思想，而培养了其精神的奴隶性。而且在历代宣扬的孝行中，姑且不说那些神明感应故事的虚妄不经，许多孝子典型的树立，实际上已背离了科学依据，超越了人的正常心理和自然身体形态的承受力，如“二十四孝”中为奉养老母而活埋自己的儿子（“郭巨埋儿”）；为满足父母的口腹之欲，卧冰数日以求鱼（“卧冰求鲤”）；为使老父母欢心，自己年龄虽已老迈却仍做小儿娇憨之态（“老莱娱亲”），等等。形式上对孝行的强化乃至极端，或许会提高人们对自身孝行的要求，但有悖常理或已属自残的过分行为和实际表现出的一种人性的灭绝、心理扭曲，难免引导人们走上愚孝的歧途，事实上这也正是当政者所期望的。

三、《孝经》的版本。流传下来的《孝经》版本，有“今文”和“古文”两种文本。根据《隋书·经籍志》的记载，公元前213年秦始皇焚书坑儒，《孝经》在焚毁之列。到西汉初期，河间（今河北河间）人颜贞将自己父亲颜芝当时秘藏的《孝经》奉献给河间献王，《孝经》因此得以保存和流传。颜氏所藏这部《孝经》是用汉隶书写的，故后人称之为《今文孝经》。汉武帝时，鲁恭王拆所居孔子旧宅，在墙壁中发现藏有《尚书》、《论语》和《孝经》，这部《孝经》是用蝌蚪文字书写的，因此被人们称作《古文孝经》。

《今文孝经》共分十八章，一千八百字左右。《古文孝经》分二十二章，较之《今文孝经》，其内容除了多出《闺门》一章的“闺门之内，具礼矣乎。严父严兄，妻子臣妾，繇百姓徒役也”这二十多个字外，没有其他明显出入，对孝道的阐述没有不同，只是章节的分法略异、章节的题目小有出入和用字上稍见不同而已。用古人的话说，两者之间乃“文句小异，义理不殊”。

在唐代以前，今文与古文两种《孝经》并行于世，相传有郑玄对今文作注，孔安国对古文作传。到了唐代，唐玄宗有感于此前历代《孝经》传注者杂乱，且各种传本真伪难辨，于开元七年召群儒议论古、今文两书之是非得失。看来唐玄宗是更倾向《今文孝经》的，他广采韦昭、虞翻、陆澄等六家之说，亲自对十八章《今文孝经》另行作注，并命元行冲为注本作疏，对前人注疏“翦其繁芜，而撮其枢要”，于开元十年书成颁布天下。之后，唐玄宗又对自己的注本加以修订，于天宝二年修订毕，令刻石于太学，是即所谓的《石台孝经》。到宋真宗时，邢昺等奉敕据“石台本”作“正义”，这就是收入《十三经注疏》中的《孝经注疏》（亦称《孝经正义》）。因唐玄宗注《孝经》的颁行，《今文孝经》得以广泛流传。此后，除了经学家仍以今古文两家各立门户、互不相让以外，人们普遍使用的是《今文孝经》。

四、几点说明。历代注释、研读《孝经》的版本可谓汗牛充栋，人称有数百家之多。明代崇祯年间江邦玉辑《孝经大全》，收录了自汉迄明的部分《孝经》版本，书中历数历代注疏《孝经》者近二百家，堪称洋洋大观了。但自唐宋以后，还是以《十三经注疏》本的《孝经注疏》为通行本，这次注译《孝经》所用的原文底本，就是这个本子。

《孝经注疏》为唐玄宗李隆基注，其“疏”则是邢昺依元行冲之“疏”有所增损而成，其中博采众家之说。本书的注释，主要参考了该书的释义，而且部分直接引用了原“注疏”的文字，因仅为释解经文意思，因而对这些直接引用的文字一律以《孝经注疏》出之，而不特意点出原为唐玄宗注还是××注疏。译文以直译为主，个别处辅以意译以通畅其文。

《古文孝经》在《孝经》流传中占有重要地位，今将《知不足斋丛书》本的《古文孝经》二十二章原文附于后，只录原文并加标点，不作校勘和注释，细心的读者可据以对比出今古文本的文字差异。此外，《孝经》在流传过程中，留下了大量后人撰述的序、跋、提要等评说研究文字，谨从中精选几节作为附录二一并置于书后，以利读者由此可以看到前人对《孝经》的基本评述和其源流发展的大致脉络。

宫晓卫

2008 年 12 月

目　录

前　言 …… 1

开宗明义章第一 …… 1
天子章第二 …… 3
诸侯章第三 …… 4
卿大夫章第四 …… 6
士章第五 …… 7
庶人章第六 …… 9
三才章第七 …… 10
孝治章第八 …… 12
圣治章第九 …… 14
纪孝行章第十 …… 18
五刑章第十一 …… 20
广要道章第十二 …… 21
广至德章第十三 …… 22
广扬名章第十四 …… 23
谏诤章第十五 …… 24
感应章第十六 …… 26
事君章第十七 …… 28
丧亲章第十八 …… 30

附录一・古文孝经 …… 34
附录二・历代序、跋、提要选 …… 40

开宗明义章第一①

［原文］

仲尼居②，曾子侍③。子曰："先王有至德要道④，以顺天下⑤，民用和睦⑥，上下无怨⑦。汝知之乎?"曾子避席曰⑧："参不敏⑨，何足以知之?"子曰："夫孝⑩，德之本也，教之所由生也⑪。复坐，吾语汝。身体发肤⑫，受之父母。不敢毁伤⑬，孝之始也。立身行道，扬名于后世，以显父母⑭，孝之终也⑮。夫孝，始于事亲，中于事君⑯，终于立身⑰。《大雅》云⑱：'无念尔祖，聿修厥德⑲。'"

［注释］

① 开宗明义：前人释之曰开张也、宗本也、明显也、义理也。意即开张本经的宗旨，阐明孝道的义理。 ② 仲尼居：仲尼，孔子的字。孔子(前551～前479)排行老二，我国古代以"伯、仲、叔、季"表示排行，"仲"为老二；"尼"与孔子的名"丘"字均得自孔子故里的尼丘山。孔子为春秋后期鲁国昌平乡陬邑(今山东曲阜东南)人，中国古代思想家和教育家。居，闲居。 ③ 曾子侍：曾子(前505～前436)，名参，字子舆，春秋末南武城(今山东费县)人，孔子学生，为孔子弟子中的七十二贤人之一，以孝著称。相传《大学》为他所著，被后世尊为"宗圣"。史称孔子认为曾参能通孝道，"故授之业，作《孝经》。"侍，侍坐在侧。 ④ "先王"句：先王，指先代圣帝明君，通常指尧、舜、夏禹、周文王、周武王等。至德，最根本的德行。要道，最重要的道德。 ⑤ 顺：使天下人心顺服。 ⑥ 用：因而。 ⑦ 上下：上下尊卑的等级。包括王公贵族到黎民百姓的各个阶层。 ⑧ 避：离开自己的座位而立。古人席地而坐，离开坐席站立对待对方，是表示对对方的礼貌和尊敬。
⑨ 敏：聪敏。 ⑩ 夫孝：夫，古汉语句首的语助词。孝，《说文解字》："孝，善事父母者。从老省，从子，子承老也。" ⑪ 教：教化。 ⑫

身体发肤：谓躯体四肢、毛发皮肤。 ⑬ 不敢毁伤：《礼记·祭义》："乐正子曰：'吾闻诸曾子，曾子闻诸夫子曰，天之所生，地之所养，无人为大。父母全而生之，子全而归之，可谓孝矣。不亏其体，不辱其身，可谓全矣。故君子顷步而弗敢忘孝也。壹举足而不敢忘父母，壹出言而不敢忘父母。壹举足而不敢忘父母，是故道而不径，舟而不游，不敢以先父母之遗体行殆。壹出言而不敢忘父母，是故恶言不出于口，忿言不返于身。不辱其身，不羞其亲，可谓孝矣。'"言称父母给了自己完整的身体，应该完整地归还父母，不能有所毁坏伤残。 ⑭ 以显父母：显，彰显，荣耀。使父母得以荣耀。 ⑮ 孝之终也：终，终极，最后。指孝道的终极要求。 ⑯ 中于事君：成人后入仕奉事君主；一说指孝道的中级阶段。 ⑰ 终于立身：最终成就自己的名声，扬名荣亲；一说指老年时扬名后世，达到孝道的终极阶段，如《孝经注疏》引郑玄释义："父母生之，是事亲为始；四十强而仕，是事君为中；七十致仕，是立身为终也者。" ⑱《大雅》：《诗经》的组成部分之一。《诗经》从体裁上分为风、雅、颂，"雅"通常为贵族唱酬之歌。 ⑲"无念尔祖，聿修厥德"：句见《诗经·大雅·文王》。"无念"，即念，想念，"无"，语助词，不为义；尔祖，你的祖先，此指文王；聿修，"聿"，本为助词，但后多训为"述"，如《孝经注疏》："聿，述也。"因以"聿修厥德"谓继承发扬先人的德业。后世仅"聿修"二字即包含了此意。

［今译］

孔子在家里闲坐，他的学生曾参侍坐在旁边。孔子说："先代的帝王有其至高无上的品行和最重要的道德，以此使天下人心归顺，人民和睦相处。人们无论是尊贵还是卑贱，上上下下都没有怨恨不满，你知道那是什么吗？"曾参站起身来，离开自己的座位回答说："曾参我不够聪敏，哪里会知道呢？"孔子说："这就是孝。它是一切德行的根本，也是教化产生的根源。你回原来位置坐下，我告诉你。人的身体四肢、毛发皮肤，都是父母赋予的，不敢予以损毁伤残，这是孝的开始。人在世上遵循仁义道德，有所建树，显扬名声于后世，从而使父母显赫荣耀，这是孝的终极目标。所谓孝，最初是从侍奉父母开始，然后效力于国君，最终建功立业，功成名就。《大雅》说：'怎么能不思念你的先祖呢？要继承和发扬先祖的美德啊！'"

天子章第二①

［原文］

子曰②："爱亲者，不敢恶于人③；敬亲者，不敢慢于人④。爱敬尽于事亲⑤，而德教加于百姓⑥，刑于四海⑦，盖天子之孝也⑧。《甫刑》云⑨：'一人有庆⑩，兆民赖之⑪。'"

［注释］

① 天子：《礼记·丧记》："惟天子受命于天，故曰天子。"古以君权为神所授，故称帝王为天子。本章以下至《庶人章》，按尊卑次序分述不同阶层的五种孝行。 ② 子曰：自本章至《庶人章》，仅此一处出现"子曰"，用以通贯五章。《孝经注疏》："《天子章》称'子曰'者，皇侃云：上陈天子极尊，下列庶人极卑。尊卑既异，恐嫌为孝之理有别，故以一'子曰'通冠五章，明尊卑贵贱有殊，而奉亲之道无二。" ③ 爱亲者，不敢恶于人：亲，指父母。恶，厌恶，憎恶。句谓天子爱自己的父母，就会用这种爱心对待百姓，不憎恶于他人。 ④ 敬亲者，不敢慢于人：敬，恭敬，尊重。慢，怠慢，傲慢。此言天子尊敬自己的父母，就会用这种敬爱之心推及到百姓，不轻慢他人。 ⑤ 尽于事亲：尽，竭尽。句谓竭尽爱敬之心侍奉父母。 ⑥ 德教加于百姓：德教，用道德修养进行教化。加，施加。 ⑦ 刑于四海：刑，通"型"，榜样，典范，法则。四海，指四方各族百姓。《孝经注疏》："《礼记》《尔雅》皆言东夷、西戎、南

蛮、北狄谓之四夷,或云四海,故注以四夷释四海也。”句谓天子的孝行与德教,是四方百姓效法的典范。 ⑧ 盖:句首语气词。 ⑨《甫刑》:《尚书》中的篇名,引文见今本《尚书·吕刑》。《孝经注疏》:“《甫刑》即《尚书·吕刑》也者,《尚书》有《吕刑》而无《甫刑》也。案《礼记·缁衣篇》,孔子两引《甫刑》辞,与《吕刑》无别,则孔子之代以‘甫刑’命篇明矣。今《尚书》为‘吕刑’者,孔安国云:后为甫侯,故称《甫刑》。”事出周穆王任命吕侯为司寇(职掌刑狱之官),吕侯以周穆王的名义发布赎刑之法,即《吕刑》;吕侯后改封甫侯,因又称《甫刑》。 ⑩ 一人有庆:一人,指天子。商周时天子自称“予一人”,是说自己虽处在上位,也是人中之一,与普通人无异,这是当时天子的谦称。庆,善,善行。
⑪ 兆民赖之:兆民,十亿曰兆,此极言民众数目之多。赖,依赖,仰仗。

[今译] 孔子说:“能够亲爱自己父母的人,就不会厌恶别人的父母;能够尊敬自己父母的人,也不会怠慢别人的父母。以亲爱恭敬的心情尽心尽力地侍奉双亲,而将德行教化施之于黎民百姓,使天下百姓遵从效法,这就是天子的孝道呀!《甫刑》里说:‘天子一人有善行,亿万民众都仰赖他。’”

诸侯章第三①

[原文] 在上不骄②,高而不危③;制节谨度④,满而不溢⑤。高而不危,所以长守贵也⑥;满而不溢,所以长守富也⑦。富贵不离其身,然后能保其社稷⑧,而和其民人⑨。盖诸侯之孝也。《诗》云⑩:“战战兢

兢，如临深渊，如履薄冰[11]。”

[注释]

① 诸侯：天子分封的列国之君。古谓“天子之国为王国，诸侯之国为列国”。 ② 在上：诸侯为列国之君，贵在一国臣民之上，因言“在上”。 ③ 高而不危：高，列国之君处于国君的位置，因言“高”。危，危险，倾倒。 ④ 制节谨度：制节，生活节约俭朴；谨度，举止行为合乎礼仪法度。《孝经注疏》：“费用约俭，谓之制节；慎行礼法，谓之谨度。” ⑤ 满而不溢：满，财富充裕；溢，奢侈过分。《孝经注疏》：“满谓充实，溢谓奢侈。” ⑥ 贵：指地位的尊贵。 ⑦ 富：财富。 ⑧ 社稷：古代帝王、诸侯所祭的土神和谷神。社，土神；稷，谷神。《白虎通·社稷》：“王者所以有社稷何？为天下求福报功。人非土不立，非谷不食。土地广博，不可遍敬也；五谷众多，不可一一祭也。故封土立社示有土尊；稷，五谷之长，故立祭而祭之也。”旧时因将“社稷”用作国家的代称。 ⑨ 和其民人：和，和谐，和睦，此为使动用法，即“使……和睦”之意。民人：百姓。 ⑩《诗》：《诗经》，中国最早的诗歌总集。古代对《诗经》原只称《诗》和《诗三百》，后在《庄子·天运》中记载孔子对老子说：“丘治《诗》、《书》、《礼》、《乐》、《易》、《春秋》六经。”已称六种书为“经”，但还没有把“诗”与“经”连属起来。汉代尊崇儒术，将之尊为经典，始称《诗经》。 ⑪“战战兢兢”句：句出《诗经·小雅·小旻》。《孝经注疏》：“战战，恐惧；兢兢，戒慎。临深恐坠，履薄恐陷。义取为君恒须戒慎。”

[今译]

身为诸侯，在众人之上而不骄傲，其位置再高也不会有倾覆的危险；生活节俭、慎行法度，财富再充裕丰盈也不会奢侈挥霍。居高位而没有倾覆的危险，所以能够长久保持自己的尊贵地位；财富充裕而不奢靡挥霍，所以能够长久地守住自己的财富。能够保持富有和尊贵，然后才能保住家国的安全，使其黎民百姓和睦相处。这大概就是诸侯的孝道吧。《诗经》中说：“战战兢兢，就像身临深水潭边恐怕坠落，脚踩薄冰之上担心陷下去那样，小心谨慎地处事。”

卿大夫章第四①

[原文]

非先王之法服不敢服②，非先王之法言不敢道③，非先王之德行不敢行④。是故非法不言，非道不行⑤；口无择言⑥，身无择行⑦。言满天下无口过⑧，行满天下无怨恶⑨。三者备矣⑩，然后能守其宗庙⑪。盖卿大夫之孝也。《诗》云："夙夜匪懈，以事一人⑫。"

[注释]

① 卿大夫：《孝经注疏》："次诸侯之贵者，即卿大夫焉。"卿和大夫均为古代高级官员，或称卿即大夫，此处连称，指仅次于诸侯的尊贵者。 ② 非先王之法服不敢服：法服，按照礼法制定的服装。《孝经注疏》："先王制五服，各有等差。"又孔颖达云："五服，天子、诸侯、卿、大夫、士之服也，尊卑采章各异，是有等差也。云言卿大夫遵守礼法，不敢僭上逼下者。僭上，谓服饰过制，僭拟于上也；逼下，谓服饰俭固，逼迫于下也。卿大夫言必守法，行必遵德，服饰须合礼度，无宜僭逼。"古人服装，不同等级，不同身份，其式样、颜色、图案等有不同的规定，如天子服上饰日月星辰，诸侯服上饰山龙华虫，卿大夫服上饰藻火，士服上饰粉米等，位卑者穿了位尊者的服饰叫"僭上"，位尊者穿了位卑者的服饰叫"逼下"，均不合礼法；或言"上得兼下，下不得僭上"。不敢服，不敢穿用。 ③ 法言：合乎礼法的言辞。 ④ 德行：合乎规范的道德行为。 ⑤ 非法不言，非道不行：《孝经注疏》："言必守法，行必遵道。" ⑥ 口无择言：张口说话无须选择言词，自然就合乎礼法。择，选择，亦释可挑剔，过失。 ⑦ 身无择行：行为举止无须着意考虑，怎么做就合乎法度。 ⑧ 言满天下无口过：满，充满，遍布。口过，言辞的过失，指不合礼法的话。 ⑨ 怨恶：怨恨，厌恶。 ⑩ 三者：指前述合乎先王的法服、法言、德行。《孝经注疏》："就此三事之中，言行尤须重慎。是故非礼法

则不言,非道德则不行。所以口无可择之言,身无可择之行也。使言满天下无口过,行满天下无怨恶,服饰言行三者无亏,然后能守其先祖之宗庙。” ⑪ 守其宗庙:宗庙,祭祀先人的场所。守住宗庙,意为保住自己的身份和地位,才会保持继续对祖宗的祭祀。 ⑫“夙夜”句:句见《诗经·大雅·烝民》。夙,早晨。匪,通“非”。懈,懈怠,怠惰。一人,指周天子。句谓卿大夫能早晚都不懈怠地敬事其君。

[今译] 不是先代圣明君王所制定的合乎礼法的衣服,不敢穿戴;不是先代圣明君王所说的合乎礼法的言语,不敢说;不是先代圣明君王实行的道德准则和行为,不敢去做。所以不合乎礼法的话不说,不合乎礼法道德的行为不做;开口说话不需选择就能合乎礼法,自己的行为不必着意考虑也不会越轨。于是所说的话即全天下皆知也不会有过失之处,所做的事传遍天下也不会遇到怨恨厌恶。衣饰、语言、行为这三点都能做到遵从先代圣明君王的礼法准则,然后才能守住自己祖宗的香火延续兴盛。这就是卿大夫的孝道啊!《诗经》里说:“要从早到晚勤勉不懈,专心奉事天子。”

士章第五①

[原文] 资于事父以事母②,而爱同③;资于事父以事君,而敬同④。故母取其爱,而君取其敬,兼之者父也⑤。故以孝事君则忠⑥,以敬事长则顺⑦。忠顺不失⑧,以事其上,然后能保其禄位⑨,而守其祭祀⑩。

盖士之孝也。《诗》云:“夙兴夜寐,无忝尔所生⑪。”

[注释]

① 士:指位居卿大夫之下、普通百姓之上的官员。《白虎通》:“士者,事也,任事之称也。” ② 资:取,用。 ③ 爱:敬爱之心。 ④ 敬:崇敬。 ⑤ 兼之者父也:侍奉父亲,要兼有爱心和敬心。 ⑥ 以孝事君则忠:《孝经注疏》:“移事父孝以事于君,则为忠矣。” ⑦ 以敬事长则顺:长,上级,上司。《孝经注疏》:“移事兄敬以事于长,则为顺矣。” ⑧ 忠顺不失:忠诚和顺从两方面均无过失。 ⑨ 禄位:俸禄和官位。《孝经注疏》:“禄谓廪食,位谓爵位。” ⑩ 守其祭祀:义同《卿大夫章》“守其宗庙”。《孝经注疏》:“士亦有庙,《经》不言耳。大夫既言宗庙,士可知也;士言祭祀,则大夫之祭祀亦可知也,皆互以相明也。诸侯言保其社稷,大夫言守其宗庙,士则保、守并言者,皇侃云:‘称保者,安镇也;守者,无逸也。社稷禄位是公,故言保;宗庙祭祀是私,故言守也。士初得禄位,故两言之也。’” ⑪ “夙兴”句:句见《诗经·小雅·小宛》。兴,起,起来。寐,睡。无,不要。忝,辱,羞辱。尔所生,生养你的人。《孝经注疏》:“言士行孝,当早起夜寐,无辱其父母也。”

[今译]

用奉事父亲的心情去奉事母亲,爱心是相同的;用奉事父亲的心情去奉事国君,崇敬之心也是相同的。所以奉事母亲是用爱心,奉事国君是用尊敬之心,两者兼而有之的是对待父亲。因此用孝道来奉事国君就忠诚,用尊敬之道奉事上级则顺从。能做到忠诚顺从地奉事国君和上级,然后即能保住自己的俸禄和职位,并能守住自己对祖先的祭祀。这就是士人的孝道啊!《诗经》里说:“要早起晚睡地去做,不要辱及生养你的父母。”

庶人章第六[1]

[原文]

用天之道[2]，分地之利[3]，谨身节用[4]，以养父母，此庶人之孝也。故自天子至于庶人，孝无终始[5]，而患不及者，未之有也[6]。

[注释]

① 庶人：众人。《孝经注疏》："庶者，众也，谓天下众人也。"又："严植之以为，士有员位，人无限极，故士以下皆为庶人。" ② 用天之道：《左传·襄公九年》："其士竞于教，其庶人力于农穑。"《孝经注疏》："言庶人服田力穑，当须用天之四时生成之道也。"又："春生夏长，秋敛冬藏，举事顺时，此用天之道也。" ③ 分地之利：《孝经注疏》："分别五土，视其高下，各尽所宜，此分地利也。" ④ 谨身节用：谨，恭谨，谨慎。用，用度花费。《孝经注疏》："身恭谨则远耻辱，用节省则免饥寒。" ⑤ 自天子至于庶人，孝无终始：照应从《天子章》至本章以一"子曰"贯通。言从天子到庶人，无论尊贵还是卑贱，都要实行孝道，其间没有贵贱等级的差异，没有开始与终结的不同。《孝经注疏》："始自天子，终于庶人，尊卑虽殊，孝道同致。" ⑥ 而患不及者，未之有也：患，担心，忧虑。不及，做不到。《孝经注疏》："夫子述天子、诸侯、卿大夫、士、庶人行孝，毕于此总结之，则有五等尊卑虽殊，至于奉亲其道不别。故从天子已下至于庶人，其孝道则无终始贵贱之异也。或有自患己身不能及于孝，未之有也，自古及今，未有此理。"

[今译]

利用自然的季节，认清土地的高下优劣，行为谨慎，节省俭约，以此来奉养父母，这就是普通老百姓的孝道了。所以上自天子，下至普通老百姓，不论尊卑高下，孝道是无始无终，永恒存在的，有人担心自己不能做到孝，那是没有的事情。

三才章第七[1]

［原文］

曾子曰："甚哉，孝之大也[2]！"子曰："夫孝，天之经也[3]，地之义也[4]，民之行也[5]。天地之经，而民是则之[6]。则天之明[7]，因地之利[8]，以顺天下[9]。是以其教不肃而成[10]，其政不严而治[11]。先王见教之可以化民也[12]，是故先之以博爱[13]，而民莫遗其亲[14]；陈之于德义，而民兴行[15]；身之以敬让[16]，而民不争；导之以礼乐[17]，而民和睦；示之以好恶[18]，而民知禁[19]。《诗》云：'赫赫师尹，民具尔瞻[20]。'"

［注释］

①三才：指天、地、人。《孝经注疏》："《正义》曰：天地谓之二仪，兼人谓之三才。"《易·说卦》："是以立天之道曰阴与阳，立地之道曰柔与刚，立人之道曰仁与义。兼之才而两之，故《易》六画而成卦。"本章说孝为天之经，地之义，民之行，因以"三才"为题。 ②甚哉，孝之大也：甚、很，非常。大，伟大。《孝经注疏》："曾参既闻夫子陈说天子庶人皆当行孝，始知孝之为大也。" ③天之经：经，常，常规。指永恒不变的规律。 ④地之义：义，适宜，准则。《孝经注疏》："利物为义。孝为百行之首，人之常德，若三辰运天而有常，五土分地而为义也。"地之义，指大地孕育万物皆有合乎道理的法则。 ⑤民之行：行，品行，行为。《孝经注疏》："若日月星辰运行于天而有常，山川原隰分别土地而为利，则知贵贱虽别，必资孝以立身，皆贵法则于天地。"民之行，是指孝道如同天经地义，是人的根本品行，不变的法则。 ⑥民是则之：是，由此，以此。则，作为准则，效法。《孝经注疏》："言人法则天地，亦以孝为常行也。" ⑦则天之明：效法天上的日月星辰永恒运行的规律。明，指天空日月星辰之明。 ⑧因地之利：利，《孝经注疏》："地有常利者，谓山川原隰，动植物产。" ⑨以顺天下：以，用以。顺，治理，理

顺,和顺。 ⑩ 是以其教不肃而成:是以,因此。肃,强制严厉的手段。成,成功。 ⑪ 其政不严而治:政,政事,政治。严,严肃,严厉。⑫ 先王见教之可以化民也:先王,前代圣君,通常指尧、舜、禹、周文王、周武王。化,教化。 ⑬ 是故先之以博爱:是故,因此。先,率先实行。博爱,泛爱众人。 ⑭ 遗:遗弃,抛弃。 ⑮ 陈之于德义,而民兴行:《孝经注疏》:"陈说德义之美,为众所慕,则人起心而行之。"陈,陈说,陈述。德义,道德,礼义,义理。兴行,起而实行。 ⑯ 敬让:敬,恭敬,尊敬。让,谦让。 ⑰ 导之以礼乐:导,引导,开导。礼,礼制,礼仪,指规范人们行为和道德的准则,孔子时代一般说的是周礼。乐,音乐。《孝经注疏》:"礼以检其迹,乐以正其心。" ⑱ 示之以好恶:示,展示,拿出来给人看。好,喜好或美好;恶,丑恶或厌恶。《孝经注疏》:"故示有好必赏之令,以引喻之,使其慕而归善也。示有恶必罚之禁,以惩止之,使其惧而不为也。" ⑲ 而民知禁:人民知道什么是好的,什么是恶的,什么是应该做的,什么是不许做的,就不做违犯禁令之事了。《孝经注疏》:"示好以引之,示恶以止之,则人知有禁令,不敢犯也。" ⑳ "赫赫"句:句见《诗经·小雅·节南山》。赫赫,声威显赫,气派盛大的样子。师,指太师。太师、太傅、太保是周的三公,是周朝的最高行政长官。尹,尹民,时为周太师。具,都,全部。瞻,看着,仰望。《孝经注疏》:"义取大臣助君行化,人皆瞻之也。"

[今译] 曾参说:"太伟大了!孝道是多么博大高深呀!"孔子说:"孝道犹如天上日月星辰的运行,地上万物的自然生长,天经地义,乃是人类最为根本首要的品行。天地有其自然法则,人类从其法则中领悟到实行孝道是为自身的法则而遵循它。效法上天那永恒不变的规律,利用大地自然地貌物产的优势,顺乎自然规律对天下民众施以政教。因此其教化不须严肃施为就可成功,其政治不须严厉推行就能得以治理。从前的贤明君主看到通过教育可以感化民众,所以他首先表现为博爱,人民因此没有敢遗弃父母双

亲的；向人民陈述道德、礼义，人民就起来去遵行；他又以身作则，以恭敬和谦让垂范于人民，于是人民就不争斗；用礼仪和音乐引导他们，人民就和睦相处；告诉人民对值得喜好的美的东西和令人厌恶的丑的东西的区别，人民就知道禁令而不犯法了。《诗经》中说：‘威严而显赫的太师尹氏，人民都看着你啊！’”

孝治章第八①

［原文］

子曰：“昔者明王之以孝治天下也②，不敢遗小国之臣③，而况于公、侯、伯、子、男乎④？故得万国之欢心⑤，以事其先王⑥。治国者⑦，不敢侮于鳏寡⑧，而况于士民乎？故得百姓之欢心，以事其先君⑨。治家者⑩，不敢失于臣妾⑪，而况于妻子乎⑫？故得人之欢心，以事其亲⑬。夫然⑭，故生则亲安之⑮，祭则鬼享之⑯。是以天下和平，灾害不生，祸乱不作⑰。故明王之以孝治天下也如此⑱。《诗》云：‘有觉德行，四国顺之⑲。’”

［注释］

① 孝治：以孝道治理天下。 ② 昔者明王：昔，过去，从前。明王，圣明、英明的君王。 ③ 不敢遗小国之臣：遗，遗忘。小国之臣，从小诸侯国来朝见的臣僚。《孝经注疏》：“小国之卿大夫有见天子之礼也，言虽至卑，尽来朝聘，则天子以礼接之。” ④ 公侯伯子男：周朝分封诸侯的五等爵位。《礼记·王制》：“王者之制禄爵，公、侯、伯、子、男，

凡五等。”又：“天子之田方千里，公侯田方百里，伯七十里，子男五十里。” ⑤ 万国之欢心：万国，所有的诸侯国。《孝经注疏》：“万国，举其多也。”欢，喜爱、高兴。 ⑥ 以事其先王：谓各国诸侯前来参加先王的祭祀。《孝经注疏》：“言行孝道以理天下，皆得欢心，则各以其职来助祭也。”又：“谓天下诸侯各以其所职贡来助天子之祭也。” ⑦ 治国者：治理所分封国家的国君，即诸侯。天子是治天下者。 ⑧ 不敢侮于鳏寡：鳏寡，《孟子·梁惠王下》：“老而无妻曰鳏，老而无夫曰寡，老而无子曰独，幼而无父曰孤。此四者，天下之穷民而无告者。文王发政施仁，必先斯四者。”《孝经注疏》：“《王制》云，老而无妻者谓之鳏，老而无夫者谓之寡，此夫民穷而无告者也。则知鳏夫寡妇，是国之微贱者也，言微贱之者国君尚不轻侮，况知礼仪之士乎。” ⑨ 以事其先君：百姓前来参加诸侯先君的祭祀。先君，诸侯的先辈。 ⑩ 治家者：指卿大夫。《孝经注疏》：“理家谓卿大夫。” ⑪ 臣妾：指卿大夫家的男女仆役。《孝经注疏》：“臣、妾，家之贱者。”《尚书正义·费誓》“马牛其风，臣妾逋逃”句下注曰：“役人贱者，男曰臣，女曰妾。” ⑫ 妻子：妻与子。《孝经注疏》：“妻、子，家之贵者。”又：“《礼记》：哀公问于孔子，孔子对曰：妻者，君之主也，敢不敬与；子者，亲之后也，敢不敬与。是妻、子，家之贵者也。” ⑬ 以事其亲：谓卿大夫因能得到家人和仆役的欢心，使他们共同来侍奉他的父母双亲。《孝经注疏》：“卿大夫位以材进，受禄养亲，若能孝理其家，则得小大之欢心，助其奉养。” ⑭ 夫然：夫，句首语气词。然，如此，这样。 ⑮ 故生则亲安之：生，活着的时候，此指父母在世。安，安乐。 ⑯ 祭则鬼享之：鬼，古人称“人神曰鬼”，指人死后的神灵。鬼享，受到宗庙中的祭祀。 ⑰ 作：兴起，发生。 ⑱ 故明王之以孝治天下也如此：《孝经注疏》：“此总结天子、诸侯、卿大夫之孝治也。言明王孝治其下，则诸侯以下各顺其教，皆治其国家也，如此各得欢心。亲若存则安其孝养，没则享其祭祀，故得和气降生，感动昭昧。是以普天之下和睦太平，灾害之萌不生，祸乱之端不起。此谓明王之以孝治天下也，能致如此之美。” ⑲ “有觉”句：句见《诗经·大雅·抑》篇。觉，大。德行，高尚的德操和行为。四国：四方的国家。《孝经注疏》：“觉，大也。义取天子有大德行，则四方之国顺而行之。”

［今译］ 孔子说："从前圣明的君王是以孝道治理天下的，即便是对极卑微的小国的臣属也不遗弃，更何况是公、侯、伯、子、男五等诸侯了。所以会得到各国诸侯的欢心，使他们前来参加奉祀先王。治理一个封国的诸侯，即便是对失去妻子的男人和丧夫守寡的女人也不敢欺侮，更何况对他属下的臣民百姓了，所以会得到老百姓的欢心，使他们帮助祭祀祖先。治理自己卿邑的卿大夫，即便对于臣仆婢妾也不失礼，更何况对其妻子、儿女了，所以会得到众人的欢心，使他们乐意奉事其父母亲。只有这样，才会让父母双亲在世时安乐、祥和地生活，死后成为鬼神享受到后代的祭祀。因此也就能够使天下祥和太平，自然灾害不发生，人为的祸乱不会出现。所以圣明的君王以孝道治理天下，就会像上面所说的那样。《诗经》中说：'天子有伟大的德行，四方的国家都会归顺他。'"

圣治章第九①

［原文］ 曾子曰："敢问圣人之德②，无以加于孝乎③？"子曰："天地之性，人为贵④。人之行，莫大于孝。孝莫大于严父⑤。严父莫大于配天⑥，则周公其人也⑦。昔者，周公郊祀后稷以配天⑧，宗祀文王于明堂⑨，以配上帝⑩。是以四海之内⑪，各以其职来祭⑫。夫圣人之德，又何以加于孝乎？故亲生之膝下⑬，以养父母日严⑭。圣人因严以教敬⑮，因亲以

教爱。圣人之教不肃而成[16]，其政不严而治[17]，其所因者本也[18]。父子之道，天性也，君臣之义也[19]。父母生之，续莫大焉[20]。君亲临之，厚莫重焉[21]。故不爱其亲而爱他人者，谓之悖德[22]；不敬其亲而敬他人者，谓之悖礼[23]。以顺则逆[24]，民无则焉[25]。不在于善[26]，而皆在于凶德[27]，虽得之，君子不贵也[28]。君子则不然，言思可道[29]，行思可乐[30]，德义可尊[31]，作事可法[32]，容止可观[33]，进退可度[34]，以临其民[35]。是以其民畏而爱之，则而象之[36]。故能成其德教，而行其政令。《诗》云：'淑人君子，其仪不忒[37]。'"

［注释］

① 圣治：圣人之治。本章的圣人是周公旦。 ② 敢：谦词，有冒昧的意思。 ③ 加于：大于，高于。 ④ 天地之性，人为贵：性，生命，性命，生物。《孝经注疏》："性，生也，言天地之所生，唯人最贵也。" ⑤ 严父：严，尊崇，敬重。严父，敬重父亲。 ⑥ 严父莫大于配天：《孝经注疏》："孝行之大，莫有大于尊严其父也；严父之大，莫有大于以父配天而祭也。"配天，在祭天时将先辈配祀。 ⑦ 则周公其人也：周公是这么做的。《孝经注疏》："以父配天之礼始自周公，故曰其人也。"周公，西周初期政治家，姓姬名旦，也称叔旦。是周文王之子，周武王之弟，周成王的叔叔。武王崩，成王幼，周公摄政，他平定叛乱，厘定典章制度，天下大治。成王长大后，他便归政于成王。被古人视为圣贤的典范。 ⑧ 周公郊祀后稷以配天：郊祀，古代于郊外祭祀天地，南郊祭天，北郊祭地。《汉书·郊祀志下》："帝王之事莫大乎承天之序，承天之序莫重于郊祀。……祭天于南郊，就阳之义也；瘗地于北郊，即阴之象也。"后稷，周的先祖。相传姜嫄践天帝足迹，怀孕生子，因曾弃而不养，故名之为"弃"。虞舜命其为农官，教民耕稼，称为"后稷"。句谓周公在郊祀祭天时以周人始祖后稷配祀。 ⑨ 宗祀文王于明堂：宗祀，聚宗族祭祀。文王，周公的父亲。商末周族领袖，姓姬名昌，商纣时为西伯。史称他礼贤下士，仁慈爱民，从而使国势逐渐强盛，为日后武王灭商奠定了基础。

明堂,《孝经注疏》:“天子布政之宫也。”《孟子·梁惠王下》:“夫明堂者,王者之堂也。”为古代帝王宣明政教的地方,凡朝会、祭祀、庆赏、选士、养老、教学等大典,都在这里举行。《孝经注疏》释本句:“周公因祀五方上帝于明堂,乃尊文王以配之也。” ⑩ 上帝:指五方上帝。《孝经注疏》:“五帝谓东方青帝灵威仰,南方赤帝赤熛怒,西方白帝白招拒,北方黑帝汁光纪,中央黄帝含枢纽。” ⑪ 四海之内:指天下诸侯。⑫ 各以其职来祭:《孝经注疏》:“海内诸侯各修其职来助祭也。”又:“谓四海之内六服诸侯,各修其职贡方物也。”是说各地诸侯各按其职位职守,进贡财物特产,来协助天子祭祀。 ⑬ 亲生之膝下:亲,亲近,爱戴。生,产生,萌生。膝下,膝盖以下,喻年幼之时。《孝经注疏》:“亲,犹爱也。膝下,谓孩幼之时也。言亲爱之心,生于孩幼。” ⑭ 以养父母日严:养,奉养。日严,日益尊敬。《孝经注疏》:“比及年长,渐识义方,则日加尊严,能致敬于父母。” ⑮ 因严以教敬:以人有尊严父母之心而教以爱敬父母。是说圣人之道是由人的天性自然成教的。⑯ 不肃而成:不用严厉的手段就能成功。 ⑰ 不严而治:不用严厉的方式就能得到治理。《孝经注疏》:“圣人顺群心以行爱敬,制礼则以施政教,亦不待严肃而成理也。” ⑱ 其所因者本也:其,指圣人。本,根本,此指孝道。 ⑲ 君臣之义:言父子关系含有君臣关系的义理。《孝经注疏》:“父子之道,天性之常,加以尊严,又有君臣之义。” ⑳ 续莫大焉:续,接续,传承,指继先传后。《孝经注疏》:“父母生子,传体相续,人伦之道,莫大于斯。”《孟子·离娄下》:“孟子曰:不孝有三,无后为大。” ㉑ 君亲临之,厚莫重焉:《孝经注疏》:“谓父为君,以临于己,恩义之厚,莫重于斯。”是说父亲对于儿子,有着君主和父亲双重意义的身份,既有君臣之义,又有亲情之恩,在人伦关系中,厚重没有超过它的了。 ㉒ 悖德:违背道德准则。悖,违背。 ㉓ 悖礼:违背礼义。 ㉔ 以顺则逆:展开说当为“以之顺民,则逆”。逆,逆反,与“顺”相反。 ㉕ 民无则焉:则,法则,榜样。《孝经注疏》:“行教以顺人心,今自逆之,则下无所法则也。” ㉖ 善:善行。《孝经注疏》:“善,谓身行爱敬也。” ㉗ 凶德:背礼,违背道德。《孝经注疏》:“凶,谓悖其德礼也。” ㉘ 虽得之,君子不贵也:得之,得到,得志。贵,赏视,赞赏。不贵,不以为贵,即鄙视,厌恶。《孝经注疏》:“言悖其德礼,虽得志于人上,君子之不贵也。” ㉙ 言思可道:说的话谨慎而出,能被人传颂称道。 ㉚ 行思可乐:行为举止能使人高兴。《孝经注疏》:“思可乐而后行,人必悦也。” ㉛ 德义可尊:立德行义不违反道义,使人们尊重。 ㉜ 作事可法:作,制作。法,效法。 ㉝ 容止可观:容止,容貌举止。《孝经注疏》:“容止,威仪也,必合规矩,则可观也。” ㉞ 进退可度:度,法度。《孝经注疏》:“进退动静也,不越礼法,则可度也。” ㉟ 以临其民:临,临抚,以上视下,指统治、管理。 ㊱ 则而象之:以为楷模而仿效他。 ㊲ “淑人”句:句见《诗经·曹风·鸤鸠》。淑,美好,善良。仪,仪表,仪容。忒,差错。《孝经注疏》:“淑,善也;忒,差也。义取君子威仪不差,为人法则。”

［今译］

曾子说:“我很冒昧地请问,圣人的德行,没有比孝道更大的了吗?”孔子说:“天地万物之中,以人类最为尊贵。人类的行为,没有比孝道更为重大的了。在孝道之中,没有比敬重父亲更重要的了。敬重父亲,没有比在祭天的时候,将祖先配祀天帝更为重大的了,而只有周公能够做到这一点。当初,周公在郊外祭天的时候,把其始祖后稷配祀天帝;在明堂祭祀,又把父亲文王配祀天帝。因为他这样做了,所以全国各地诸侯能够恪尽职守,前来协助他的祭祀活动。可见圣人的德行,又有什么能超出孝道之上的呢?因为子女对父母亲的敬爱,在年幼相依父母亲膝下时就产生了,待到逐渐长大成人,则一天比一天懂得了对父母亲尊严的爱敬。圣人就是依据这种子女对父母尊敬的天性,教导人们对父母孝敬;又因为子女对父母天生的亲情,教导他们爱的道理。圣人的教化之所以不必严厉的推行就可以成功,圣人对国家的管理不必施以严厉粗暴的方式就可以治理好,是因为他们因循的是孝道这一天生自然的根本天性。父亲与儿子的亲恩之情,乃是出于人类天生的本性，也体现了君主与臣属之间的义理关系。父母生下儿女以传宗接代，没有比此更为重要的了；父亲对于子女又犹如尊严的君王，其施恩于子女，没有比这样的恩爱更厚重的了。所以那种不敬爱自己的父母却去爱敬别人的行为，叫做违背道德；不尊敬自己的父母而尊敬别人的行为，叫做违背礼法。以此让人们顺从，就会违反了是非准则，人民就无从效法了。不是在身行爱敬的善道上下工夫，相反，凭借违背道德礼法的恶道施为，虽然能一时得志，也是为君子所鄙视的。君子的作为则不是这样，其言谈，必须考虑到要让人们所称道奉行；其作为，必须想到可以给人们带来欢乐，其立德行义，能使人民为之尊敬；其行为举止，可使人民予以效法；其容貌行止，皆合规矩，使人们无可挑剔；其一进一退，不越礼违法，成为人民的楷模。君子以这样的作为来治理国家，统治黎民百姓，所以民众敬畏而爱戴他，并学习仿效其作为。所以君子能够成就其德治教化，顺利地推行其法规、命令。《诗经》中说：'善人君子，其容貌举止丝毫不差。'"

纪孝行章第十①

［原文］

子曰："孝子之事亲也，居则致其敬②，养则致其乐③，病则致其忧④，丧则致其哀⑤，祭则致其严⑥。五者备矣，然后能事亲。事亲者，居上不骄⑦，为下不乱⑧，在丑不争⑨。居上而骄则亡，为下而乱则刑⑩，在丑而争则兵⑪。三者不除，虽日用三牲之养⑫，犹为不孝也⑬。”

［注释］

① 纪孝行：记录孝行的具体内容。《孝经注疏》：“纪录孝子事亲之行也。” ② 居则致其敬：居，日常家居。致，尽。《孝经注疏》：“致，犹尽也。言为人子，能事其亲而称孝者，谓平常居处家之时也，当须尽于恭敬。” ③ 养则致其乐：养，奉养，赡养。乐，欢乐，高兴。《孝经注疏》：“若进饮食之时，怡颜悦色。”《礼记·祭义》：“孝子之有深爱者，必有和气；有和气者，必有愉色；有愉色者，必有婉容。” ④ 病则致其忧：忧，忧虑，担心。《孝经注疏》：“色不满容，行不正履。”又：“若亲之有疾，则冠者不栉，怒不至詈，尽其忧谨之心。” ⑤ 丧则致其哀：丧，死亡，逝世。此指父母去世，办理殡丧之时。哀，哀痛，悲伤。《孝经注疏》：“擗踊哭泣，尽其哀情。”又：“若亲丧亡，则攀号毁瘠，终其哀情也。” ⑥ 祭则致其严：严，庄严，肃穆。《孝经注疏》：“斋戒沐浴，明发不寐。”又：“及春秋祭祀，又当尽其严肃。” ⑦ 居上：身居高位。 ⑧ 为下不乱：为下，为人臣下。乱，犯上，作乱。 ⑨ 在丑不争：丑，众。言在众不忿争。 ⑩ 刑：刑罚。《孝经注疏》：“为下须去乱，不去则致刑辟。” ⑪ 兵：兵器，此指用兵器争斗。《孝经注疏》：“在丑辈须去争，不去，则兵刃或加于身。” ⑫ 虽日用三牲之养：三牲，牛、羊、猪，古人宴会或祭祀时用三牲，称太牢，是高标准的供奉。 ⑬ 犹：还是。

［今译］

孔子说：“孝子对父母亲的侍奉，在日常家居的时候，要竭尽对父母的恭敬，在饮食生活的奉养时，要保持和悦愉快的心情去服事；父母生了病，要带着忧虑的心情去照料；父母去世了，要竭尽悲哀之情料理后事；对先人的祭祀，要庄严肃穆，礼法不乱。这五方面做得完备周到了，方可称为对父母尽到了子女的责任。侍奉父母双亲，要身居高位而不骄傲蛮横，身居下层而不为非作乱，在民众中间和顺相处，不与人争斗。身居高位而骄傲自大者势必要招致灭亡，在下层而为非作乱者免不了遭受刑法，在民众中争斗则会引起相互残杀。这骄、乱、争三项恶事不戒除，即便对父母天天用牛羊猪三牲的肉食尽心奉养，也还是不孝之人啊。”

五刑章第十一[1]

［原文］

子曰：“五刑之属三千[2]，而罪莫大于不孝。要君者无上[3]，非圣人者无法[4]，非孝者无亲[5]，此大乱之道也[6]。”

［注释］

① 五刑：指墨、劓、剕、宫、大辟五种刑法。《孝经注疏》：“割其颡而涅之曰墨刑。颡，额也，谓刻额为疮，以墨塞疮孔，令变色也。墨，一名黥。”又：“截鼻曰劓。刖足曰剕。”又：“宫，淫刑也。男子割势，妇人幽闭，次死之刑。以男子之阴名为势，割去其势，与椓去其阴，事亦同也。妇人幽闭，闭于宫，使不得出也。”又：“大辟，死刑也。” ② 五刑之属三千：当处五种刑法的罪行有三千条。《孝经注疏》：“《吕刑》云：墨罚之属千，劓罚之属千，剕罚之属五百，宫罚之属三百，大辟之罚其属二百。五刑之属三千。” ③ 要君者无上：要，要挟，胁迫。无上，目无君长。④ 非圣人者无法：非，诽谤，诋毁。无法，目无法纪，藐视法纪。 ⑤ 非孝者无亲：非，非议，诽谤。无亲，目无父母，藐视父母，引申为无亲爱之心。《孝经注疏》：“孝为百行之本，敢有非毁之者，是无亲爱之心也。” ⑥ 此大乱之道也：大乱，严重的祸乱。道，根源。《孝经注疏》：“言人不忠于君，不法于圣，不爱于亲，皆为不孝，乃是罪恶之极。故《经》以‘大乱’结之也。”

[今译] 孔子说："五刑所属的犯罪条例有三千之多，其中没有比不孝的罪过更大的了。用武力胁迫君主的人，是眼中没有君主的存在；诽谤圣人的人，是眼中没有法纪；对行孝的人有非议、不恭敬，是眼中没有父母双亲的存在。这三种人的行径，乃是天下大乱的根源所在。"

广要道章第十二[1]

[原文] 子曰："教民亲爱[2]，莫善于孝。教民礼顺[3]，莫善于悌[4]。移风易俗[5]，莫善于乐[6]。安上治民[7]，莫善于礼。礼者，敬而已矣。故敬其父则子悦，敬其兄则弟悦，敬其君则臣悦，敬一人而千万人悦[8]。所敬者寡，而悦者众，此之谓要道也。"

[注释] ① 广要道：广，推广，阐发，宣扬。要道：同第一章《开宗明义》中"先王有至德要道"之"要道"，指最重要的道德。 ② 亲爱：亲善友爱。 ③ 礼顺：礼，礼义，讲礼义。顺，顺从，和顺。 ④ 悌：敬爱兄长。亦泛指敬重长上。 ⑤ 移风易俗：移，改变。风，风气。易，更换。俗，习俗。句谓改变旧的风俗习惯。 ⑥ 乐：音乐。儒家十分重视音乐的作用，《孝经注疏》："乐者，本于情性；声者，因乎政教。政教失则人情坏，人情坏则乐声移。"又："上政既和，人情自治。是正由君德也。云正之与变，因乐而彰，故曰莫善于乐者。《诗序》又曰：'治世之音安以乐，其政和；乱世之音怨以怒，其政乖；亡国之音哀以思，其民困。'" ⑦ 安上治民：安上，使君主安心。上，国君，君王。治民，使民众得到治理。 ⑧ 一人：指上文

所说的父、兄、君。

[今译] 孔子说:“教育人民互相亲近友爱,没有比倡导孝道更好的了。教育人民礼貌和顺,没有比服从自己兄长更好的了。转移风气、改变旧的习惯制度,没有比用音乐教化更好的了。使君主安心,使民众能够驯顺,没有比用礼教办事更好的了。所谓的礼,也就是敬爱而已。所以尊敬他人的父亲,其儿子就喜悦;尊敬他人的兄长,其弟弟就愉快;尊敬他人的君主,其臣下就高兴。敬爱一个人,却能使千万人高兴愉快。所尊敬的对象虽然只是少数,为之喜悦的人却有千千万万,这就是礼敬作为要道的意义之所在啊。”

广至德章第十三①

[原文] 子曰:“君子之教以孝也,非家至而日见之也②。教以孝,所以敬天下之为人父者也。教以悌,所以敬天下之为人兄者也。教以臣,所以敬天下之为人君者也。《诗》云:‘恺悌君子,民之父母③。’非至德,其孰能顺民如此其大者乎④!”

[注释] ① 至德:同第一章《开宗明义》中“先王有至德要道”之“至德”,指最根本的德行,至高无上的道德。 ② 家至而日见之:家至,到家,即一家一户地走到。日见之,天天见面。《孝经注疏》:“言教不必家到户至,日见而语之。但行孝于内,其化自流于外。” ③ “恺悌”句:句见《诗经·大雅·泂酌》。恺悌,《孝经注疏》:“恺,乐也;悌,易也。”意谓和

乐安详，平易近人。民之父母，《孝经注疏》："君以乐易之道化人，则为天下苍生之父母也。"是说恺悌君子为万民的父母。又《孝经注疏》："《礼记·表记》称子言之，君子之所谓仁者，其难乎。《诗》云'凯弟君子，民之父母'，凯以强教之，弟以说安之，使民有父之尊，有母之亲，如此而后，可以为民父母矣。非至德，其孰能如此乎。"是另一解，谓恺悌君子，使万民有父之尊，有母之亲。 ④ 其孰能顺民如此其大者乎：顺民，顺应民心。《孝经注疏》："若非至德之君，其谁能顺民心如此其广大者乎！"

［今译］

孔子说："君子教人以行孝道，并不是挨家挨户去推行，也不是天天当面去教导。君子教人行孝道，是让天下为父亲的人都能得到尊敬；教人以为悌之道，是让天下为兄长的人都能受到尊敬；教人以为臣之道，是让天下为君主的能受到尊敬。《诗经》里说：'和乐平易的君子，是民众的父母。'不是具有至高无上的德行，又怎么能使天下民心顺从而如此伟大呢！"

广扬名章第十四①

［原文］

子曰："君子之事亲孝，故忠可移于君②；事兄悌，故顺可移于长③；居家理，故治可移于官④。是以行成于内⑤，而名立于后世矣。"

［注释］

① 广扬名：阐发第一章《开宗明义》中"扬名于后世"之义。 ② 君子之事亲孝，故忠可移于君：移，转移。《孝经注疏》："言君子之事亲能孝者，故资孝为忠，可移孝行以事君也。" ③ 事兄悌，故顺可移于

长:《孝经注疏》:"事兄能悌者,故资悌为顺,可移悌行以事长也。" ④ 居家理,故治可移于官:理,管理,治理。《孝经注疏》:"居家能理者,故资治为政可移于绩,以施于官也。" ⑤ 是以行成于内:行,指事亲孝、事兄悌、居家理的行为。内,家庭之内。

[今译] 孔子说:"君子侍奉父母亲能尽孝,所以能把对父母的孝心移作对国君的忠心;奉事兄长能尽敬,所以能把这种尽敬之心移作对前辈或上司的敬顺;在家里能处理好家务,所以会把理家的道理移于做官治理国家。因此说能够在家里尽孝悌之道、治理好家政的人,其名声也就会显扬于后世了。"

谏诤章第十五①

[原文] 曾子曰:"若夫慈爱恭敬②、安亲扬名,则闻命矣③。敢问子从父之令,可谓孝乎?"子曰:"是何言与④!是何言与!昔者天子有争臣七人⑤,虽无道⑥,不失其天下。诸侯有争臣五人⑦,虽无道,不失其国。大夫有争臣三人⑧,虽无道,不失其家。士有争友,则身不离于令名⑨;父有争子,则身不陷于不义。故当不义,则子不可以不争于父⑩,臣不可以不争于君。故当不义,则争之。从父之令,又焉得为孝乎?"

[注释] ① 谏诤:规劝。通常指居下位者对居上位者的规劝。《孝经注疏》:"此章言为臣子之道,若遇君父有失,皆谏争也。" ② 若夫慈爱恭敬:若夫,句首语气词,用于引起下文。慈爱恭敬,慈,通常指上对下之爱,此

则为下对上之爱，指子女对父母之爱。《孝经注疏》："慈是爱亲也，恭是敬亲也。" ③ 闻命：听过教诲。命，指教。 ④ 与：通"欤"，句末语气词，表感叹或疑问。 ⑤ 天子有争臣七人：争臣，能直言谏诤的大臣。争，通"诤"。七人，指三公四辅。三公，周时以太师、太傅、太保为三公，为中央三种最高官衔的合称；四辅，相传古代天子身边的四个辅佐，称疑、丞、辅、弼。《孝经注疏》："《尚书大传》曰，古者天子必有四邻，前曰疑，后曰丞，左曰辅，右曰弼。"《孔子家语·三恕》："昔者，明王万乘之国有争臣七人，则主无过举。"王肃注："天子有三公四辅，主谏争，以救其过失也。" ⑥ 虽无道：虽，虽然，即使。无道，没有道德，不合乎道德规范。 ⑦ 五人：《孝经注疏》："诸侯五者，孔传指天子所命之孤及三卿与上大夫。王肃指三卿、内史、外史，以充五人之数。"句中之"孤"，为地位低于三公的官名，又称孤卿，谓少师、少傅、少保。三卿则指司徒、司马、司空，分管民事、军事、工事。以人数计，似以王肃之说为是。 ⑧ 三人：《孝经注疏》："大夫三者，孔传指家相、室老、侧室，以充三人之数。王肃无侧室，而谓邑宰。"家相，上古时期卿大夫家的管家。室老，家臣之长，亦说即家相。侧室，卿的家臣，管宗族事。王肃所说三人中无侧室，而有邑宰。邑宰，所居之邑的行政长官。 ⑨ 士有争友，则身不离于令名：争友，能直言规劝自己的朋友。令名，好名声。令，善，好。《孝经注疏》："令，善也。'益者三友'，言受忠告故不失其善名。"《论语·季氏》："孔子曰，益者三友，损者三友。友直，友谅，友多闻，益也。友便辟，友善柔，友便佞，损矣。"依孔子在《论语》中此说，则正直的、信实的、见闻广的朋友，即是有益的朋友，也就是争友。 ⑩ 故当不义，则子不可以不争于父：当，面对。争于父，向父亲进行劝谏。

［今译］

曾子说："像慈爱、恭敬、安亲、扬名这些孝道，已经听过了夫子的教诲，我想再冒昧地问一下，做儿子的一味遵从父亲的命令，就可称得上是孝顺了吗？"孔子说："这是什么话呢？这是什么话呢？从前，天子身边有七个直言相谏的诤臣，因此，纵使天子是个无道昏君，他也不会失去其天下；诸侯有直言谏诤的诤臣五人,即便自己是个无道君主,也不会失去他的诸侯国地盘;卿大夫也有三位直言劝谏的臣属,所以即使他是个无道之臣,也不会失去自己的家园。普通的读书人有直言规劝的朋友,自己的美好名声就不会丧失;为父亲的有敢于直言力争的儿子,就能使父亲不会陷身于不义之中。因此在遇到不义之事时,如系父亲所为,做儿子的不可以不规劝力阻;如系君王所为,做臣子的不可以不直言谏诤。所以对于不义之事,一定要谏诤劝阻。如果只是遵从父亲的命令,又怎么称得上是孝顺呢?"

感应章第十六①

[原文] 子曰:"昔者明王事父孝,故事天明②;事母孝,故事地察③;长幼顺,故上下治④。天地明察,神明彰矣⑤。故虽天子,必有尊也,言有父也⑥;必有先也,言有兄也⑦。宗庙致敬⑧,不忘亲也;修身慎行,恐辱先也⑨。宗庙致敬,鬼神著矣⑩。孝悌之至,通于神明,光于四海⑪,无所不通。《诗》云:'自西自东,自南自北,无思不服⑫。'"

[注释] ① 感应:神明对人事的反应,指人神之间的互相影响。 ② 昔者明王事父孝,故事天明:明王,圣明的君王。事天,祭祀上天。事天明,指明王以孝敬父亲之心祭祀天帝,天帝能够感应明了他的孝敬虔诚之心。《孝经注疏》:"言昔者明圣之王事父能孝,故事天能明,言能明天之道。故《易·说卦》云'乾为天,为父',此言事父孝故能事天明,是事父之孝通天也。" ③ 事母孝,故事地察:事地,祭祀地神。

事地察，言祭祀地神，地神能感应明了其孝敬之心。《孝经注疏》："王者父事天，母事地，言能致事宗庙，则事天地能明察也。"又："事母能孝，故事地能察，言能察地之理。故《说卦》云'坤为地，为母'，此言事母孝，故事地察，则是事母之道通于地也。" ④ 长幼顺，故上下治：长幼，指父子关系，兄弟关系。顺，理顺，合乎秩序。上下治，各个阶层的关系都得到治理。 ⑤ 天地明察，神明彰矣：《孝经注疏》："事天地能明察，则神感至诚，而降福佑，故曰彰也。"又："圣人能顺天地，则天降膏露，地出醴泉。" ⑥ 故虽天子，必有尊也，言有父也：是说天子地位虽然尊贵，必然还有尊于他的人，因为他也有父亲。《孝经注疏》："父谓诸父，兄谓诸兄，皆祖考之胤也。"是说天子之父是指其父辈，不单指父亲。亦通。 ⑦ 必有先也，言有兄也：是说必然有先于自己降生的人，因为他也有兄长。先，先后之先。 ⑧ 宗庙致敬：在宗庙祭祀祖先，致以恭敬之意。 ⑨ 修身慎行，恐辱先也：修身，个人品德行为的修养。慎行，谨慎行事。先，先人，祖先。 ⑩ 鬼神著矣：著，有两种解释，一读 zhuó，附著之意。《孝经注疏》："事宗庙能尽敬，则祖考来格，享于克诚，故曰著也。"前人释："格，至也。"是说祭祀宗庙能充分表达崇敬之意，则祖先的神灵就会来附著享用。一读 zhù，昭著之意，与前"神明彰矣"之"彰"同义。《孝经注疏》："上言神明谓天地之神也，此言鬼神谓祖考之神。《易》曰：阴阳不测之谓神。先儒释云：若就三才相对，则天曰神，地曰祇，人曰鬼。言天道玄远，难可测，故曰神也。祇者，知也，言地去人近，长育可知，故曰祇也。鬼者，归也，言人生于无，还归于无，故曰鬼也，亦谓之神。" ⑪ 光于四海：光，通"广"，充满。孔颖达疏《尚书·洛诰》"惟公德明，光于上下"句："此光亦为充也。言公之明德充满天地。"四海，犹言天下，古以中国四境有海环绕，按方位分称东海、南海、西海、北海。 ⑫ "自西"句：句见《诗经·大雅·文王之声》，原诗为周人追述和赞颂文王、武王功业所作。思，语气词。服，顺服。《孝经注疏》："皇侃云，先言西者，此是周诗，谓化从西起，所以文王为西伯，又为西邻，自西而东灭纣。"《礼记·祭义》："曾子曰：夫孝，置之而塞乎天地，溥之而横乎四海，施诸后世而无朝夕，推而放诸东海而准，推而放诸西海而准，推而放诸南海而准，推而放诸北海而准。《诗》云：‘自西而东，自南而北，无思不服。’此之谓也。”

［今译］

孔子说：“从前，贤明的帝王奉事父亲很孝顺，所以在祭祀天帝时，天帝能够明了其诚敬之心；奉事母亲很孝顺，所以在祭祀后土时，地神能够明察其孝敬的诚心；理顺处理好长幼秩序，所以对上下各层也就能够治理好。天地之神明察其孝心孝行，就会感应其诚，彰明神灵、降临福瑞来保佑。所以虽然尊贵为天子，也必然有他所尊敬的人，这就是指他有父亲；必然有先他出生的人，这就是指他有兄长。到宗庙里祭祀致以恭敬之意，是没有忘记自己的亲人；修身养性，谨慎行事，是因为恐怕因自己的过失而使先人蒙受羞辱。到宗庙祭祀表达敬意，神明就会出来享受。对父母兄长孝敬顺从达到了极致，即可以通达于神明，光照天下，任何地方都可以感应相通。《诗经》中说：‘从西到东，从南到北，没有人不想悦服的。’”

事君章第十七①

［原文］

子曰：“君子之事上也②，进思尽忠③，退思补过④，将顺其美⑤，匡救其恶⑥，故上下能相亲也⑦。《诗》云：‘心乎爱矣，遐不谓矣，中心藏之，何日忘之⑧。’”

［注释］

① 事君：奉事君主。《孝经注疏》：“此章首言君子之事上，又言进思尽忠，退思补过，皆是事君之道。孔子曰：‘天下有道，则见；无道，则

隐。'前章言明王之德,应感之美,天下从化,无思不服,此孝子升朝事君之时也。" ② 上:《孝经注疏》:"上,谓君也。" ③ 进思尽忠:进,指在朝廷为官。或言进指上朝时,亦通。《孝经注疏》:"此明贤人君子之事君也,言入朝进见,与谋虑国事,则思尽其忠节;若退朝而归,常念己之职事,则思补君之过失。"又:"《论语》曰:臣事君以忠,则忠者,善事君之名也。……言事君者敬其职事,直其操行,尽其忠诚也。" ④ 退思补过:退,退官在家。或言退朝之后,亦通。补过,指补救君王的过失。《孝经注疏》:"君有过失,则思补益。"或说是弥补自身的过失。《孝经注疏》:"旧注韦昭云,退归私室,则思补其身过。"弥补自身过失也有益君主和国家,将两种解释综合理解则更妥。 ⑤ 将顺其美:将,实行,奉行。《孝经注疏》:"将,行也。君有美善,则顺而行之。"顺,依顺,顺从。⑥ 匡救其恶:匡,纠正。《孝经注疏》:"匡,正也;救,止也。君有过恶,则正而止之。" ⑦ 故上下能相亲也:上,君主。下,臣属。《孝经注疏》:"下以忠事上,上以义接下,君臣同德,故能相亲。" ⑧ "心乎"句:句见《诗经·小雅·隰桑》。遐,远。谓,诉说。中心,心中,内心之中。《孝经注疏》:"言忠臣事君,虽复有时离远,不在君之左右,然其心之爱君,不谓为远,中心常藏事君之道,何日暂忘之。"

[今译]

孔子说:"君子奉事君王,在朝廷为官的时候,要想着如何竭尽其忠心;退官居家的时候,要想着如何补救君王的过失。对于君王的美德善政,要顺从地推行;对于君王的过失缺点,要纠正并设法制止,所以君臣关系才能够相互亲敬。《诗经》中说:'心中充溢着爱敬的情怀,相隔遥远不能倾诉,这片真诚的爱心永久藏在心中,从不会有忘记的那一天。'"

丧亲章第十八①

［原文］

子曰："孝子之丧亲也，哭不偯②，礼无容③，言不文④，服美不安⑤，闻乐不乐⑥，食旨不甘⑦，此哀戚之情也⑧。三日而食⑨，教民无以死伤生，毁不灭性⑩，此圣人之政也。丧不过三年⑪，示民有终也⑫。为之棺、椁、衣、衾而举之⑬，陈其簠簋而哀戚之⑭。擗踊哭泣⑮，哀以送之⑯；卜其宅兆，而安措之⑰；为之宗庙，以鬼享之⑱；春秋祭祀，以时思之⑲。生事爱敬，死事哀戚，生民之本尽矣，死生之义备矣⑳，孝子之事亲终矣㉑。"

［注释］

① 丧亲：丧，丧失。丧亲，指父母亡殁。《孝经注疏》："丧，亡也，失也，父母之亡没谓之丧亲。言孝子亡失其亲也，故以名章。" ② 哭不偯：偯，哭的馀声。不偯，《孝经注疏》："气竭而息声不委曲。"是说哭声随气息用尽而停止，不能着意拖调，使尾声曲折拉长。古人哭丧因与死者亲疏关系的远近而丧服不同，哭法也不同，《礼记·间传》载："斩衰之哭，若往而不返；齐衰之哭，若往而反；大功之哭，三曲而偯；小功缌麻，哀容可也。"郑玄注："偯，声馀从容也。"父母之丧，孝子服斩衰，哭的要求是"若往而不返"。《孝经注疏》："据斩衰而言之，是气竭而后止息。"

③ 礼无容：容，仪容。《孝经注疏》："触地无容。"又："以其悲哀在心，故形变于外，所以稽颡触地无容，哀之至也。"是说孝子丧亲时，因悲哀之至，不再如平时讲究仪止行态。 ④ 言不文：文，文饰，修饰。言不文，指说话不讲究辞藻修饰。古人对治丧期间因与死者亲疏关系的远近在言语上也有不同要求，《礼记·间传》："斩衰唯而不对，齐衰对而不言，大功言而不议，小功缌麻议而不及乐。此哀之发于言语者也。"是说父母之丧时对别人的话只表示听到而不予回答，但这种要求似乎是针对

地位较高的人,所以《孝经注疏》中称:“今此《经》‘言不文’,则是谓臣下也,虽则有言,志在哀戚,不为文饰也。” ⑤ 服美不安:《孝经注疏》:“不安美饰,故服缞麻。”是说孝子丧亲之时,如果穿着美艳漂亮的衣服会心中不安,所以要穿粗麻布制成的丧服。又《孝经注疏》:“孝子丧亲,心如斩截,为其不安美饰。故圣人制礼,令服缞麻。缞当以粗布,长六寸,广四寸,麻为腰绖、首绖,俱以麻为之。缞之言摧也,绖之言实也,孝子服之,明其心实摧痛也。” ⑥ 闻乐不乐:前“乐”字为音乐之“乐”,后“乐”字为快乐之“乐”。儒家十分重视音乐的教化作用,如本《经》“三十章”即强调“导之以礼乐”,而在丧亲之时,“悲哀在心,故不乐也”(《孝经注疏》)。是以古代丧礼规定,孝子在服丧期间,不得演奏和欣赏音乐。 ⑦ 食旨不甘:旨,美味。甘,甜美的味道。《孝经注疏》:“旨,美也。不甘美味,故疏食水饮。”又:“饮酒食肉,是为食旨。” ⑧ 哀戚:悲哀忧戚。 ⑨ 三日而食:谓丧亲三天后开始吃东西。《孝经注疏》:“《间传》称‘斩衰三日不食’,此云三日而食者何? 刘炫言三日之后乃食,皆谓满三日则食也。”《礼记・间传》记载了因丧者亲疏关系的不同,饮食要求也不同:“斩衰三日不食,齐衰二日不食,大功三(顿)不食,小功缌麻再(两顿)不食,士与敛焉,则壹不食。故父母之丧,即殡食粥,朝一溢米,莫一溢米。齐衰之丧,疏食水饮,不食菜果。大功之丧,不食醯酱。小功缌麻,不饮醴酒。此哀之发于饮食者也。”
⑩ 教民无以死伤生,毁不灭性:无以死伤生,不要因父母的逝世而伤害了生者的身体。毁不灭性,毁,哀毁;性,性命。《孝经注疏》:“不食三日,哀毁过情,灭性而死,皆亏孝道。故圣人制礼施教,不令至于殒灭。”
⑪ 丧不过三年:丧,为父母服丧。不过三年,以三年为期。孔子在《论语・阳货》中解释了何以服丧三年,孔子的学生宰我曾对三年之丧提出疑问,认为守丧三年,时间太长了。这三年时间不去习礼仪,礼仪就会废弃掉;三年不去奏音乐,音乐就会失传,守丧一年就可以了。孔子反问他在父母去世不到三年里便吃白米饭、穿锦缎衣,心里能安么? 宰我说:“心安。”孔子就有些生气了,对他说:“你心安,你就去干吧! 君子守孝,吃美味不知道甜美,听音乐不觉得快乐,住在家里心也不安。”宰我走后,孔子便对他人说:“宰我真是不仁呀! 儿女生下地来,三年之后才能

脱离父母的怀抱。替父母守丧三年,天下都是如此的。宰我难道就没有从他父母那里得到三年怀抱的爱护吗?” ⑫ 示民有终也:示,给人看,使人知道。终,终结。《孝经注疏》:“三年之丧,天下达礼,使不肖企及贤者,俯从夫孝子,有终身之忧,圣人以三年为制者,使人知有终竟之限也。” ⑬ 为之棺、椁、衣、衾而举之:棺,棺材,用以直接装殓尸体。椁,用以套装棺材。是谓古代棺木有两重,里面一套叫棺,外面一套叫椁。衣,包殓尸身之衣。衾,给死者铺盖的被褥。举,举起、抬起,指将包殓好的尸体抬起置于棺材中。《孝经注疏》:“周尸为棺;周棺为椁;衣谓殓衣;衾,被也;举谓举尸内于棺也。” ⑭ 陈其簠簋而哀戚之:陈,摆放,陈列。簠、簋,古代盛放食物的两种器物。《孝经注疏》:“簠簋,祭器也,陈奠素器而不见亲,故哀戚也。” ⑮ 擗踊哭泣:擗,捶胸,此指痛哭时以手拍胸。踊,顿足、跳跃,此指顿足痛哭。《孝经注疏》:“男踊女擗。”是指男女痛哭,动作有别。《礼记·问丧》:“在床曰尸,在棺曰柩。动尸举柩,哭踊无数。恻怛之心,痛疾之意,悲哀志懑气盛,故袒而踊之,所以动体安心下气也。妇人不宜袒,故发胸、击心、爵踊,殷殷田田,如坏墙然,悲哀痛疾之至也。……女子哭泣悲哀,击胸伤心;男子哭泣悲哀,稽颡触地无容,哀之至也。” ⑯ 哀以送之:送,送葬。《礼记·问丧》:“辟踊哭泣,哀以送之。送形而往,迎精而反也。”是谓送父母的遗体去墓地,迎父母的精魂回宗庙。 ⑰ 卜其宅兆,而安措之:卜,占卜。其,指死去的父母。宅,阴宅,即墓穴。兆,茔域,陵园。安措,安置,指安放灵柩。《孝经注疏》:“宅,墓穴也;兆,茔域也。葬事大,故卜之。” ⑱ 为之宗庙,以鬼享之:宗庙,供祭祖先亡灵的场所。鬼,人死为鬼,此指祖先的魂灵。享,用酒食供奉鬼神。《孝经注疏》:“立庙祔祖之后,则以鬼礼享之。”又:“立庙者,即《礼记·祭法》天子至士皆有宗庙,云王立七庙,曰考庙,曰王考庙,曰皇考庙,曰显考庙,曰祖考庙,皆月祭之;远庙为祧,有二祧,享尝乃止。诸侯五庙,曰考庙,曰王考庙,曰皇考庙,皆月祭之;显考庙,祖考庙,享尝乃止。大夫立三庙,曰考庙,曰王考庙,曰皇考庙,享尝乃止。适士二庙,曰考庙,曰王考庙,享尝乃止。官师一庙,曰考庙。庶人无庙。斯则立宗庙者,为能终于事亲也。旧解云:宗,尊也;庙,貌也。言祭宗庙见先祖之尊貌也。” ⑲ 春秋祭祀,以时思之:春秋，既可指春秋两季，亦可指一年四季。《孝经注疏》："寒暑变移，益用增感，以时祭祀，展其孝思也。" ⑳ 生民之本尽矣，死生之义备矣：生民，人民。本，根本，此指孝道。死生之义，指父母在世尽力奉养、父母去世安葬祭祀的义务。备，完备。《孝经注疏》："此合结生死之义，言亲生则孝子事之尽于爱敬，亲死则孝子事之尽于哀戚，生民之宗本尽矣，死之义理备矣。" ㉑ 孝子之事亲终矣：孝子对父母的侍奉到这里就结束了。《孝经注疏》："爱敬哀戚，孝行之始终也。备陈生死之义，以尽孝子之情。"

[今译] 孔子说："孝子丧失了父母亲，要哭得声嘶力竭，发不出悠长的哭腔；举止行为失去了平时的端正礼仪，言语没有了条理文采，穿上华美的衣服就心中不安，听到美妙的音乐也不快乐，吃美味的食物不觉得好吃，这是做子女的因失去亲人而悲伤忧愁的表现。父母之丧，三天之后就要吃东西，这是教导人民不要因悲痛失去亲人而损伤生者的身体，不要因过度的哀毁而灭绝人生的天性，这是圣贤君子的为政之道。为亲人守丧不超过三年，是告诉人们居丧是有其终止期限的。办丧事的时候，要为去世的父母准备好棺材、外棺、穿戴的衣饰和铺盖的被子等，妥善地安置进棺内，陈列摆设好簠、簋类祭奠器具，以寄托生者的哀痛和悲伤。出殡的时候，捶胸顿足，号啕大哭地哀痛出送。占卜墓穴吉地以安葬。兴建起祭祀用的庙宇，使亡灵有所归依并享受生者的祭祀。在春秋两季举行祭祀，以表示生者无时不思念亡故的亲人。在父母亲在世时以爱和敬来奉事他们，在他们去世后，则怀着悲哀之情料理丧事，做到了这些，人民就算尽到了人生在世应尽的孝道。养生送死的大义都做到了，才算是完成了作为孝子侍奉亲人的义务。"

附录一・古文孝经

开宗明谊章第一

仲尼闲居,曾子侍坐。子曰:“参,先王有至德要道,以训天下,民用和睦,上下亡怨。女知之乎?”曾子辟席曰:“参不敏,何足以知之乎?”子曰:“夫孝,德之本也,教之所繇生。复坐,吾语女!身体发肤,受之父母,不敢毁伤,孝之始也。立身行道,扬名于后世,以显父母,孝之终也。夫孝,始于事亲,中于事君,终于立身。《大雅》云:‘亡念尔祖,聿脩其德。’”

天子章第二

子曰:“爱亲者,不敢恶于人;敬亲者,不敢慢于人。爱敬尽于事亲,然后德教加于百姓,刑于四海。盖天子之孝也。《吕刑》云:‘一人有庆,兆民赖之。’”

诸侯章第三

子曰:“居上不骄,高而不危;制节谨度,满而不溢。高而不危,所以长守贵也;满而不溢,所以长守富也。富贵不离其身,然后能保其社稷,而和其民人。盖诸侯之孝也。《诗》云:‘战战兢兢,如临深渊,如履薄冰。’”

卿大夫章第四

子曰:“非先王之法服不敢服,非先王之法言不敢道,非先王之德行不敢行。是故非法不言,非道不行;口亡择言,身亡择行;言满天下亡口过,行满天下亡怨恶。三者备矣，然后能保其禄位，而守其宗庙。盖卿大夫之孝也。《诗》云：‘夙夜匪解，以事一人。’”

士章第五

子曰：“资于事父以事母，其爱同；资于事父以事君，其敬同。故母取其爱，而君取其敬，兼之者，父也。故以孝事君则忠，以弟事长则顺。忠顺不失，以事其上，然后能保其爵禄，而守其祭祀。盖士之孝也。《诗》云：‘夙兴夜寐，亡忝尔所生。’”

庶人章第六

子曰：“因天之时，就地之利，谨身节用，以养父母。此庶人之孝也。”

孝平章第七

子曰：“故自天子以下，至于庶人，孝亡终始，而患不及者，未之有也。”

三才章第八

曾子曰：“甚哉，孝之大也！”子曰：“夫孝，天之经也，地之谊也，民之行也。天地之经，而民是则之。则天之明，因地之利，以训天下，是以其教不肃而成，其政不严而治。先王见教之可以化民也，是故先之以博爱，而民莫遗其亲。陈之以德谊，而民兴行；先之以敬让，而民不争；道之以礼乐，而民和睦；示之以好恶，而民知禁。《诗》云：‘赫赫师尹，民具尔瞻。’”

孝治章第九

子曰:“昔者明王之以孝治天下也,不敢遗小国之臣,而况于公、侯、伯、子、男乎?故得万国之欢心,以事其先王。治国者,不敢侮于鳏寡,而况于士民乎?故得百姓之欢心,以事其先君。治家者,不敢失于臣妾之心,而况于妻子乎?故得人之欢心,以事其亲。夫然,故生则亲安之,祭则鬼享之,是以天下和平,灾害不生,祸乱不作。故明王之于孝治天下也如此。《诗》云:‘有觉德行,四国顺之。’”

圣治章第十

曾子曰:“敢问圣人之德,其亡以加于孝乎?”子曰:“天地之性,人为贵。人之行,莫大于孝。孝莫大于严父,严父莫大于配天,则周公其人也!昔者,周公郊祀后稷以配天,宗祀文王于明堂以配上帝。是以四海之内,各以其职来助祭。夫圣人之德,又何以加于孝乎?是故亲生毓之,以养父母日严。圣人因严以教敬,因亲以教爱。圣人之教,不肃而成,其政不严而治,其所因者,本也。”

父母生绩章第十一

子曰:“父子之道,天性也,君臣之谊也。父母生之,绩莫大焉!君亲临之,厚莫重焉!”

孝优劣章第十二

子曰:“不爱其亲,而爱他人者,谓之悖德。不敬其亲,而敬他人者,谓之悖礼。以训则昏，民亡则焉！不宅于善，而皆在于凶德，虽得志，君子弗从也！君子则不然，言思可道，行思可乐，德谊可尊，作事可法，容止可观，进退可度。以临其民，是以其民畏而爱之，则而象之。故能成其德教，而行其政令。《诗》云：'淑人君子，其仪不忒。'"

纪孝行章第十三

子曰："孝子之事亲乎，居则致其敬，养则致其乐，疾则致其忧，丧则致其哀，祭则致其严。五者备矣，然后能事其亲。事亲者，居上不骄，为下不乱，在丑不争。居上而骄则亡，为下而乱则刑，在丑而争则兵。此三者不除，虽日用三牲之养，繇为不孝也。"

五刑章第十四

子曰："五刑之属三千，而罪莫大于不孝。要君者亡上，非圣人者亡法，非孝者亡亲。此大乱之道也。"

广要道章第十五

子曰："教民亲爱，莫善于孝。教民礼顺，莫善于弟。移风易俗，莫善于乐。安民治民，莫善于礼。礼者，敬而已矣。故敬其父则子说，敬其兄则弟说，敬其君则臣说，敬一人而千万人说。所敬者寡，而说者众。此之谓要道也。"

广至德章第十六

子曰："君子之教以孝也，非家至而日见之也。教以孝，所以敬天下之为人父者。教以弟,所以敬天下之为人兄者。教以臣,所以敬天下之为人君者。《诗》云:‘恺悌君子,民之父母。’非至德,其孰能训民如此其大者乎?”

感应章第十七

子曰:“昔者明王,事父孝,故事天明;事母孝,故事地察;长幼顺,故上下治。天地明察,鬼神章矣。故虽天子,必有尊也,言有父也;必有先也,言有兄也;必有长也。宗庙致敬,不忘亲也。修身慎行,恐辱先也。宗庙致敬,鬼神著矣。孝弟之至,通于神明,光于四海,亡所不暨。《诗》云:‘自西自东,自南自北,亡思不服。’”

广扬名章第十八

子曰:“君子事亲孝,故忠可移于君;事兄弟,故顺可移于长;居家理,故治可移于官。是以行成于内,而名立后世矣!”

闺门章第十九

子曰:“闺门之内,具礼矣乎!严父严兄。妻子臣妾,繇百姓徒役也。”

谏争章第二十

曾子曰:“若夫慈爱、龚敬、安亲、扬名,参闻命矣。敢问子从父之命,可谓孝乎?”子曰:“参,是何言与?是何言与?言之不通邪!昔者,天子有争臣七人,虽亡道,不失天下。诸侯有争臣五人,虽亡道,不失其国。大夫有争臣三人，虽亡道，不失其家。士有争友，则身不离于令名。父有争子，则身不陷于不谊。故当不谊，则子不可以不争于父，臣不可以不争于君。故当不谊则争之。从父之命，又安得为孝乎？"

事君章第二十一

子曰："君子之事上也，进思尽忠，退思补过，将顺其美，匡救其恶，故上下能相亲也。《诗》云：'心乎爱矣，遐不谓矣。忠心臧之，何日忘之！'"

丧亲章第二十二

子曰："孝子之丧亲也，哭不偯，礼亡容，言不文，服美不安，闻乐不乐，食旨不甘，此哀戚之情也。三日而食，教民亡以死伤生也，毁不灭性，此圣人之正也。丧不过三年，示民有终也。为之棺、椁、衣、衾以举之；陈其簠簋而哀戚之；哭泣擗踊，哀以送之；卜其宅兆，而安措之；为之宗庙，以鬼享之；春秋祭祀，以时思之。生事爱敬，死事哀戚，生民之本尽矣，死生之谊备矣，孝子之事终矣。"

附录二·历代序、跋、提要选

古文孝经序

西汉·孔安国(?)

《孝经》者何也？孝者，人之高行；经者，常也。自有天地人民以来，而孝道著矣。上有明王，则大化滂流，充塞四合。若其无也，则斯道灭息。当吾先君孔子之世，周失其柄，诸侯力争，道德既隐，礼谊又废。至乃臣弑其君，子弑其父，乱逆无纪，莫之能正。是以夫子每于闲居而叹述古之孝道也。

夫子敷先王之教于鲁之洙泗，门徒三千，而达者七十有二也。贯首弟子颜回、闵子骞、冉伯牛、仲弓，性也至孝之自然，皆不待谕而寤者也。其馀则悱悱愤愤，若存若亡。唯曾参躬行匹夫之孝，而未达天子、诸侯以下扬名显亲之事，因侍坐而咨问焉。故夫子告其谊，于是曾子喟然知孝之为大也。遂集而录之，名曰《孝经》，与五经并行于世。逮乎六国，学校衰废。及秦始皇焚书坑儒，《孝经》由是绝而不传也。至汉兴，建元之初，河间王得而献之，凡十八章。文字多误，博士颇以教授。后鲁共王使人坏夫子讲堂，于壁中石函得《古文孝经》二十二章，载在竹牒，其长尺有二寸，字科斗形。鲁三老孔子惠抱诣京师，献之天子。天子使金马门待诏学士与博士群儒，从隶字写之，还子惠一通，以一通赐所幸侍中霍光。光甚好之，言为口实。时王公贵人，咸神秘焉，比于禁方。天下竞欲求学，莫能得者。每使者至鲁，辄以人事请索。或好事者募以钱帛，用相问遗。鲁吏有至帝都者，无不赍持以为行路之资。故《古文孝经》初出于孔氏，而今文十八章，诸儒各任意巧说，分为数家之谊，浅学者以当六经，其大车载不胜，反云孔氏无《古文孝经》，欲蒙时人。度其为说，诬亦甚矣。吾愍其如此，发愤精思，为之训传，悉载本文，万有馀言，朱以发经，墨以起传，庶后学者,睹正谊之有在也。今中秘书,皆以鲁三老所献古文为正。河间王所上虽多误,然以先出之故,诸国往往有之。汉先帝发诏称其辞者,皆曰“传曰”,其实《今文孝经》也。

昔吾逮从伏生论《古文尚书》谊。时学士会,云出叔孙氏之门,自道知《孝经》有师法。其说“移风易俗,莫善于乐”,谓为天子用乐,省万邦之风,以知其盛衰。衰则移之以贞盛之教,淫则移之以贞固之风,皆以乐声知之。知则移之。故云“移风易俗,莫善于乐”也。又,师旷云“吾骤歌南风,多死声,楚必无功”,即其类也。且曰:“庶民之愚,安能识音,而可以乐移之乎?”当时众人佥以为善。吾嫌其说迂,然无以难之。后推寻其意,殊不得尔也。子游为武城宰,作弦歌以化民。武城之下邑,而犹化之以乐,故传曰:“夫乐,以关山川之风,以曜德于广远。风德以广之,风物以听之,修诗以咏之,修礼以节之。”又曰:“用之邦国焉,用之乡人焉。”此非唯天子用乐明矣。夫云集而龙兴,虎啸而风起,物之相感,有自然者,不可谓毋也。胡笳吟动,马蹀而悲;黄老之弹,婴儿起舞。庶民之愚,愈于胡马与婴儿也,何为不可以乐化之!

《经》又云:“敬其父则子说,敬其君则臣说。”而说者以为各自敬其为君父之道,臣子乃说也。余谓不然。君虽不君,臣不可以不臣;父虽不父,子不可以不子。若君父不敬,其为君父之道,则臣子便可以忿之邪?此说不通。吾为传,皆弗之从焉也。

《汉书·艺文志》孝经类跋

东汉·班　固

《孝经》者,孔子为曾子陈孝道也。夫孝,天之经,地之义,民之行也。举大者言,故曰《孝经》。汉兴,长孙氏、博士江翁、少府后仓、谏大夫翼奉、安昌侯张禹传之,各自名家。经文皆同,唯孔氏壁中古文为异。“父母生之,续莫大焉”,“故亲生之膝下”,诸家说不安处,古文字读皆异。

《隋书·经籍志》孝经类跋

唐·长孙无忌

夫孝者，天之经，地之义，人之行。自天子达于庶人，虽尊卑有差，及乎行孝，其义一也。先王因之以治国家，化天下，故能不严而顺，不肃而成。斯实生灵之至德，王者之要道。孔子既叙六经，题目不同，指意差别，恐斯道离散，故作《孝经》，以总会之，明其枝流虽分，本萌于孝者也。遭秦焚书，为河间人颜芝所藏。汉初，芝子贞出之，凡十八章，而长孙氏、博士江翁、少府后苍、谏议大夫翼奉、安昌侯张禹，皆名其学。又有《古文孝经》，与《古文尚书》同出，而长孙有《闺门》一章，其馀经文，大较相似，篇简缺解，又有衍出三章，并前合为二十二章，孔安国为之传。至刘向典校经籍，以颜本比古文，除其繁惑，以十八章为定。郑众、马融并为之注。又有郑氏注，相传或云郑玄，其立义与玄所注馀书不同，故疑之。梁代，安国及郑氏二家并立国学，而安国之本亡于梁乱。陈及周、齐，惟传郑氏。至隋，秘书监王劭于京师访得孔传，送至河间刘炫。炫因序其得丧，述其议疏，讲于人间，渐闻朝廷，后遂著令与郑氏并立。儒者喧喧，皆云炫自作之，非孔旧本，而秘府又先无其书。又云魏氏迁洛，未达华语，孝文帝命侯伏侯可悉陵，以夷言译《孝经》之旨，教于国人，谓之《国语孝经》。今取以附此篇之末。

孝经序

唐·李隆基

朕闻上古，其风朴略。虽因心之孝已萌，而资敬之礼犹简。及乎仁义既有，亲誉益著，圣人知孝之可以教人也，故因严以教敬，因亲以教爱。于是以顺移忠之道昭矣，立身扬名之义彰矣。子曰："吾志在《春秋》，行在

《孝经》。”是知孝者，德之本欤。

《经》曰：“昔者明王之以孝理天下也，不敢遗小国之臣，而况于公、侯、伯、子、男乎？”朕尝三复斯言，景行先哲，虽无德教加于百姓，庶几广爱形于四海。嗟乎，夫子没而微言绝，异端起而大义乖。况泯绝于秦，得之者皆煨烬之末；滥觞于汉，传之者皆糟粕之馀。故鲁史《春秋》，学开五传，《国风》、《雅》、《颂》，分为四诗，去圣逾远，源流益别。近观《孝经》旧注，踳驳尤甚。至于迹相祖述，殆且百家。业擅专门，犹将十室。希升堂者，必自开户牖；攀逸驾者，必骋殊轨辙。是以道隐小成，言隐浮伪。且传以通经为义，义以必当为主。至当归一，精义无二，安得不翦其繁芜，而撮其枢要也！

韦昭、王肃，先儒之领袖。虞翻、刘劭，抑又次焉。刘炫明安国之本，陆澄讥康成之注，在理或当，何必求人？今故特举六家之异同，会五经之旨趣，约文敷畅，义则昭然。分注错经，理亦条贯。写之琬琰，庶有补于将来。且夫子谈经，志取垂训，虽五孝之用则别，而百行之源不殊。是以一章之中，凡有数句，一句之内，意有兼明，具载则文繁，略之又义阙，今存于疏，用广发挥。

孝经注疏序

宋・邢　昺

夫《孝经》者，孔子之所述作也。述作之旨者：昔圣人蕴大圣德，生不偶时。适值周室衰微，王纲失坠，君臣僭乱，礼乐崩颓。居上位者赏罚不行，居下位者褒贬无作。孔子遂乃定礼乐，删《诗》、《书》，赞《易》道，以明道德仁义之源。修《春秋》，以正君臣父子之法。又虑虽知其法，未知其行，遂说《孝经》一十八章，以明君臣父子之行所寄。知其法者修其行，知其行者谨其法。故《孝经纬》曰：“孔子云：欲观我褒贬诸侯之志在《春秋》，崇人伦之行在《孝经》。”是知《孝经》虽居六籍之外，乃与《春秋》为表矣！

先儒或云“夫子为曾参所说”，此未尽其指归也。盖曾子在七十弟子中，孝行最著。孔子乃假立曾子为请益问答之人，以广明孝道。既说之后，乃属与曾子。洎秦焚书，并为煨烬。汉膺天命，复阐微言。《孝经》河间颜芝所藏，因始传之于世。自西汉及魏，历晋、宋、齐、梁，注解之者迨及百家。至有唐之初，虽备存秘府，而简编多有残缺。传行者，唯孔安国、郑康成两家之注，并有梁博士皇侃义疏，播于国序。然辞多纰谬，理昧精研。至唐玄宗朝，乃诏群儒学官俾其集议，是以刘子玄辨郑注有十谬七惑，司马坚斥孔注多鄙俚不经。其馀诸家注解，皆荣华其言，妄生穿凿。明皇遂于先儒注中采摭菁英，芟去烦乱，撮其义理允当者用为注解。至天宝二年，注成，颁行天下。仍自八分御札，勒于石碑，即今京兆石台《孝经》是也。

《四库全书总目提要·孝经类》序

清·纪　昀

蔡邕《明堂论》引魏文侯《孝经传》，《吕览·审微篇》亦引《孝经》“诸侯章”，则其来古矣。然授受无绪，故陈骙、汪应辰皆疑其伪。今观其文，去二戴所录为近，要为七十子徒之遗书。使河间献王采入一百三十一篇中，则亦《礼记》之一篇，与《儒行》、《缁衣》转从其类。惟其各出别行，称孔子所作，传录者又分章标目，自名一经。后儒遂以不类《系辞》、《论语》绳之，亦有由矣。中间孔、郑两本，互相胜负，始以开元御注用今文，遵制者从郑。后以朱子《刊误》用古文，讲学者又转而从孔。要其文句小异，义理不殊，当以黄震之言为定论。故今之所录，惟取其词达理明，有裨来学，不复以今文、古文区分门户，徒酿水火之争。盖注经者明道之事，非分朋角胜之事也。

《四库全书总目提要·孝经正义》

清·纪 昀

唐玄宗明皇帝御注，宋邢昺疏。案《唐会要》："开元十年六月，上注《孝经》，颁天下及国子学。天宝二年五月，上重注，亦颁天下。"《旧唐书·经籍志》:《孝经》一卷，玄宗注。《唐书·艺文志》："今上《孝经制旨》一卷。"注曰"玄宗"。其称"制旨"者，犹梁武帝《中庸义》之称"制旨"，实一书也。赵明诚《金石录》载《明皇注孝经》四卷。陈振孙《书录解题》亦称家有此刻，为四大轴。盖天宝四载九月，以《御注》刻石于太学，谓之《石台孝经》。今尚存西安府学中，为碑凡四，故拓本称四卷耳。玄宗《御制序》末称："一章之中，凡有数句；一句之内，义有兼明，具载则文繁，略之则义阙。今存于《疏》，用广发挥。"《唐书·元行冲传》称："玄宗自注《孝经》，诏行冲为《疏》，立于学官。"《唐会要》又载："天宝五载诏，《孝经书疏》虽粗发明，未能该备，今更敷畅以广阙文，令集贤院写颁中外。是《注》凡再修，《疏》亦再修。"其《疏》，《唐志》作二卷，宋《志》则作三卷，殆续增一卷欤？宋咸平中，邢昺所修之《疏》，即据行冲书为蓝本。然孰为旧文，孰为新说，今已不可辨别矣。《孝经》有今文、古文二本。今文称郑玄注，其说传自荀昶，而《郑志》不载其名。古文称孔安国注，其书出自刘炫，而《隋书》已言其伪。至唐开元七年三月，诏令群儒质定。右庶子刘知几主古文，立十二验以驳郑。国子祭酒司马贞主今文，摘《闺门章》文句凡鄙、《庶人章》割裂旧文、妄加"子曰"字，及《注》中"脱衣就功"诸语以驳孔。其文具载《唐会要》中。厥后今文行而古文废。元熊禾作董鼎《孝经大义序》，遂谓贞去《闺门》一章，卒启玄宗无礼无度之祸。明孙本作《孝经辨疑》，并谓唐宫闱不肃，贞削《闺门》一章乃为国讳。夫削《闺门》一章，遂启幸蜀之衅，使当时行用古文，果无天宝之乱乎？唐宫闱不肃诚有之，至于《闺门章》二十四字，则绝与武、韦不相涉。指为避讳，不知所避何讳也？况知几与贞两议并上，《会要》载当时之诏，乃郑依旧行用。孔《注》传习者稀，亦存继绝之典。是未因知几而废郑，亦未因贞而废孔。迨时阅三年，乃有御注太学刻石，署名者三十六人，贞不预列。《御注》既行，孔、郑两家遂并废，亦未闻贞更建议废孔也。禾等徒以朱子《刊误》偶用古文，遂以不用古文为大罪。又不能知唐时典故，徒闻《中兴书目》有"议者排毁，古文遂废"之语，遂沿其误说，愦愦然归罪于贞。不知以《注》而论，则孔佚郑亦佚。孔佚罪贞，郑佚又罪谁乎？以《经》而论，则郑存孔亦存，古文并未因贞一议亡也，贞又何罪焉？今详考源流，明今文之立，自玄宗此《注》始。玄宗此《注》之立，自宋诏邢昺等修此《疏》始。众说喧呶，皆揣摩影响之谈，置之不论不议可矣。

图书在版编目(CIP)数据

大学　中庸说解　孝经注译／幺峻洲著，宫晓卫注译. —济南：齐鲁书社，2009. 4（2016. 2 重印）
（齐鲁文化经典文库）
ISBN 978 -7 -5333 -2164 -2

Ⅰ. 大…　Ⅱ. ①幺…②宫…　Ⅲ. ①大学—研究②中庸—研究③孝经—注释④孝经—译文　Ⅳ. B222. 15
B823. 1

中国版本图书馆 CIP 数据核字(2009)第 017114 号

齐鲁文化经典文库
大学　中庸说解　幺峻洲　著
孝经注译　宫晓卫　注译

主管单位	山东出版传媒股份有限公司
出版发行	齐鲁书社
社　　址	济南市英雄山路 189 号
邮　　编	250002
网　　址	www. qlss. com. cn
电子邮箱	qilupress@ 126. com
营销中心	(0531)82098521　82098519
印　　刷	山东临沂新华印刷物流集团有限责任公司
开　　本	720mm × 1020mm　1/16
印　　张	19. 75
插　　页	3
字　　数	275 千
版　　次	2009 年 4 月第 1 版
印　　次	2016 年 2 月第 2 次印刷
标准书号	ISBN 978 - 7 - 5333 - 2164 - 2
定　　价	**38. 00 元**